珞珈语言文学学术丛书

主　　任：赵世举　刘礼堂
副主任：尚永亮　陈国恩
委　　员：（以姓氏笔画为序）
万献初　王兆鹏　吴天明　张　洁
张荣翼　陈文新　於可训　涂险峰

【珞珈语言文学学术丛书】

汉语语法及其应用研究

赫 琳◎著

中国社会科学出版社

图书在版编目（CIP）数据

汉语语法及其应用研究/赫琳著．—北京：中国社会科学出版社，2014.12
ISBN 978 - 7 - 5161 - 5140 - 2

Ⅰ．①汉…　Ⅱ．①赫…　Ⅲ．①汉语—语法—研究　Ⅳ．①H14

中国版本图书馆 CIP 数据核字（2014）第 279835 号

出 版 人	赵剑英
责任编辑	李炳青
责任校对	季　静
责任印制	李寡寡

出　　版	中国社会科学出版社
社　　址	北京鼓楼西大街甲 158 号（邮编 100720）
网　　址	http://www.csspw.cn
	中文域名：中国社科网　010 - 64070619
发 行 部	010 - 84083685
门 市 部	010 - 84029450
经　　销	新华书店及其他书店
印　　刷	北京君升印刷有限公司
装　　订	廊坊市广阳区广增装订厂
版　　次	2014 年 12 月第 1 版
印　　次	2014 年 12 月第 1 次印刷

开　　本	880×1230　1/32
印　　张	11.375
字　　数	285 千字
定　　价	39.00 元

凡购买中国社会科学出版社图书，如有质量问题请与本社联系调换
电话：010 - 64009791
版权所有　侵权必究

目 录

第一编　古代汉语语法研究

先秦"被·动"式、"见·动"式再认识 …………………… (3)
《诗经》一价动词研究 …………………………………… (10)
《诗经》"给予"类三价动词及其句式构成 ……………… (20)
《诗经》使令动词配价研究 ……………………………… (32)
《诗经》形容词的配价研究 ……………………………… (41)
《诗经》结构变换修辞论 ………………………………… (54)

第二编　现代汉语语法研究

"甭"与"别" ……………………………………………… (63)
对"之前"和"以前"异同的新认识 ……………………… (73)
汉语句子话题及其否定 …………………………………… (86)
论副词"也"语义指向的制约因素 ……………………… (98)
论副词"才"的语义指向 ………………………………… (108)
"NP＋在＋NPL＋V着"及其同义句式语用研究 ………… (128)

"NP₍施₎ + VP + NP₍受₎"及其同义句式的选择……………………（148）
同义句式的语言研究和言语研究 …………………………（157）
述宾结构和主谓结构变换略论 ……………………………（167）
论动宾结构和主谓结构变换的语用价值 …………………（183）
科学体与艺术体状中结构的比较 …………………………（194）
论超常搭配的变换及语用价值 ……………………………（214）
《围城》述补式超常搭配小议 ……………………………（224）

第三编 应用研究

"从小"语义指向的计算机识别 …………………………（231）
"别"语义指向及其计算机识别研究 ……………………（240）
"就"语义指向及其计算机识别研究 ……………………（257）
副词"才"的语义指向及其计算机识别研究 ……………（276）
"没（有）"语义指向的自动识别 ………………………（292）
副词语义指向自动识别的路径探讨和个案分析 …………（308）
论"X 从小 Y"的词切分 …………………………………（324）
歧义格式"A 说什么也 B"计算机识别研究 ……………（334）
"是"加标点片段的语义分类及自动识别研究 …………（345）
后记 …………………………………………………………（360）

第一编

古代汉语语法研究

先秦"被·动"式、"见·动"式再认识

一 关于"被·动"式

先秦,"被"直接用于动词前,最早出现于《韩非子》:

(1) 遂卒被分。(《喻老》)
(2) 今兄弟被侵,必攻者,廉也;知友被辱,随仇者,贞也。(《五蠹》)
(3) 故奸莫不得而被刑者众。(《奸劫弑臣》)

之后,《战国策·齐策》有二例:

(1) 国一日被攻,虽欲事秦,不可得也。
(2) 万乘之国被围于赵。

关于以上几句中的"被"字,目前学术界存在两种不同的看法。一是以王力先生为代表,认为"被"已虚化,"被·动"式即被动句的萌芽。二是以郭锡良先生为代表,认为"被"字动词性还比较强,不能视作被动句。

"被"字，《说文》："寝衣"，引申为"横被四表"之"被"。《释名》："被也，覆人也。""被"做动词用，有"覆盖"之意。如《楚辞·哀郢》："被以不慈之伪名。"较之晚起的意义为"遭受"、"蒙受"。仍做动词用。如贾谊《论积贮疏》："禹汤被之矣。"《史记·魏其武安侯列传》："身被数十创。""之"、"数十创"均为名词性的，构成典型的述宾结构。若其后为动词，按照郭先生的说法，"被"为谓语动词，就构成"动·动"式。从形式上看，有三种可能，一种是使成式，一种是连动式，一种是动宾式。使成式是外动词带内动词，连动式两动词动作、行为发生有先后，所以前两种可能性均被排除。只剩第三种：动宾式。我们考察先秦动词做宾语的情况，发现用例很少。崔立斌《〈孟子〉动词的活用与兼类》对动词宾语进行统计，认为"动词作主宾语时，能充任谓语的动词是有一定范围的。从《孟子》语言事实看，动词作主宾语时由类同动词、存在动词和感知动词充任谓语的比较多，行为动词作谓语的不多"。[①] 不计重复，带动词宾语的行为动词共十个，分别为：为、效、助、俟、及、待、构、取、舍、学。管燮初《先秦语法分期问题》取西周金文一万四千字的语法材料，其中受事单宾语的动词结构仅一例，占动宾结构的 0.04%。在动词做宾语如此微乎其微的情况下，认为"被"字后的动词为宾语似觉论据不足。我们对"被·动"中的动词与其他做宾语的动词进行比较。后者如《孟子》：

（1）我善为战。
（2）效死而民弗去。

[①] 崔立斌：《〈孟子〉动词的活用与兼类》，载郭锡良主编《古汉语语法论集——第二届国际古汉语语法研讨会论文选编》，语文出版社1998年版。

(3) 勿助长也。
(4) 舍生而取义者也。

动词"战"、"死"、"长"、"生"在这里并不指特定的动作行为,而是被当作客观对象来处置的,显现外延。而"被分"、"被侵"、"被辱"、"被刑"、"被攻"、"被围"中的动词"分"、"侵"、"辱"、"刑"、"攻"、"围"则体现为特定的行为动作,显现内涵。而"一个词语(小句)之为指称性的还是陈述性的,与这个词语在特定语境中出现时是显现外延的还是显现内涵的,完全平行"。① 所以前者"战"组动词为指称性的,而后者"分"组动词是陈述性的。用于陈述性的动词前的"被",与用于指称性的动词前的谓语动词是不同的。用来对主语进行陈述的谓语部分"被·动"的陈述性在"动"上。主语是"动"动作的直接承受者。而"战"组动词与主语没有直接的语义联系。它们的联系是通过中间的谓语动词来实现的。"被·动"中的"被"与"战"组的谓语动词比较,显然要虚得多。把它们分析为同样的谓语动词不妥。古汉语中存在表主动和被动用同一个动词的现象。如《墨子·耕柱篇》:"大国之攻小国,攻者农夫不得耕,妇人不得织,以守为事;攻人者亦农夫不得耕,妇人不得织,以攻为事。"前一"攻"与"被·动"式中的"被攻"意义完全相同。"被"字在这里已经不表示具体实在的意义,逐渐形式化。说其为被动句的萌芽,并不为过。郭锡良先生等主编的《古代汉语》修订本,删去了"被"是谓语动词的说法,指出

---

① 朱景松:《陈述、指称与汉语词类理论》,载中国语文杂志社编《语言研究和探索》(八),商务印书馆1997年版。

"它是后代被动句式的源头"①,看法似有所改动。

二 关于"见·动"式

《中国语文》1999年第1期发表了姚振武先生的论文《先秦汉语受事主语句系统》,该文第二部分主要谈遭遇义动词句,指出"先秦汉语受事主语句的一种类型就是用表遭遇义的动词加在及物动词前面,形成动宾结构,以表示被动。这些动词有遭、遇、受、被、罹、得、见等"。我们认为不能一概而论,动词"遇、遭、受、罹、得"加在及物动词前面形成动宾结构,但"见"与"被"不能这样说。姚先生论据有三,都有偏颇,现分别评述。

论据一,从组合能力来看,遭遇义动词既可以独立带名词性宾语,又可以独立带动词性宾语,表示的意义完全一致。这对于"遇、遭、受、罹、得"是正确的,其后的动词宾语不是指特定的动作、行为,如"遇谗","谗"在这里不是指"谗"这个具体的动作,而是"谗"这件事,而"被"、"见"则不同。"被"上文已作了论述。"见"加及物动词如"见伐","伐"指"攻打"这种动作行为,不是指"攻打"这件事情。与"见"字后的名词是不同的。另外,"遭遇义"是不延续的,从语义选择上,其后的动词宾语也应是不延续的。如"受谏"、"遭执",然而"见"后的及物动词却是可延续的。如《汉书·燕刺王旦传》:"见留二十年。"用"遭遇义"解释这里的"见",似不妥。姚文回避了这一例子。带动词宾语的"被"、"见"与带名

---

① 郭锡良等:《古代汉语》修订本,天津教育出版社1997年版,第305页。

世的联系，先秦"被·动"是被动句的萌芽。

参考文献

王力：《古代汉语》修订本，中华书局 1981 年版。

杨伯峻、何乐士：《古汉语语法及其发展》，语文出版社 1992 年版。

郭锡良、何九盈等：《古代汉语讲授纲要》（上册），中央广播电视大学出版社 1983 年版。

朱星：《古代汉语》（下册），天津人民出版社 1980 年版。

唐钰明、周锡馥：《论先秦汉语被动式的发展》，《中国语文》1985 年第 4 期。

郭锡良等：《古代汉语》修订本，天津教育出版社 1997 年版。

北大中文 56 级语言班：《汉语发展史》（初稿）中册（一），北大油印。

（原载《古汉语研究》2001 年第 3 期）

《诗经》一价动词研究

本文从配价的角度对《诗经》一价动词进行了初步探索。文章分为三部分：第一部分说明探索的思路是动词中心说的理论，具体的研究过程是用自指和转指理论、歧义指数理论得出《诗经》中的一价动词；第二部分依据一价动词对框架的选择，将一价动词分类，探讨各类动词的句法选择；第三部分是结语。通过研究我们发现，《诗经》中的一价动词跟补足语之间主要构成主谓式，包括倒装的主谓式，较少构成动宾式。不同的一价动词对句法结构的选择度不同。应用配价语法理论研究《诗经》是目前语法学界的一个空白点，《诗经》配价语法研究有助于深入揭示《诗经》的语法特点。

一 研究思路和方法

动词在句法结构中起着非常重要的作用，动词的次分类对句子的结构类型有着很强的制约。汉语语法学界历来都非常重视探讨动词的分类对句法体系的影响。从马建忠开始，汉语语法学界尝试过意义法、分布法、语义特征法和配价分类法等多种方法，其中的配价方法尤其引人注目。

"配价"的概念是法国语言学家特思尼耶尔提出来的。按照配价语法的观点，语法研究的基本单位是句子，语法研究的主要内容是句子成分之间的关联。从结构关联的立场出发，在词与词之间建立起从属关系。从属关系由位居上项的支配词与位居下项的从属词组成，其规则是"支配词控制或支配从属词"，由此形成的配价语法是一个以关联为核心概念的结构层次体系，而"配价语法主张的就是动词中心说，因为动词是最高的支配成分，它支配其他的人物语和情景语，本身并不受其他成分支配"①。

　　按照 Miller 的分析，主张动词中心说有以下几方面的理由。第一，在大多数语言里，动词是构成句子的特征性成分（characteristic constituent），没有动词往往不能构成句子（少量名词句例外）。第二，在大多数语言里，动词本身即可成为一个合标准的句子（a respectable sentence）。第三，可以从动词推断出句子中其他成分和成分的形态表现。第四，从语义平面上说，动词表示的是动作或者状态，名词表示的是与动作或者状态相伴随的参与者（participant）、动作或者状态预设（presuppose）参与者的存在。②

　　"虽然动词中心说的理据还不能说是很充分，但以动词为中心来解释语法结构有较大的优越性，已为许多语法学者在实际研究中所采用。"③ 在汉语语法学界，近些年来，对动词的研究最为集中。"大家越来越认识到，句子的核心是动词，句法研究的

---

①　戴耀晶：《现代汉语动作类二价动词探索》，《现代汉语配价语法研究》第二辑，北京大学出版社1998年版。
②　同上。
③　同上。

关键也往往在动词上。"① 研究《诗经》动词的论著很多，但截至目前，还没有发现其他学者用配价语法理论研究《诗经》，配价语法理论对进一步解释《诗经》的语法结构有着重要的作用。

从朱德熙先生的自指和转指理论、歧义指数理论②可知，由动词构成的领属结构表转指的歧义指数同动词的价有直接的关系，根据朱先生的理论，我们可以推知：一价动词构成的领属结构，如果其中动词的价在领属结构中不出现，领属结构可表转指，但无歧义；如果其中动词的价在领属结构中出现，领属结构只能表自指；如果其中动词的价在领属结构中不出现，也不出现在中心语的位置上，那么领属结构也表自指。这样我们就可以根据领属结构的转指及其歧义状况来确定动词的价。如果一个动词领属结构表转指，其歧义指数为一，这个结构中的动词必然是一价动词；否则不是一价动词。由此我们得出，《诗经》中的一价动词有：飞、鸣、归、田、摧、至、行、夕、生、悼、宜、皇、飧、格、出、达、威、成、崇、跻、芊、乐、鞫、疚、往、悔，等等。

二 一价动词的句法选择

一价动词（记作 V）支配一个名词性成分（记作 N），结构上要求一个补足语与之同现。《诗经》中的一价动词可以进入以下几个框架：

---

① 陆俭明：《八十年代中国语法研究》，商务印书馆1993年版。
② 朱德熙：《"的"字结构和判断句》，《中国语文》1978年第1、2期。

框架1：N + V

　　大夫跋涉（《鄘风·载驰》）
　　鸡既鸣矣（《齐风·鸡鸣》）

框架2：V + N

　　鞫哉庶正（《大雅·云汉》）
　　疚哉为犹（《大雅·云汉》）

框架3：V + N①

　　杲杲出日（《卫风·伯兮》）
　　十月陨萚（《豳风·七月》）

　　框架1、框架2是陈述形式，说明人或事物的动作行为。所不同的是框架1是一般的主谓式，框架2是谓语前置式，框架3是动宾形式。《诗经》中的动词最终能进入哪一种框架，与动词的形式和语义有关。因此，我们将框架1、框架2、框架3作为判定一价动词的形式标准。把一价动词规定为能够进入上述三种框架之一的动词。它们有其明显的特点：1. 意义上主要是表示动作或行为；2. 语义上要求一个配价成分，即主体成分与之同现，分布上主体成分可能位于价载体之前，也可能位于价载体之后；3. 主体成分是无标记配价成分。

---

　　① 因动宾式和谓语前置式一样，也是动词在前，名词在后，所以我们将动宾式和谓语前置式都码化为 V + N。

依据一价动词对框架1、框架2、框架3的选择,可把一价动词分为三个次类:选择框架1的动词(记作Ⅰ类动词);选择框架2的动词(记作Ⅱ类动词);选择框架3的动词(记作Ⅲ类动词)。

(一)Ⅰ类动词的句法选择

Ⅰ类动词只选择框架1,不选择框架2、框架3,也就是说不构成谓语前置式和动宾式,在表层结构中形成以下有序形式:

S_1:N + V
S_2:N + 之 + V
S_3:N + 是 + V
S_4:N + 于 + V
S_5:N + 来 + V
S_6:N + 攸 + V

根据该类动词对上述有序形式的选择,可将该类动词分为六个次类:

1. "至"类
该类动词选择 S_1。如:

> 君子至止(《秦风·终南》)

君子到来。"止"为衬音助词。"至"为一价动词,在句中做"君子"的谓语。《诗经》中只选择 S_1 的动词主要是一些单音节动词,有的前面有状语修饰,有的后面有语气助词。如:跋、涉、鸣,等等。也有一些以"有"为词缀的双音节动词,如:

有行。

2. "夕"类
该类动词选择 S_2。如：

日之夕矣（《王风·君子于役》）

诗云："日之夕矣，羊牛下来。"太阳落山之时，羊牛纷纷回来。"夕"在句中做"日"的谓语。"之"位于动词与补足语之间，其作用是舒缓语气，使此句成为复句的一个分句。《诗经》中只选择 S_2 的动词主要包括：夕、生、筵，等等。

3. "悼"类
该类动词选择 S_3。如：

中心是悼（《邶风·终南》）

《郑笺》："悼犹哀伤也。"心中悲伤。"悼"为一价动词，在句中做"中心"的谓语。"是"为衬音助词。《诗经》中选择 S_3 的动词主要包括：悼、宜、皇、飨、格、出、达，等等。

4. "飞"类
该类动词选择 S_4。如：

黄鸟于飞（《周南·葛覃》）

黄鸟飞翔。"飞"为一价动词，在句中做"黄鸟"的谓语。

"于"为衬音助词。《诗经》中选择 S_4 的动词主要有：悼、归、摧，等等。

5. "下"类

该类动词选择 S_5。如：

福禄来下（《大雅·凫鹥》）

福禄降下。"下"为一价动词，在句中做"君子"的谓语。"来"为衬音助词。裴学海《古书虚字集释》："《采芑》之'荆蛮来威'与《鲁颂》之'戎狄是膺，荆舒是惩'文例同，'来'当训'是'之证，一也。《桑扈》之'万福来求'与《长发》之'百禄是遒'文例同，此'来'当训'是'之证，二也。《烈祖》云：'来假来飨，降福无疆'，《閟宫》云：'是飨是宜，来福既多'……二诗皆就神祇言，文异义同，此'来'当训'是'之证，三也。"《诗经》中选择 S_5 的动词主要有：下、威、成、为、崇，等等。

6. "攸"类

该类动词选择 S_6。如：

君子攸芋（《小雅·斯干》）

君子居住。王先谦《集疏》："《鲁》芋作宇。""芋"为一价动词，在句中做"君子"的谓语。"攸"，裴学海《古书虚字集释》："'攸'犹'是'也。《灵台》篇：'麀鹿攸伏'。"为衬音助词。《诗经》中选择 S_6 的动词主要有：芋、跻、摄、行、服，等等。

（二）Ⅱ类动词的句法选择

Ⅱ类动词只选择框架2，构成谓语前置式。也就是说没有与之相对应的动宾式和一般的主谓式。Ⅱ类动词位于补足语之前，在表层结构中形成有序形式：

S_7：V + 哉 + N
S_8：V + 矣 + N

根据该类动词对上述有序形式的选择，可将该类动词分为两个次类：

1."乐"类

该类动词选择 S_7。如：

乐哉君子（《小雅·南山有台》）

快乐啊，君子！"乐"在句中做"君子"的前置谓语。"哉"位于动词与补足语之间，是语助词。《诗经》中选择 S_7 的动词主要有：乐、鞠、疚、哀。

2."哿"类

该类动词选择 S_8。如：

哿矣能言（《小雅·雨无正》）

可喜啊，能够讲话的人！词组"能言"做主语，后面省略了中心语"人"。"哿"在句中做"能言"的前置谓语。"矣"位于动词与补足语之间,是语助词。《诗经》中选择 S_8 的动词主要为"哿"。

(三) III 类动词的句法选择

III 类动词只选择框架 3,构成动宾式。III 类动词位于补足语之前,在表层结构中形成有序形式:S_9:V + N。如:

杲杲出日(《卫风·伯兮》)
十月损萚(《豳风·七月》)

第一句《集传》:"杲然日出。"光芒四射的太阳。"日"为"出"的主体。第二句陈奂《传疏》:"谓草木坠落也。"十月坠落草木。"萚"为"损"的主体。

三 结语

通过穷尽性研究,我们发现:《诗经》中的一价动词可以进入 N + V、V + N(谓语前置式)和 V + N(动宾式)三个框架,跟补足语在表层结构中构成"S_1:N + V","S_2:N + 之 + V","S_3:N + 是 + V","S_4:N + 于 + V","S_5:N + 来 + V","S_6:N + 攸 + V","S_7:V + 哉 + N","S_8:V + 矣 + N"和"S_9:V + N"九个有序形式。相比较之下,一价动词跟补足语主要构成主谓式,较少构成谓语前置式,最不容易构成动宾式。不同的一价动词对句法结构的选择不同。应用配价语法理论研究《诗经》

是目前语法学界的一个空白点，《诗经》配价语法研究有助于深入揭示《诗经》的语法特点。

参考文献

杨合鸣：《〈诗经〉句法研究》，武汉大学出版社1993年版。

戴耀晶：《现代汉语动作类二价动词探索》，《现代汉语配价语法研究》第二辑，北京大学出版社1998年版。

朱德熙：《"的"字结构和判断句》，《中国语文》1978年第1、2期。

赫琳：《〈诗经〉"给予"类三价动词及其句式构成》，《人文论丛》2003年。

赫琳：《〈诗经〉使令动词配价研究》，《长江学术》2006年第3期。

赫琳：《〈诗经〉形容词配价研究》，第七届《诗经》国际学术研讨会论文集《诗经研究丛刊》第十二辑，学苑出版社2007版。

Miller, J. *Semantics and Syntax*: *Parallels and connections*, Cambridge: Cambridge University Press, 1985.

（原载第八届《诗经》国际学术研讨会论文集，中国诗经学会《诗经研究丛刊》第十六辑，学苑出版社2009年版）

《诗经》"给予"类三价动词及其句式构成

《诗经》中存在着"给予"类、"言说"类、"致使"类三种类型的三价动词,本文研究"给予"类三价动词及其与动元之间构成的句式。

一 "给予"类三价动词

动元是指"在一个最小的动核结构中,动词所联系的强制性的语义成分"①。三价动词是指"需和三个动元相组配的动词"②。"给予"类三价动词是指含有"给予"义的三价动词,在一个最小的动核结构中,需和施事、与事和受事三种动元相组配。施事是指事件中动作行为的主体。与事是指事件中有利害关系的间接客体。受事是指事件中动作行为所涉及的已存在的直接客体。按照动词的意义,我们可将《诗经》中的"给予"类三价动词分成四类。

---

① 参见范晓《动词的"价"分类》,《语法研究和探索》(五),语文出版社1991年版,第146页。
② 同上。

(一)"畀"类：畀、投、授、卜

这类动词表示一般的给予。给予的一方是施事，被给的一方是与事，给的东西是受事。

(二)"锡"类：锡、降、介、绥、惠、厘、被、赉

这类动词含"赏赐"义，一般表示上予下，尊赐卑以土地、财物或爵禄等。"上"或"尊"者是施事，"下"或"卑"者是与事，"土地、财物或爵禄等"是受事。

(三)"贻"类：贻、赠、问、怀、诒、赂

这类动词含"馈赠"义，一般指同辈、友人相互馈赠，也有的表示上赠下。赠者是施事，被赠者是与事，所赠的东西是受事。

(四)"献"类：献、奏、享

这类动词含"进献"义，一般指下奉上，卑致尊，表示敬意。献者是施事，被献者是与事，所献的东西是受事。

二 句式构成

《诗经》中"给予"类三价动词（记作 V）和施事动元

（记作 NP$_{施}$）、与事动元（记作 NP$_{与}$）、受事动元（记作 NP$_{受}$）之间可构成以下五类十四种句式：

（一）施事动元、与事动元、受事动元都出现，包括两种句式

1. S$_1$：NP$_{施}$ + VP + NP$_{与}$ + NP$_{受}$

该句式由三价动词和 NP$_{施}$、NP$_{与}$、NP$_{受}$构成。能进入该句式的动词为"畀"类的："授"，"锡"类的"锡"、"厘"、"被"。该句式可分为四类。

A. NP$_{施}$、NP$_{受}$为单音节名词，NP$_{与}$为单音节代词。如：

王厘尔成（《周颂·臣工》）

"王"即周王，是施事。"厘"，《集传》："赐也。""尔"指代群臣百官，是与事。"成"，《集传》："成法也。"是受事。周王赐你们成法。

B. NP$_{施}$、NP$_{受}$为单音节代词，NP$_{与}$为单音节名词。如：

或授之几（《大雅·行苇》）

何楷《诗经古义》："授，《说文》云：'予也。'几，《说文》云：'踞几也。象形。'徐锴云：'人所凭坐也。'""或"无定代词，是与事。有的人递给宾客矮桌。

C. NP$_{施}$、NP$_{与}$为单音节名词，NP$_{受}$为定中短语。如：

天锡公纯嘏（《鲁颂·閟宫》）

"天"是施事。"公"即鲁僖公,是与事。"纯嘏"即大福,是受事。天赐鲁僖公大福。

D. NP$_{施}$为单音节名词,NP$_{与}$为双音节名词,NP$_{受}$为并列短语。如:

王锡申伯,四牡蹻蹻,钩膺濯濯(《大雅·崧高》)

《毛传》:"蹻蹻,壮貌。"《正义》:"又赐以在首之金钩,在膺之樊缨,濯濯然光明。"宣王赏赠申伯四匹强壮之马以及明亮的金钩、缨带。"四牡蹻蹻,钩膺濯濯"为并列短语,作受事。

2. S$_2$:NP$_{施}$ + VP + NP$_{与}$ + 之 + NP$_{受}$ + 兮

该句式由三价动词和NP$_{施}$、NP$_{与}$、NP$_{受}$并辅以助词"之"、语气词"兮"构成。能进入该句式的动词为"畀"类的"授"。如:

予授子之粲兮(《郑风·缁衣》)

"予",我,是施事。"子",你,是与事。《集传》:"粲,餐也。或曰:'粟之精凿者。'""粲"是受事。我供给你精米饭。

(二)与事动元不出现,包括一种句式

S$_3$:NP$_{施}$ + 言 + VP + NP$_{受}$

该句式由三价动词和NP$_{施}$、NP$_{受}$并辅以衬音助词"言"构成。如：

公言锡爵（《邶风·简兮》）

"公"指卫君，是施事。"爵"指酒器，是受事。与事是文中的勇士"硕人"，在句中省略了。"言"，衬音助词，无意义。卫君赏（他）一杯酒。

（三）施事动元不出现，包括七种句式

1. S_4：$NP_受 + 以 + VP + NP_与$

该句式由三价动词和 $NP_受$、$NP_与$ 并辅以介词"以"构成。能进入该句式的动词包括"畀"类的"畀"，"贻"类的"赠"、"问"。如：

杂佩以赠之（《郑风·女曰鸡鸣》）

"杂佩"是受事。"之"，你，是与事。施事是文中的"女"，在对话中省略了。"以"，用。（我）用杂佩赠送你。

2. S_5：$VP + NP_与 + NP_受$

该句式由三价动词和 $NP_与$、$NP_受$ 构成。能进入该句式的动词包括"畀"类的"卜"，"锡"类的"降"、"锡"、"介"、"绥"、"赉"，"贻"类的"贻"、"诒"、"怀"，"献"类的"献"。该句式可分为四类。

A. VP 是单音节动词，$NP_与$ 是单音节代词，$NP_受$ 为双音节名词或定中短语。如：

贻我彤管（《邶风·静女》）

"贻"，赠送。"我"是与事。"彤管"，红管草，是受事。施事是上文的"静女"。（静女）赠我红管草。

B. VP是单音节动词，NP$_{与}$是单音节代词，NP$_{受}$为并列短语。如：

釐尔圭瓒，秬鬯一卣。（《大雅·江汉》）

《正义》："今赐汝以圭柄之玉瓒。"《毛传》："秬，黑黍也。鬯，香草也。筑煮合而郁之曰鬯。卣，器也。""圭瓒，秬鬯一卣"是并列短语，作受事。"尔"，你，是与事。施事是上文的"王"，即周宣王。（周宣王）赐给你圭柄玉勺及香酒一樽。

C. VP是单音节动词，NP$_{与}$是定中短语，NP$_{受}$为单音节名词。如：

诒厥孙谋（《大雅·文王有声》）

"厥"指代武王，"厥孙"是与事。"谋"，谋略，是受事。施事是上文的"武王"。（武王）遗留他子孙谋略。

D. VP是状中短语，NP$_{与}$是单音节代词，NP$_{受}$为单音节名词。如：

永锡尔极（《小雅·楚茨》）

"永锡"为状中短语,"尔",你,是与事。"极",严粲《诗辑》:"陈氏曰:'极,中也。中者,五福之所聚。'"是受事。施事是上文的"神"。(神)长赐你多福。

3. S_6: VP + NP$_{与}$ + 以 + NP$_{受}$

该句式由三价动词和 NP$_{与}$、NP$_{受}$ 并辅以介词"以"构成。能进入该句式的动词包括"畀"类的"投","贻"类的"赠"。如:

投我以木桃(《卫风·木瓜》)

"我"是与事。"木桃"是受事。《卫风·木瓜》是一首写男女相爱,相互赠答的诗。该句的施事是对方。(你)送我木桃。

4. S_7: VP + NP$_{与}$ + 思 + NP$_{受}$

该句式由三价动词和 NP$_{与}$、NP$_{受}$ 并辅以衬音助词"思"构成。能进入该句式的动词包括"锡"类的"绥"、"赉"。如:

赉我思成(《商颂·烈祖》)

《毛传》:"赉,赐也。"马瑞辰《通释》:"按赉从《传》训赐为是。思为语词。成,犹备也。赉我思成,犹云赐我福也。""我"是与事。"成"是受事。施事"天"省略。(天)赐我福气。

5. S_8：$VP + NP_{受} + NP_{与}$

该句式由三价动词和 $NP_{受}$、$NP_{与}$ 构成。能进入该句式的动词为"锡"类的"锡"。如：

永锡祚胤（《大雅·既醉》）

"永"作状语，与三价动词"锡"构成状中短语。陈奂《传疏》："祚当以《释文》作胙。《说文》有胙无祚。肉部，胙，祭肉也。因之凡福皆曰胙。胙胤，胤胙也。言长予子孙以福禄。""祚"是受事，"胤"是与事。施事"天"省略。（上天）永远赐予子孙福禄。

6. S_9：言十$VP + NP_{与} + NP_{受}$

该句式由三价动词和 $NP_{与}$、$NP_{受}$ 并辅以衬音助词"言"构成。能进入该句式的动词为"畀"类的"授"。如：

言授之絷（《周颂·有客》）

"言"，衬音助词。"之"，他，是与事。"絷"，绊马索，是受事。施事"周王"省略。（周王）给他绊马索。

7. S_{10}：$VP + NP_{受} + 于 + NP_{与}$

该句式由三价动词和 $NP_{受}$、$NP_{与}$ 并辅以介词"于"构成。能进入该句式的动词为"献"类的"献"。如：

献豜于公（《豳风·七月》）

"豜"指大野猪,是受事。"公"指官家,是与事,由介词"于"引出。施事"奴隶"省略。(奴隶)献给官家大野猪。

(四) 动元只出现受事,包括两种句式

1. S_{11}: VP + 以 + $NP_{受}$

该句式由三价动词和$NP_{受}$并辅以介词"以"构成。能进入该句式的动词为"锡"类的"绥"、"介"。如:

绥以多福 (《周颂·载见》)

林义光《诗经通释》:"绥,读为遗。"高亨《诗经今注》:"绥,赐也。""多福"是受事。施事是文中没有出现的"神"。与事是文中的"辟公",即诸侯。(神)用多福赐予(诸侯)。

2. S_{12}: VP + $NP_{受}$

该句式由三价动词和$NP_{受}$构成。能进入该句式的动词为"锡"类的"锡","贻"类的"赂","献"类的"奏"。该句式可分为三类。

A. VP为单个动词,$NP_{受}$为并列短语。如:

锡山土田 (《大雅·江汉》)

"山土田",并列短语,作受事。施事"王"(即周宣王)、与事"召虎"省略。(周宣王)赐(召虎)山川和土田。

B. VP为单个动词,$NP_{受}$为定中短语。如:

锡兹祉福（《周颂·烈文》）

"兹"代词，此。"祉福"，洪福。"兹祉福"是受事。施事"周王"，与事"辟公"（即诸侯）省略。（周王）赐给（诸侯）这洪福。

C. VP 为状中短语，$NP_{受}$ 为定中短语。如：

大赂南金（《鲁颂·泮水》）

孔颖达《正义》："又广赂我以南方之金。""南金"是受事。施事"淮夷"，与事"鲁僖公"省略。（淮夷）大赠（鲁僖公）南金。

（五）动元只出现与事，包括两种句式

1. S_{13}：VP + $NP_{与}$

该句式由三价动词和 $NP_{与}$ 构成。能进入该句式的动词为"贻"类的"诒"。如：

诒孙子（《鲁颂·有駜》）

"孙子"是与事，即"子孙"。施事"君子"（即"僖公"），受事"穀"（即"美德"）承上文省略。（君子僖公）留给子孙（美德）。

2. S_{14}：VP + 于 + $NP_{与}$

该句式由三价动词和 $NP_{与}$ 并辅以介词"于"构成。能进入该句式的动词为"献"类的"献"、"享"。如：

享于祖考（《小雅·信南山》）

《郑笺》："享，献也。""祖考"是与事。施事"我"，受事"清酒和骍牡"省略。（我）献给祖考（清酒和骍牡）。

三　结论

通过以上研究，我们可以得出以下结论：

（一）《诗经》中共有"给予"类三价动词二十一个，它们与动元之间可构成十四种句式。这些句式之间存在着以下差异：

1. 有的是三个动元都出现，有的是两个或一个动元出现。省略的动元可以根据上下文补出来。

2. 有的直接由三价动词与动元构成，有的则借助其他成分，包括介词、助词和语气词。

3. 出现于各句式中的动词不尽相同。句式之间能否变换受到动词的限制。

（二）配价属于语义范畴，含有"给予"义的动词在语义上需和施事、与事和受事三个强制性的成分相联系，但在句法上却可以构成多种句式。研究《诗经》"给予"类三价动词及其句式构成为我们进一步揭示古汉语意义与形式之间的对应关系提供了思路。

参考文献

杨合鸣:《诗经句法研究》,武汉大学出版社1993年版。
向熹:《诗经词典》,四川人民出版社1986年版。

(原载《人文论丛》2003年)

《诗经》使令动词配价研究

一 使令动词及其特点

(一) 使令动词

表示使令意义的动词称为使令动词。《诗经》中的使令动词有使、俾、命、谓、教、将。使令动词可以构成一个事件（event），在这个事件中，至少要有三个角色：使令的主体、客体和情节。① 其中，主体、客体一般是体词性成分，情节一般是谓词性成分。如《小雅·出车》"天子命我，城彼朔方"中"天子"、"我"、"城彼朔方"与使令动词"命"共同构成一个完整的事件。"天子"是主体，"我"是客体，"城彼朔方"是情节。由于客体既是使令动词的宾语，又是情节部分的主语，所以传统语法又把这种用法称为兼语式。

---

① "主体"是一切运动的主体，是作为静态和动态的各种运动的主体之事物。"客体"是事件主体所涉及或改变的客观事物。"情节"是引起事件的缘故、事件发展的结局以及事件的意图、范围或数量。参见鲁川《汉语语法的意合网络》，商务印书馆2001年版，第112—117页。

根据配价语法理论，要求三个补足语与之同现的动词是三价动词，因此，表示使令意义的动词又是三价动词。由此，我们可对三价使令动词进行界定：凡语义上要求与三个补足语（记作 a_1、a_2、a_3）同现，句法上规定补足语由体词性和谓词性成分担任（其中主体成分主语化，客体成分兼语化，情节成分谓语化）的使令意义的动词为三价使令动词（记作 V^3）。则三价使令动词的语义配价框架为：V^3（a_1, a_2, a_3）。

（二）三价使令动词的确定及其特点

尽管配价属于语义范畴，但必须要有形式上的可验证性。在现代汉语中，含有三价使令动词的 S_1 存在着一种变换关系。S_1 的主体成分可以介宾化以构成 S' 形式：

S_1　　　　　S'

厂长派我去北京出差←→我被厂长派去北京出差

而《诗经》中只有 S_1 式，S_1 与 S' 之间没有变换关系。现代汉语中的 S' 的客体成分只是 S_1 的客体成分左移主语化的结果。由此，可以把《诗经》三价使令动词的典型格式码化为：

$N_1 + V^3 + N_2 + V$（N_1、N_2 表示体词性成分，V 表示谓词性成分）

根据"可找回"原则，补足语有可能在一定的语境中省略或隐含。

通过上述研究，我们可以看出《诗经》三价使令动词有其明显的特点：(1)意义上主要是表示使令；(2)语义上要求与三个配价成分同现：主体成分、客体成分和情节成分；(3)分布上是主体成分左置，客体成分与情节成分依次右置；(4)配价成分不带任何标记词，是无标记配价成分。

二 三价使令动词的句法选择

根据价载体所带补足语的强制性程度,汉语的补足语可以分为两类:必有补足语和可有补足语。必有补足语是必须在表层结构中与价载体同现的补足成分,而可有补足语则是价载体语义上联结的,但可以根据表达需要在表层结构中隐含的补足成分,它的隐现不影响句子的合法度。

根据使令动词对补足语强制性程度的选择,这类动词可以分为两类:带两个必有一个可有补足语的动词(记作 I 类动词)和带一个必有两个可有补足语的动词(记作 II 类动词)。

(一) I 类动词的句法选择

这类动词语义上要求与三个补足语联结:主体成分、客体成分和情节成分。就句法上的规定性而言,三个补足语并不是等价的,其中两个补足语是较强意义上的强制项,另一个是较弱意义上的强制项,在一定的语境中,这种成分可以为结构所隐含而不出现于表层结构之中。如:

(1) 王命南仲,往城于方 (《小雅·出车》)
(2) 帝命式于九围 (《商颂·长发》)
(3) 将仲子兮,无逾我里 (《郑风·将仲子》)

例(1)的价载体处于饱和价状态,三个补足语都在表层结构中得以实现,是自足句。例(2)缺少客体成分,例(3)缺少主体成分，但都是成立的。句法配价的有序形式分别为：

S_1：$N_1 + V^3 + N_2 + V$

S_2：$N_1 + V^3 + V$

S_3：$V^3 + N_2 + V$

根据动词对上述有序形式的选择，可将动词分为三类。

1. 命、使

该类动词选择 S_1 和 S_2。如：

(4) 王命仲山甫，城彼东方（《大雅·烝民》）

(5) 帝命式于九围（《商颂·长发》）

例 (4) 的价载体处于饱和价状态，三个补足语都在表层结构中得以实现，是自足句。例 (5) 缺少一个客体成分，但仍是成立的。动词的句法配价框架为：

V^3 [N_1，(N_2)，V]

2. 谓

该类动词选择 S_1 和 S_3。如：

(6) 王谓尹氏，命程伯休父（《大雅·常武》）

(7) 谓尔迁于王都（《小雅·雨无正》）

例 (6) 的价载体处于饱和价状态，三个补足语都在表层结构中得以实现，是自足句。例 (7) 缺少主体成分，但也是成立的。动词的句法配价框架为：

V^3 [(N_1), N_2, V]

3. 将、教

该类动词只选择 S_3。如：

(8) 将子无怒（《卫风·氓》）
(9) 将伯助予（《小雅·正月》）
(10) 将叔无狃（《郑风·大叔于田》）

以上三例价载体都处于不饱和价状态，主体补足语不在表层结构中实现，但仍是自足句。原因在于动词"将"含有"请"、"愿"之意，句子带有祈使义，主体不出现句子仍能自足。例（8）主体是与"子"相对的自称。例（9）主体是与情节中"予"一致的第一人称。例（10）主体是隐含的第一人称。动词的句法配价框架为：

V^3 [(N_1), N_2, V]

（二） Ⅱ类动词的句法选择

这类动词语义上也要求与三个补足语相联结，但句法上并不要求补足语都与价载体强制性同现。其中情节成分是较强意义上的强制项，是必有补足语，而客体成分和主体成分是较弱意义上的强制项，是可有补足语。如：

(11) 俾尔单厚（《小雅·天保》）
(12) 俾守我王（《小雅·十月之交》）

例（11）缺少主体成分，例（12）缺少主体成分、客体成分，但都是成立的。句法配价的有序形式分别为：

$S_3: V^3 + N_2 + V$

$S_4: V^3 + V$

选择上述有序形式的动词为"俾"。如：

（13）俾躬处休（《小雅·雨无正》）
（14）俾出童羖（《小雅·宾之初筵》）

例（13）缺少主体成分，（14）缺少主体成分、客体成分，但都是成立的。动词的句法配价框架为：

$V^3 [(N_1), (N_2), V]$

（三）小结

三价使令动词各小类对句法结构的选择限制可以列表如下：

		S_1	S_2	S_3	S_4
Ⅰ类动词	命、使	+	+	—	—
	谓	+	—	+	—
	将、教	—	—	+	—
Ⅱ类动词	俾	—	—	+	+

从各类动词对句法结构的选择限制我们可以发现：

1. 对句法结构的选择度不同。"命、使"、"谓"和"俾"选择范围较宽，各为两种。"将、教"选择范围较窄，只有一种。

2. 当价载体可隐含一个配价成分时,通常隐含主体、客体成分,不能隐含情节成分。

三 三价使令动词的语义选择

(一) 对补足语语义角色的选择

三价使令动词的主体是动作或行为的发出者或当事者,客体是使令动词直接涉及的对象,情节是事件所要达到的目的,所以三价使令动词选择施事、受事和意图三种语义角色。[①] 如《大雅·菘高》"王命赋御,迁其私人"中"王"、"赋御"和"迁其私人"分别为三价使令动词"命"的施事、受事和意图。

(二) 对语义结构的选择

所有的三价使令动词句都可以分解为两部分,如"王命赋御,迁其私人"可分解为"王命赋御"和"赋御迁其私人"。也就是说三价使令动词(V^3)和其三个语义角色(a_1,a_2,a_3)可以构成两个表述[②]:

表述1:$a_1 V^3 a_2$

[①] 关于"施事"、"受事"和"意图"的定义参见孟琮等《动词用法词典》,上海辞书出版社1987年版,第7、11页;鲁川:《汉语语法的意合网络》,商务印书馆2001年版,第117页。

[②] 表述是表示一个完整意思的最小意义单位。参见马清华《句子的语义结构》,《南京师范大学学报》(社会科学版)1993年第4期。

表述2：a_2，a_3

它们之间构成致使关系。其语义结构为：

a_1（施事）——V^3（谓词）——a_2（受事）

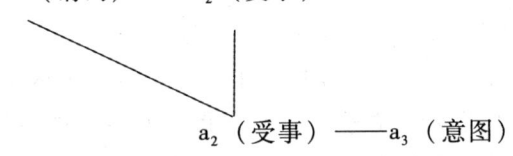

　　　　　　　　　　　　　　　a_2（受事）——a_3（意图）

三价使令动词在这个语义结构中的基本的语义表达式是：

使令［某人/某物　　某人/某物　　某行为/某状态］

也就是说，《诗经》使令动词是用来表述某人/某物通过另一某人/某物而做出某种行为或呈现某种状态。根据价载体对语义角色的指派，能够构成以下语义配置式：

谓词（施事，受事，意图）

（三）语义结构与句法结构的关系

语义结构与句法结构之间有一定的联系，表层的句法结构只是深层的语义结构的一种间接折射，所以二者之间并不是一种简单的对应关系。从三价使令动词的语义结构出发，探究其表层的句法结构，我们发现，《诗经》中的三价使令动词语义结构与句法结构之间情况比较特殊。首先，它们之间不是简单的一对一的关系。施事、受事和意图可能在句法结构中全部出现，也可能部分隐含，句法结构呈现出较为灵活的状态。其次，这种灵活性是有限度的，句法成分只能在原位隐现，不能移位。所以语义结构和句法结构之间也不是典型的一对多的关系。《诗经》语义结构和句法结构之间这种介于一对一和一对多的中间状态与语言由简而繁的发展轨迹是一致的。

"在言语交际过程中，当言语主体受到场景的刺激时，首先反映到大脑中的是一个混沌的具有很大简约性的思想,当这个思想被变得清晰起来之后,言语主体就会将这个场景加以分解形成一个个的语义项(或者叫语义角色),这些语义角色按照相互间的语义关系互相联系起来就形成一个语义网络。""一个语义项在语义网络中的身份和所处的地位,会影响到它在表层序列的位置。"[①] 而《诗经》使令动词句 S_1 "$N_1 + V^3 + N_2 + V$"最中性地表达了语义网络规定的基本语义。它的主题是 N_1,信息焦点是 V。而后来汉语中出现的其他序列(如 S')是经过了语用加工的,它表达了有别于 S_1 的主题结构和信息焦点。

参考文献

杨合鸣:《〈诗经〉句法研究》,武汉大学出版社 1993 年版。

张国宪、周国光:《索取动词的配价研究》,载袁毓林、郭锐《现代汉语配价语法研究》(第二辑),北京大学出版社 1998 年版。

张国宪:《有关汉语配价的几个理论问题》,《汉语学习》1994 年第 4 期。

(原载《长江学术》2006 年第 4 辑)

---

① 刘鑫民:《语义对成分线性位次的制约》,《语文研究》1996 年第 3 期。

《诗经》形容词的配价研究

自从 1978 年朱德熙先生《"的"字结构和判断句》将"向"的概念引进汉语语法研究以来,配价研究一直是现代汉语语法研究的一大热点。学者们对现代汉语中动词的配价问题进行了深入的研究,对现代汉语形容词和名词的配价问题也给予了一定的关注。但很少有学者应用配价语法理论研究古代汉语,用来研究《诗经》的更是少之又少。通过研究我们发现,应用配价语法理论研究《诗经》可以发现和解决一些新问题。[①] 本文研究《诗经》中形容词的配价,探讨形容词的句法结构和语义结构,从而进一步揭示语言的发展规律。

一 形容词价的确定

根据配价语法理论,要求几个补足语与之同现的形容词就是几价形容词。我们通过穷尽分析发现,《诗经》中的形容词都只要求一个补足语与之同现,所以都是一价形容词。如《小雅·

[①] 参见赫琳《〈诗经〉"给予"类三价动词及其句式构成》,《人文论丛》2003 年。赫琳:《〈诗经〉使令动词配价研究》,《长江学术》2006 年第 3 期。

出车》"卉木萋萋"中形容词"萋萋"的必有补足语为"卉木",是一价形容词。

从显性语法关系(overt grammatical relations)上看,一价形容词与补足语之间有主谓或定中关系。从隐性语法关系(covert grammatical relations)上看,当一价形容词与补足语的显性语法关系是定中时,补足语同时也是形容词的潜谓语。

一价形容词(记作 A)的补足语(记作 N)由名词或名词性短语担任。从形式上看,一价形容词可能进入下面的框架:

框架1:N + A

  蒹葭苍苍(《秦风·蒹葭》)
  北风其凉(《邶风·北风》)

框架2:A + N

  假哉天命(《大雅·文王》)
  泄泄其羽(《邶风·雄雉》)

框架3:A + N

  参差荇菜(《周南·关雎》)
  青青子衿(《郑风·子衿》)

框架1、框架2是陈述形式,说明人或事物的性质状态。所不同的是框架1是一般的主谓式,框架2是谓语前置式。框架3是以补足语为中心的指称形式,表示具有某种性质或状态的人或事物。《诗经》中的形容词最终能进入哪一种框架，与形容词的形式和语义有关。因此，我们将框架1、框架2、框架3作为判定一价形容词的形式标准。把一价形容词规定为能够进入上述三种框架之一的形容词。它们有其明显的特点：1. 意义上主要表示性质或状态；2. 语义上要求一个配价成分，即主体成分与之同现，分布上主体成分可能位于价载体之前，也可能位于价载体之后；3. 主体成分是无标记配价成分。

二 一价形容词的句法选择

依据一价形容词对框架1、框架2、框架3的选择，可把一价形容词分为五个次类：选择框架1的形容词（记作I类形容词）；选择框架2的形容词（记作II类形容词）；选择框架3的形容词（记作III类形容词）；选择框架1、框架2的形容词（记作IV类形容词）；选择框架1、框架3的形容词（记作V类形容词）。

（一）I类形容词的句法选择

I类形容词只选择框架1，不选择框架2、框架3，也就是说不构成谓语前置式和定中式，在表层结构中形成以下有序形式：

S_1：N + A

S_2：N + 之 + A

根据该类形容词对上述有序形式的选择，可将该类形容词分为两个次类：

1. "清"类

该类形容词选择 S_1。如：

美目清兮（《齐风·猗嗟》）

"清"为一价形容词，在句中做"美目"的谓语。《诗经》中只选择 S_1 的形容词主要是一些单音节形容词，有的前面有状语修饰，有的后面有语气助词。如：远、清、茂，等等。也有一些以"有"、"其"和"斯"为词缀的双音节形容词，如：有践、有闲、有荡、有忡、有炜、有骄、其凉、其虚、其空、其㧑、斯拔、斯臧、斯才、斯作、斯徂，等等。也包括部分重言式形容词。如：令令、居居、惕惕。该类形容词直接位于补足语之后，中间不需要"之"、"者"等助词。

2. "宽"类

该类形容词选择 S_2。如：

硕人之宽（《卫风·考槃》）

"宽"在句中做"硕人"的谓语。"之"位于形容词与补足语之间，其作用是舒缓语气，使此句成为复句的一个分句。包括：好、席、俅，等等。

（二）Ⅱ类形容词的句法选择

Ⅱ类形容词只选择框架 2，构成谓语前置式。也就是说，没有与之相对应的定中式和一般的主谓式。这是非常有趣的一种现象。在现代汉语中，有倒装，必然有正序，而我们封闭性地研究《诗经》，并未发现由 II 类形容词构成的主谓式。II 类形容词位于补足语之前，在表层结构中形成有序形式 S_3：A + N。如：

展矣君子（《邶风·雄雉》）

"展"为一价形容词，在句中做"君子"的前置谓语。《诗经》中形容词谓语前置式用例极为丰富，按形态可分为：单音节形容词接补足语，重言式形容词接补足语，以"有"为词缀的形容词接补足语和连绵词接补足语四种类型[①]。但只是其中一部分形容词只选择框架 2，属于 II 类形容词，我们将其定义为"展"类。包括：展、假、皇、穆、休、有扁、有秩、猗傩、差池、蔽芾、皇驳，等等。

（三）III 类形容词的句法选择

III 类形容词只选择框架 3，构成定中式。没有与之相对应的主谓式。III 类形容词位于补足语之前，在表层结构中形成以下有序形式：

S_4：A + N[②]

S_5：A + 之 + N

---

① 参见杨合鸣《〈诗经〉句法研究》，武汉大学出版社 1993 年版。
② 因定中式和谓语前置式一样，也是形容词在前，名词在后，所以我们将定中式也码化为 A + N，为了表示区别，将谓语前置式记为 S_3，把定中式记为 S_4。

S_6：A + 者 + N

根据该类形容词对上述有序形式的选择,可将该类形容词分为三个次类:

1. "窈窕"类

该类形容词选择 S_4。如

  窈窕淑女(《周南·关雎》)

"窈窕"为一价形容词,在句中做"淑女"的定语。该类形容词包括连绵形容词:窈窕、参差、厌浥、鬵沸、绵蛮,等等;以"彼"为词缀的形容词:彼美、彼都、嘒彼、猗彼、题彼、信彼、瑟彼、截彼、挞彼,等等。该类形容词直接位于补足语之前,中间不需要"之"、"者"等助词。

2. "扬"类

该类形容词选择 S_5。如:

  扬之水(《唐风·扬之水》)

"扬"为一价形容词,在句中做"水"的定语。"之"位于形容词与补足语之间,起舒缓语气的作用。该类形容词或者是单音节的,如"扬";或者为加缀形容词,如:有杕、有栈、乐彼,等等。

3. "有卷"类

该类形容词选择 S_6。如:

有卷者阿（《大雅·卷阿》）

"有卷"为一价形容词，在句中做"阿"的定语。"者"位于形容词与补足语之间，起舒缓语气的作用。该类形容词主要是一些加缀形容词，如：有菀、有漼、有芃，等等。

(四) IV 类形容词的句法选择

IV 类形容词选择框架 1、2，构成主谓式和谓语前置式。在表层结构中形成有序形式 S_1：N＋A 和 S_3：A＋N。如：

其鱼唯唯　（《齐风·敝笱》）
芃芃其麦　（《鄘风·载驰》）

"唯唯"、"芃芃为一价形容词，"唯唯"做"其鱼"的谓语，"芃芃"做"其麦"的前置谓语。

《诗经》中能同时选择框架 1、2 的主要是一些重言式形容词，如：唯唯、喈喈、喤喤、汤汤、泽泽、昭昭、翼翼、芃芃、泄泄、汎汎、浞浞、爚爚、嘒嘒、哙哙、哕哕、绵绵、驿驿、斤斤、穆穆、赫赫、濯濯、骄骄、冥冥、泥泥，等等；也包括一些以"有"为词缀的形容词，如：有难、有沃、有幽、有颀、有觉、有略、有倄、有依、有俶、有莺、有实，等等。我们将其定义为"唯唯"类。当该类形容词进入 S_1 和 S_3 两种句式时，主语部分一般都是由代词"其"（或"维"）与单音节名词构成的定中短语，根据变换语法理论，S_1 和 S_3 之间存在着变换关系，即：

S_1：N+A↔S_3：A+N

其鱼唯唯↔唯唯其鱼

其麦芃芃↔芃芃其麦

（五）V类形容词的句法选择

V类形容词选择框架1、框架3，构成主谓式和定中式。在表层结构中形成有序形式S_1：N+A 和 S_4：A+N；S_2：N+之+A 和 S_6：A+者+N。

《诗经》中能同时选择框架1、框架3的主要是一些重言式形容词和少量加缀形容词。根据它们对有序形式的选择，可将其分为两类。

1. "猗猗"类

该类形容词选择S_1和S_4。如：

绿竹猗猗　　（《卫风·淇奥》）

滔滔江汉　　（《小雅·四月》）

"猗猗"、"滔滔"为一价形容词，"猗猗"做"绿竹"的谓语，"滔滔"做"江汉"的定语。该类词主要是一些重言式形容词，包括：猗猗、萋萋、央央、苍苍、浟浟、谯谯、孽孽、旁旁、镳镳、俟俟、瞿瞿、鸒鸒、秩秩、悠悠、子子、青青、肃肃、喈喈、琐琐、涤涤、采采、偕偕、明明，等等，也包括加缀形容词：有齐、有匪、有践、有敦、有洌、有觉、有严、有虔、有灿、有辉、思柔、思文。这些形容词选择S_1和S_4时，主语或中心语一般为双音节的名词或名词性短语。根据变换语法理论，

S_1 和 S_4 之间存在着变换关系，即：

S_1：N + A ↔ S_4：A + N

绿竹猗猗↔猗猗绿竹

江汉滔滔↔滔滔江汉

2. "夭夭"类

该类形容词选择 S_2 和 S_6。如：

桃之夭夭　　（《周南·桃夭》）

皇皇者华　　（《小雅·皇皇者华》）

"夭夭"、"皇皇"为一价形容词，"夭夭"做"桃"的谓语，"皇皇"做"华"的定语。"之"位于形容词与补足语之间，起舒缓语气的作用。该类词包括：夭夭、僮僮、奔奔、蛮蛮、洋洋、其臧，等等。这些形容词选择 S_2 和 S_6 时，主语或中心语一般为单音节的名词。根据变换语法理论，S_2 和 S_6 之间存在着变换关系，即：

S_2：N + 之 + A ↔ S_6：A + 者 + N

桃之夭夭↔夭夭者桃

华之皇皇↔皇皇者华

（五）小结

一价形容词对句法结构的选择限制可列表如下：

		S_1	S_2	S_3	S_4	S_5	S_6
I 类	"清"类	+	—	—	—	—	—
	"宽"类	—	+	—	—	—	—
II 类	"展"类	—	—	+	—	—	—
III 类	"窈窕"类	—	—	—	+	—	—
	"扬"类	—	—	—	—	+	—
	"有卷"类	—	—	—	—	—	+
IV 类	"唯唯"类	+	—	+	—	—	—
V 类	"猗猗"类	+	—	—	+	—	—
	"夭夭"类	—	+	—	—	—	+

从各类形容词对句法结构的选择限制,我们可以发现:

1. 对句法结构的选择度不同。"唯唯"类、"猗猗"类和"夭夭"类的选择范围较宽,各为两种,"清"类、"宽"类、"展"类、"窈窕"类、"扬"类和"有卷"类的选择范围较窄,只有一种。

2.《诗经》中不存在定中式和谓语前置式相互变换的情况。

3. 形容词的价载体不能隐含。

三 一价形容词的语义选择

(一) 对补足语语义角色的选择

格语法理论的创立和发展为我国描写补足语的语义角色类型提供了方便,同时也使得这种描写成为可能。我们依据 Fillmore 的格语法理论,根据补足语所起的语义作用,赋予形容词补足语以一定的格。《诗经》一价形容词补足语的语义类有两种：

1. 呈现者　呈现性质或状态的主体。
2. 当事　执行非意志活动的有生主体。

呈现者是《诗经》一价形容词补足语的主要语义类型。这跟现代汉语是一致的。如"桃之夭夭"中的"桃"，"其鱼唯唯"中的"其鱼"，它们都是呈现某种性质或状态的主体。当事在《诗经》中出现较少，它的形容词由非自主形容词①充任，表示人的一种无意志的活动。不过这种无意志的活动都是可以由当事者控制的。如"明明天子"中的"天子"，"挞彼殷武"中的"殷武"都是当事。

"在言语交际过程中，当言语主体受到场景的刺激时，首先反映到大脑中的是一个混沌的具有很大简约性的思想，当这个思想被加以清晰起来之后，言语主体就会将这个场景加以分解形成一个个的语义项（或者叫语义角色），这些语义角色按照相互间的语义关系互相联系起来就形成一个语义网络。"②《诗经》一价形容词只指派两种语义角色，相对于现代汉语的七种③来说，语义角色显得比较单一，语义网络也就比较简单。

（二）对语义结构的选择

从隐性语法关系上看，当一价形容词与补足语的显性语法关系是定中时，补足语同时也是形容词的潜谓语。所以所有的一价

---

① 参见张国宪《论单价形容词》，《语言研究》1995 年第 1 期。
② 刘鑫民：《语义对成分线性位次的制约》，《语文研究》1996 年第 3 期。
③ 张国宪：《论单价形容词》，《语言研究》1995 年第 1 期。

形容词和其语义角色可以构成一个表述①：NA

其语义结构为：N—V

一价形容词在这个语义结构中的基本的语义表达式是：

性状［某人/某物］

也就是说，《诗经》形容词是用来表述某人/某物具备某种性质或状态。根据价载体对语义角色的指派，能够构成以下语义配置式：

谓词（呈现者）；谓词（当事）

（三）语义结构与句法结构的关系

语义结构与句法结构之间有一定的联系，表层的句法结构只是深层的语义结构的一种间接折射，所以二者之间并不是一种简单的对应关系。从一价形容词的语义结构出发，探究其表层的句法结构，我们发现，《诗经》中的一价形容词语义结构与句法结构之间情况比较特殊。首先，它们之间不是简单的一对一的关系。呈现者或当事可能位于价载体之前，也可能位于价载体之后，句法成分能够移位。句法结构呈现出较为灵活的状态。其次，这种灵活性是有限度的，呈现者或当事必须在表层句法结构中出现，不能隐含或省略。所以语义结构和句法结构之间也不是典型的一对多的关系。《诗经》语义结构和句法结构之间这种介于一对一和一对多的中间状态与语言由简而繁的发展轨迹是一致的。

---

① 表述是表示一个完整意思的最小意义单位。参见马清华《句子的语义结构》，《南京师范大学学报》（社会科学版）1993年第4期。

四 结语

本文研究了《诗经》一价形容词的配价，探讨了《诗经》一价形容词的句法结构和语义结构。《诗经》一价形容词可以构成主谓式、谓语前置式和定中式。不过，不同的形容词可能有不同的选择。主谓式最中性地表达了语义网络规定的基本语义。它的主题是 N，信息焦点是 A。谓语前置式是经过了语用加工的，它表达了有别于主谓式的语用意义。而定中式能充当的就只能是一个主题。

参考文献

杨合鸣：《〈诗经〉句法研究》，武汉大学出版社1993年版。

张国宪：《论单价形容词》，《语言研究》1995年第1期。

赫琳：《〈诗经〉"给予"类三价动词及其句式构成》，《人文论丛》2003年。

赫琳：《〈诗经〉使令动词配价研究》，《长江学术》2006年第3期。

（原载第七届《诗经》国际学术研讨会论文集，中国诗经学会《诗经研究丛刊》第十二辑，学苑出版社2007年版）

《诗经》结构变换修辞论

《诗经》的句法有主谓式、述宾式、述补式、偏正式、并列式等多种类型。其中状中式与述补式，定中式与主谓式之间存在着结构变换问题。

一　状中式与述补式变换

《诗经》中并不是所有的状中式与述补式之间都可以变换的，可以变换的大体上有三种类型：

（一）状语为重言式摹声形容词，中心语为单音节自动词的状中式可变换为述补式，反之亦然。例如《小雅·鹿鸣》："呦呦鹿鸣。"陈奂《传疏》："《说文》：'呦，鹿鸣声也。'"《郑风·风雨》："鸡鸣喈喈。"《集传》："喈喈，鸡鸣之声。"前者"呦呦"修饰"鸣"，构成状中式，后者"喈喈"补充"鸣"，构成述补式，二者可变换成"鹿鸣呦呦"和"喈喈鸡鸣"。

（二）状语为重言式摹声形容词、中心语为述宾式可变换为述补式，反之亦然。例如《魏风·伐檀》："坎坎伐檀兮。"《小雅·伐木》："伐木许许。""坎坎"、"许许"皆为伐木声，前者"坎坎伐檀"为状中式，后者"伐木许许"为述补式，二者可变换为"伐檀坎坎"和"许许伐木"。

（三）介宾式充当状语或补语，如《召南·羔羊》："羔羊之皮，素丝五蛇。退食自公，委蛇！委蛇！羔羊之革，素丝五緎。委蛇！委蛇！自公退食。羔羊之缝，素丝五总。委蛇！委蛇！退食自公。"前者"自公退食"为状中式，后者"退食自公"为述补式，两种结构在上下文中同时出现。

二　定中式与主谓式变换

（一）定语为重言形容词，根据中心语的情况可分为四类：

1. 中心语为双音节名词，定中式可变换为主谓式，反之亦然

如《大雅·江汉》："明明天子。"马瑞辰《通释》："明明即勉勉之假借，谓其在公尽力也。""明明"修饰双音节名词"天子"，为定中式。《大雅·假乐》："德音秩秩。"何楷《诗经古义》："言语、教会、声名，皆可称德音，此德音指言语也。""德音秩秩"为主谓式。二者可变换为"天子明明"和"秩秩德音"。

2. 中心语为定中式

如《郑风·子衿》："青青子衿。"《豳风·鸱鸮》："予羽谯谯。"前者为定中式，后者为主谓式，且"子衿"、"予羽"都是代词与名词组成的定中式。二者可变换成"子衿青青"和"谯谯予羽"。

3. 中心语为两个并列名词

如《小雅·四月》："滔滔江汉。"《毛传》："滔滔，大水貌。""江汉"指长江与汉水。《小雅·出车》："卉木萋萋。"《正义》："草之与木，已萋萋然茂美。"前者为定中式，后者为主谓式，二者可变换成"江汉滔滔"和"萋萋卉木"。

4. 中心语为单音节名词，在定语和中心语之间有助词"者"相连，可变换为主谓式

主、谓之间由"之"相连，"之"的作用是舒缓语气，取消句子的独立性，也可变换为定中式。如《小雅·楚茨》："楚楚者茨。"《集传》："楚楚，盛密貌。茨，蒺藜。"《周南·桃夭》："桃之夭夭。"《集传》："夭夭，少好之貌。"前者"楚楚者茨"为定中式，后者"桃之夭夭"为主谓式，二者可变换成"茨之楚楚"和"夭夭者桃"。

（二）定语为加缀形容词，其中可以变换的有两种类型

1. 定语为"有形"，中心语为双音节名词，可以变换为主谓式，反之亦然

如《郑风·女曰鸡鸣》："明星有烂。"《集传》："明星，启明星。""明星有烂"即启明星烂烂。《小雅·大东》："有捄天毕。"《毛传》："捄，毕貌。"《集传》："天毕，毕星，状如掩兔之毕。""有捄天毕"即弯曲的天毕星。二者可变换成"有烂明星"和"天毕有捄"。

2. 定语为"思形",中心语为双音节名词,可以变换为主谓式,反之亦然

如《周颂·思文》:"思之后稷。"《集传》:"文,言有文德也。"《周颂·丝衣》:"旨酒思柔。"高亨《今注》:"旨酒,美酒。思,犹斯也。柔,酒味柔和。"前者"思文后稷"为定中式,后者"旨酒思柔"为主谓式,二者可变换成"后稷思文"和"思柔旨酒"。

三　修辞功能

综上所述,《诗经》中存在着部分状中式与述补式、定中式与主谓式结构变换问题。诗人在实际运用中,选择其中一种结构而舍弃另一种,究其原因,是为了适应不同的语境,收到较好修辞效果的需要。

(一) 协调韵律

《诗经》属于乐歌,为了便于吟唱,要求韵律和谐。协调韵律有多种方式,进行结构变换就是其中的一种。例如《齐风·鸡鸣》:

　　虫飞薨薨　　(蒸部)
　　甘与子同梦　(蒸部)
　　会且归矣
　　无庶予子憎　(蒸部)

"薨"、"梦"、"憎"在上古均属蒸部。主述补式"虫飞薨薨"本可变换为状主述式"薨薨虫飞",但为了协韵,故这里选用了主述补式。又如《商颂·长发》：

濬哲维商　　（阳部）
长发其祥　　（阳部）
洪水芒芒　　（阳部）
禹敷下土方　（阳部）

"商"、"祥"、"芒"、"方"在上古均属阳部。主谓式"洪水芒芒"与定中式"芒芒洪水"具变换关系,但为了协韵,这里选择了主谓式。

（二）强调不同的语义内容

《马氏文通》指出,偏正两次之间,"凡正次欲求醒目者,概参'之'字"①。《诗经》中存在"重言形容词+者+单音节名词"的定中式,其中"者"字相当于结构助词"之",② 在这里,"偏次字偶而正次字奇",③ 参"者"以四之。同时,参"者",使正次醒目,即强调了中心语。如"皇皇者华"（《小雅·菁菁者莪》）、"蜎蜎者蠋"（《豳风·东山》）、"翩翩者鵻"（《小雅·四牡》）等,若分别使用它们的变换式,即"华之皇皇"、"蠋之蜎蜎"、"鵻之翩翩",那么强调的就是"正

---

① 马建忠：《马氏文通》,商务印书馆1998年版,第91页。
② 参阅杨合鸣《〈诗经〉句法研究》,武汉大学出版社1993年版,第151页。
③ 马建忠：《马氏文通》,商务印书馆1998年版,第92页。

者后置"① 的谓语。定中式强调的是"华"、"蠋"、"鸟佳",主谓式强调的则是"皇皇"、"蜎蜎"、"翩翩"。作者要强调的内容不同,就会有不同的选择。

(三) 受上下文句法的制约

1. 为下文提供话题

这主要表现在定中式与主谓式的换用上。如《卫风·淇奥》:"有匪君子,如切如磋,如琢如磨。瑟兮僩兮,赫兮咺兮。"定中式"有匪君子"可以变换为主谓式"君子有匪",但下文"如切如磋,如琢如磨。瑟兮僩兮,赫兮咺兮"都是直接对"君子"的陈述,故选用名词性的定中式。

2. 追求句法结构的相仿,体现语言的整齐美

如《大雅·抑》:"昊天孔昭,我生靡乐。视尔梦梦,我心惨惨。诲尔谆谆,听我藐藐。"主谓式"我心惨惨"与定中式"惨惨我心"具有变换关系。这里"视尔梦梦"、"诲尔谆谆"、"听我藐藐"后面皆为重言形容词,选用主谓式"我心惨惨"与此相仿,体现出语言的整齐划一。

3. 追求句法结构的变换,体现语言的变化美

例如我们上文曾提到的"自公退食"与"退食自公",可以变换的状中式与述补式在上下文中同时出现,体现出语言的变化美。

"结构变换修辞是同语法有密切关系的修辞活动。某种结构

---

① 马建忠:《马氏文通》,商务印书馆1998年版,第90页。

可以进行怎样的变换,或者说,哪几种结构之间有变换关系,这首先是语法问题。"① 我们通过归纳整理,发现《诗经》中状中式与述补式、定中式与主谓式之间具有变换关系,并在此基础上剖析结构变换的修辞功能。这种将语法与修辞结合起来研究《诗经》结构变换修辞的方法,应该说是一种有益的尝试。

(原载《修辞学习》2001年第2期)

---

① 郑远汉:《结构变换修辞论——定中式和主谓式的换用》,《修辞学习》1995年第1期。

# 第二编

现代汉语语法研究

"甭"与"别"

现代汉语否定副词"甭",学界关注不多。已有的一些探讨大都是在讨论其他问题时顺带提及而已,缺乏系统深入的研究,我们至今对其没有多少认识。这不能不说是个缺憾。

为了全面了解"甭"的情况,我们利用北京大学现代汉语语料库和大量的生语料对其进行了广泛调查,发现"甭"颇有自己的特点,并不像我们通常印象中那样,认为其似乎跟否定副词"别"大同小异,其实它与"别"具有明显的差异。本文将从"甭"的组合格式入手,着重探讨它的句法环境、语义特点和语义指向规律,并兼及"甭"和"别"的一些异同。

据我们考察,"甭"的后续组合成分多种多样,可以是动词性成分、形容词性成分,也可以是名词性成分或小句。不同的组合格式,往往表达了不同的语法意义,构成不同的语义指向,体现了不同的语用特色,并且表现出与"别"的某些差异。通过深入分析我们也发现,"甭"的各方面特点的形成,又导源于它的语义基础。

下面我们以"甭"的主要组合格式为线索来展开讨论。

一　甭+动词性成分

这是"甭"的最常见组合格式。可以分为如下几个小类:

（一）甭+V

"甭"后的 V 可以为光杆动词，或状中结构、动补结构。例如:

(1) 你甭管!
(2) 汪老白了一眼:甭瞎想，是悟性。
(3) 你甭走得太快!

这类组合是"甭"的最基本用法，它在语义上都直接指向后续的 V，用来表示劝阻或禁止，相当于"不用"或"不要"的意思。这类用法与"别"的基本用法相同，可以用"别"替换，所以上面的例子可以说成"别理他"、"别管"、"别瞎想"、"别走得太快"。

这类格式中的 V 也可以为动宾结构。其宾语既可以是体词性成分，也可以是谓词性成分。这主要和 V 本身带宾语的条件有关，与"甭"、"别"没有直接的关系。例如:

(1) 甭怕难，万事开头难么，遇到困难，咬咬牙就挺过去了。
(2) 你说，别光口头表决心，干了看；他说，你甭亮数字,一亮准没我的多。

V 还可以为动词重叠形式、兼语式和连谓式。例如:

(1) 甭嚷嚷,没有一个人三篇获奖的。
(2) 甭叫他进,等我穿好裤子。
(3) 两个人好好儿的,你甭去讨人嫌!

以上例子都可以用"别"来替换。"甭"的语义都指向它后边的 V。

但我们也发现,尽管"甭"后边可以带动词来表示否定,但并不是任何动词都可以入位。能够接受"甭"否定的,一般只能是自主性动词,不能是非自主性动词。这一点与"别"不同。"别"既可以否定自主动词,又可以否定一般性非自主动词。我们以列表的方式对比如下:

A		B	
别走	甭走	别感染	*甭感染
别看	甭看	别遗忘	*甭遗忘
别抢	甭抢	别误会	*甭误会
别锁	甭锁	别疏忽	*甭疏忽
别介绍	甭介绍	别晕场	*甭晕场
别记录	甭记录	别错怪	*甭错怪

A 组中的动词都是自主动词,"别+V〔+自主〕"和"甭

+V［+自主］"都能成立；B组中的动词都是非自主动词，"别+V［-自主］"能成立，但"甭+V［-自主］"不能成立。

究其原因，"甭"和"别"对动词类型的选择差异是由它们的不同意义决定的："甭"是"'不用'的合音"①，它最初的意义就是"不用"的意思。正是在这一意义基础上，发展成为否定副词，用来表示对方无须或客观上没有理由实施某种动作行为。其话语预设是：听话人准备或正在有意识地实施某种动作行为。说话人用"甭"正是为了劝阻或禁止这个有意识的动作行为的实施。因此，"甭"后的动词只能是自主性动词。而"别"不同，它表示说话人主观上不愿意对方实施某种动作行为。其预设是：听话人准备或正有意识地实施某种动作行为，或者可能会无意中实施某个动作行为或发生某种情况。说话人用"别"正是为了劝阻这个有意识的动作行为，或提醒听话人注意避免这个无意中可能实施的动作行为或将要发生的情况。因此，"别"后的动词既可以是自主动词，也可以是一般性非自主动词。由此可见，"甭"在语义和功能上是与"别"有差异的。

当然，值得注意的是，动词的自主与非自主是一个连续统，没有绝对分明的界限。有些处于非自主动词序列边缘的非自主动词，由于它们相对于非自主动词的核心成员而言要多一些自主动词特征，因而也表现出一定程度的自主性，因此有时也可以用"甭"来否定，进入"甭+V"格式。

（二）甭+V+着

"甭+V+着"里的"着"用来表示"动作行为状态持续"，

---

① 吕叔湘：《现代汉语八百词》，商务印书馆1996年版，第60页。

"甭"表示说话人认为听话人无须或客观上没有理由继续正在实施的某种动作行为或状态,加以劝阻或禁止。这种格式常带宾语。例如:

(1) 你们甭结记着我,他们要进来胡闹,我头一个就豁给他们,打不了他也得倒。
(2) 甭这样惊奇地望着我!

在"甭+V+着"里,由于"着"总是直接附着在动词上,因此我们认为"V+着"是一个整体,"甭+V+着"是"V+着"加"甭"组合而成的,所以此格式的内部层次为:"甭 | V 着"。"甭"在语义上指向其后的"V 着"。

与此不同,"别+V+着"① 格式里的"着"则有两种情况:一个是"表示行为动作状态持续"的"着",我们将其标为"着$_1$",另一个是"着(zhao35)"的变体,② 我们将其标为"着$_2$"。该格式可分化为两个小类:"别+V+着$_1$"和"别+V+着$_2$"。"别+V+着$_1$"表示说话人要求听话人结束某个已经持续的动作行为或状态,此动作行为或状态在此话语发出前已经存在。"别+V+着$_2$"表示说话人提醒听话人不要发出某一动作,而使自己受损。V 所代表的动作在此话语发出前还未出现。例如:

(1) 别站着!(别+V+着$_1$)
(2) 别伤着!(别+V+着$_2$)

---

① "V 着"后也可带宾语。例如:"别噘着嘴!"(老舍《骆驼祥子》)
② 陆俭明:《"着(zhe)"字补议》,《中国语文》1999 年第 5 期。

其中"着（zhao35）"的变体"着₂"①，则不能进入"甭+V+着"格式中。因为"V+着₂"往往表示的是不好的事情，是说话人不希望发生的，而"对于说话人不企望发生的事，只能用'别'，不能用'甭'"②。例如下面的"别+V+着₂"中的"别"都不能换成"甭"：

(1) 别伤着！＊甭伤着！
(2) 别呛着！＊甭呛着！

（三）甭+V+了

"甭+V+了"这个格式，用来劝阻听话人某些动作行为没有必要实施。其中的V既可以是单个动词，也可以是动词性短语。例如：

(1) 人手已经够了，你就甭去了。
(2) 你就安心养病，其他的就甭费心考虑了。

这种格式，V后还可以跟有宾语。例如：

(1) 那么以后举办任何国际比赛，包括奥运会，运动员干脆都甭分国籍和地区了。
(2) 慨叹"活得太累"的成年人再也甭羡慕小孩子们

---

① 陆俭明：《"着（zhe）"字补议》，《中国语文》1999年第5期。
② 朱德熙：《语法讲义》，商务印书馆1982年版，第65页。

的无忧无虑了。

有时宾语还可以放到"了"之后。例如：

（1）甭忘了你老太爷的话。
（2）孝文，甭忘了你是个念书人！

"甭+V+了"表示说话人要求听话人不使 V 这个动作行为得以实现，即放弃实施 V 这个动作行为的打算。"实现"这种语法意义是由动词后缀"了"来表达的，"了"与 V 先结合成一个整体，再被"甭"否定，此格式的层次为"甭｜V 了"。"甭"指向"V 了"。

与此类似的格式"别+V+了"则不同："别+V+了"可以分化为两种情况，其中只有一种可以将"别"替换为"甭"，记作"别+V+了$_1$"①。因为这一格式表示说话人基于某种考虑（比如：条件不允许、客观上没理由、事实上没必要等），要求听话人放弃做某事的打算。当说话人想强调做这事实在没理由或没必要时，可以用"甭"替换"别"，变成"甭+V+了$_1$"。下面句子里的"别"都能换成"甭"：

（1）要不要等弟弟？别等了！他知道地方的。
　　　　　　　——甭等了！他知道地方的。
（2）我想小睡一下。别睡了！这么短的时间你又睡不好。

---

① 袁毓林：《祈使句式和形容词的类》，载《袁毓林自选集》，广西师范大学出版社 1999 年版。

—甭睡了!这么短的时间你又睡不好。

分化出来的另一种格式,记作"别+V+了$_2$",强调说话人的主观愿望——不希望听话人继续做某事,所以其中的"别"不能用"甭"来替换。下面句子中的"别"就不能换成"甭":

(1) 再等弟弟一会儿。别等了!爸爸都不耐烦了。
　　　　　　*甭等了!爸爸都不耐烦了。
(2) 让我再睡一会儿!别睡了!你该迟到了。
　　　　　　*甭睡了!你该迟到了。

二　甭+形容词性成分

"甭"后可以接单个形容词,构成"甭+A"格式,表示说话人要求听话人不要表现出某种性状,此性状由该形容词表示。例如:

(1) 甭谦虚!
(2) 甭紧张!

在"甭+A"格式中,不管"甭"后的形容词以什么形式出现,它们仍然是一个整体,因此"甭"的语义只能指向这一整体。

这种用法与"别"基本相同。此外,"别"还可以构成"别+A+了"格式。例如:

好吧,先吃去吧,别凉了!(王安忆《长恨歌》)

三 甭+名词性成分

"甭"后可以接名词和代词,但根据所收集到的语料,用例很少。例如:

(1)甭废话!
(2)赶时髦也是一种时尚,甭别的,单就影楼这两字也会让人觉得新鲜,一睹为快。

但"别"的类似用例较多。"别"还能构成"别+修饰语+N"、"别+N+了"和"别+代词+了"格式,而"甭"不能。例如:

(1)别一副软骨头的样子。(王朔《你不是一个俗人》)(*甭一副软骨头的样子)
(2)别流氓了。你等一下,我穿上衣服。(陈染《无处告别》)(*甭流氓了)
(3)别这样了。(*甭这样了)

四 甭+小句

"甭"后可以接小句。例如:

(1)甭扯着老虎尾巴抖威风,你出来咱在大街上说说!
(2)你甭不知好歹!

出现在此格式里的小句常具有熟语性。"甭"在语义上指向小句,小句作为一个整体被"甭/别"否定。

参考文献

吕叔湘:《现代汉语八百词》,商务印书馆1996年版。

陆俭明:《"着(zhe)"字补议》,《中国语文》1999年第5期。

朱德熙:《语法讲义》,商务印书馆1982年版。

袁毓林:《祈使句式和形容词的类》,载《袁毓林自选集》,广西师范大学出版社1999年版。

(原载《语言研究》2009年第4期)

对"之前"和"以前"异同的新认识[1]

"之前"和"以前"是现代汉语里的两个近义词,一般认为,"之前"和"以前"用法大体相同。[2]《现代汉语八百词》也只是做了简单的比较说明。[3] 实际上,二者颇有差异,即使是同做时间词,区别也不简单,表现在很多方面。例如下面两句话:

  然而这一对夫妻必须顶着凛冽的寒风,赶在太阳升起之前敲响城里医院产科的玻璃门窗。
  每一次主子的更换就意味着对以前的彻底毁弃,意味着自身官场生命的脱胎换骨,……

第一句中的"之前"和"以前"可以互换,意思上没有大的变化,而第二句的"以前"就不能换成"之前"。
为了充分考察二者的实际情况,我们借助北京大学汉语语言

---

[1] 与刘云云合作完成。
[2] 参见刘川平《"之前"单用析》,《汉语学习》2007 年第 4 期。中国社会科学院语言研究所词典编辑室:《现代汉语词典》,商务印书馆 2005 年版,第 1743、1610 页。
[3] 吕叔湘:《现代汉语八百词》,商务印书馆 1996 年版,第 544 页。

学研究中心现代汉语语料库和现代平衡语料库等多个大型语料库和大量的生语料,对"之前"和"以前"的用例进行了尽可能全面的搜罗,在此基础上运用对比、替换等方法,分别从句法、语义、语用等层面,对"之前"和"以前"进行了较全面的剖析,探讨二者的使用规则,比较其异同。结果发现,二者在句法功能、组配限制、独立性强弱等方面差异明显,在时间范畴表达的参照点、明确度、指称远近等方面颇有不同,在空间范畴表达上区别分明,在语体色彩、语境约束等方面各有特点。并且,它们的那些异同呈现出很强的规则性。此外,我们还观测到它们在用法上的一些新变化。

一 句法比较

"之前"和"以前"在句法上有很多共同点,但同时在句法功能、组配限制、独立性强弱等方面也存在着差异。

(一) 句法功能

两者都可以做定语和状语,但"以前"还可以做宾语和定中结构的中心语,"之前"不可以做宾语和定中结构的中心语。例如:

以前的记者处处受人尊敬("以前"做定语)
之前的说法不成立("之前"做定语)
我以前很是不信("以前"做状语)
你之前也做过一部电影("之前"做状语)

那是以前／＊那是之前（"以前"做宾语，"之前"不能做宾语）

回忆我们的以前／＊回忆我们的之前（"以前"做中心语，"之前"不能做中心语）

都做定语也有不同。"以前"和"之前"单独做定语时，和中心语之间一般都有"的"。"以前"可以和中心语一起做其他成分的定语（此时，"以前"和中心语之间的"的"可删去），而"之前"不可以和中心语一起再做其他成分的定语。例如：

每当我情绪低落时，我便翻阅自己的影集，不知不觉便陷入对以前事情的美好回忆中，结果情绪会很快好起来／＊对之前事情的美好回忆

以前私塾的老师／＊之前私塾的老师

都做状语也不同。"以前"做状语时，可在主语前，也可以在主语和谓语之间，而"之前"一般用在主语和谓语之间。例如：

我以前很是不信
以前我很是不信
你之前也做过一部电影？／之前你也做过一部电影①

"以前"能做定语、状语、宾语和定中结构的中心语，"之

---

① "之前"也有用在主语之前的，但这种情况非常少见，且对语境的依赖比较大。例如：之前你演的影视剧多吗？之前你实在太不小心了！

前"可做定语和状语,不能做宾语和中心语,由此可以看出,"以前"具有比较强的名词性质,而"之前"的名词性质较弱。

(二) 组配限制

"以前"和"之前"在搭配选择限制上也有差异。比如:
1. 在表达名次、次序的前后时,一般用"之前"与表参照点的词语搭配,而不使用"以前"。例如:

排在倒数第2位(只能在拉萨之前),人均道路长跟广州、上海并列排倒数第一。
而出现在天狼星之前的南河三,就成为这一季节到来的第一个预兆。

2. "以前"可以紧随"及其"之后使用,"之前"则不能。这大概是由于"之前"中的"之"具有指代作用的成分,"及其"中的"其"也具有指代作用的成分,为避免表达上的重复,"及其"后面一般与"以前"组合,而不与"之前"搭配。例如:

他总结了春秋末期及其以前(*之前)的作战经验,包含着朴素的唯物论和辩证法。

(三) 独立性强弱

"以前"可以单独做状语,而"之前"常常附着在其他的词语后面作为一个整体做后面句子成分的状语,例如:

以前，汉朝和匈奴和亲，都得挑个公主或者宗室的女儿。

以前，不管哪个当这个差使，免不了跟权贵通关节，接受贿赂。

以前，一些大商店是有配套供应的，外衣衬、西服衬甚至事前剪成一段段的，顾客买了就走，里子的花色也很多，任你选配。

下午开会之前准备工作已经做完了。

前三个句子里的"以前"都是独立做句子的状语，表现出句法上较强的独立性。而"之前"附着在"下午开会"之后做句子的状语，独立性比"以前"差。

二 语义比较

"之前"和"以前"在语义上相近，但它们的区别也是比较明显的，而且语义上的差异是导致句法及语用上差异的根本原因。二者在时空语义范畴、参照点、近指远指等方面都有不同。

（一）时空语义范畴

"以前"是一个纯粹的时间词，只有时间范畴意义，没有空间范畴意义，而"之前"不仅具有时间范畴意义，还具有空间范畴意义。例如：

我六岁离开南门以前,我和父母之间是那么亲切。(时间范畴)

妙就妙在"饭店"之前冠以"美国"两个字。(空间范畴)

(二) 参照点

"之前"和"以前"一样都具有时间范畴语义,都表示在某个时间的前面,那么这个"时间"就是它们的参照点。① 比较而言,"之前"要求参照点明确,提示性强,而"以前"的要求较低。

"之前"跟"以前"都可以以时间点和时间段为参照点。② 例如:

30 以前把孩子生了("以前"以时间点"30"为参照点)

引证匈牙利 1956 年之前的一个老笑话("之前"以时间点"1956 年"为参照点)

是半年以前的事了("以前"以时间段"半年"为参照点)

还在十年之前("之前"以时间段"十年"为参照点)

---

① 廖秋忠:《现代汉语篇章中空间和时间的参考点》,《中国语文》1983 年第 4 期,第 12 页。

② 关于"时间点"和"时间段"的概念,丁声树等在《现代汉语语法讲话》中以现代汉语为语料,对"时点"、"时段"的概念进行了描写。书中把时间词分为两种:一种是"时点",表示什么时候,如"一九九六年、昨天、下午",说的是时间的位置、时间的早晚,一种是"时段",表示多少时候,如"五年、三天、两个钟头",说的是时间的长短。

但是,"之前"因为有一个表"指示"的"之",在具体的运用当中,必然会体现"之"字的指代性,也就是说,"之前"的出现要以具体的可推知的时间为参照点,对参照点的明确性要求比"以前"高。例如:

记得他在去延安之前,是上海永安公司的店员。
以前,汉朝和匈奴和亲,都得挑个公主或者宗室的女儿。

"之前"的参照点是"去延安",参照点很明确。而"以前"的参照点一般来说比较复杂。"以前"的参照点是"汉朝和匈奴和亲"这个做法产生之后的任何一个时间点,参照点可以是唐朝,可以是清朝,也可以是现在,甚至还有可能是汉朝。所以说,"以前"参照点的明确性没有"之前"强。再看下面几个例子:

相传,很久以前有一对热恋中的情侣依海而坐,沉醉在海誓山盟的甜言蜜语之中。
许久以前在报上看到一个有趣的新闻。
顺便问问,你们上一批客人是多久以前来的?

以上几例"以前"的参照点分别是"很久、许久、多久"等约量时间词,表示的时间段的限量范围比较模糊,即表示的时间数量不确定。[①] 这些约量时间词,由于语义上的模糊性,决定

[①] 李向农:《现代汉语时点时段研究》,华中师范大学出版社1997年版,第67页。

了它们不能用在语义比较明确的"之前"位置前面。

(三) 近指、远指性

在现代汉语中,指示代词有近指、远指之分,如近指的"这、这些、这个",远指的"那、那些、那个"。我们发现,表示时间的时间词"之前"和"以前"也有近指、远指之分。"之前"有近指义,"以前"有远指义。这种区别是很明显的,比如,在下面的句子中的"之前"不能换成"以前":

> 汤姆领着众人往北走,因为之前他们大半都在向西赶路。
> 快傍晚的时候,他们又走进了一个比之前的深沟都要陡峭、深邃的地堑。

我们这里所说的近指是指"之前"前面表述的事情,与"之前"后面表述的事情在时间跨度上很短,在时间维度上很近。例如:

> 出发之前,谢玄特地到谢安家去告别,请示一下这个仗怎么打法。
> 飞鱼离水之前,一面紧收胸鳍和腹鳍快速游泳,一面用尾巴猛烈拨水。

在上面的这两句话中,"之前"都是用在动词性结构之后的,我们可以看出,"之前"后面的句子成分,与它前面的句子成分在意义上有连动关系,两个动作行为时间跨度很小;如果句中的"之前"换成"以前",前面事情的发生与后面事情的发生的时间跨度就不大清楚了。

再看"以前"的用例:

您以前上过学吗?

不过我说啊,他以前特别厉害,特别闹,跟我一样。

我们这里所说的远指是指追述在时间跨度上离现在比较远的事情。第一句"上过学"肯定离说话者的说话时间较远了。第二句说的是追述过去比较远的时候,目的可能是为了与现在形成对比,过去"特别厉害、特别闹",而现在不厉害、不闹了。第二句的"以前"可以换成"之前",但是变换之后,意思发生了略微变化:

不过我说啊,他之前特别厉害,特别闹,跟我一样。

变换之后能成立,也挺顺口,也可能是为了与现在形成某种对比,但是变换之后的句子给我们的感觉是,叙述的事情是不久前发生的,而不是很久之前发生的。

其实,在现代汉语中,在很多条件下,"之前"和"以前"是可以相互替换的,而意思不会发生多大变化,这是因为在具体的语句中,近指和远指不那么容易区分,致使在句中使用二者皆可。例如:

在望远镜发明之前,天文学家一直用浑仪进行天文观测。

可以换成:在望远镜发明以前,天文学家一直用浑仪进行天文观测。

由于"之前"有近指性,在汉语中形成一种习惯,就是在表示前面的事情与后面的事情在时间上相差很近时,一般用"之前"来表达。

三 语用比较

(一) 语体差异

以往的研究已经指出,"以前"一般用在口语中,"之前"一般用在书面语中。实际上现在的用法已经出现了新的变化,区别已经不是很明显。"以前"和"之前"都可以用在口语中,也可以用在书面语中:

以前,有的人呢,告诉我说了,说我的孩子送托儿所了,这个你们的托儿所倒是好,营养好,就这样给我说。(口语)

听到这种声音,就充满了感动,这种声音仿佛在唤起他身体中的什么记忆,这种记忆模糊不清且亲切可感,它仿佛沉睡了很久很久,仿佛在慢慢睁开眼睛,仿佛在刻意寻找已经疏远的那份情感,刘果很留意这种情感,他记得自己以前从未经历过这种感觉。(书面语)

你们家来北京之前在什么地方?(口语)

佛罗多收起魔戒,之前的那道阴影也跟着化作无形,瑞文戴尔的音乐和歌声又再度响起。(书面语)

"以前"在口语和书面语中使用起来都非常自然，所以它是口语和书面语兼备的。"之前"也是既可以用在口语中，也可以用在书面语当中。不过，通常在文学语体中，如果不是限于在句法和语义上的限制，在两者可以通用而意思不发生较大变化的情况下，一般倾向于用"之前"：

　　对佛罗多来说，之前的逃亡和外界黑暗扩张的传言，都变得如同恶梦初醒一般地模糊。
　　但是，眼前的一群蜻蜓，像被什么东西追逐着，又像急于抢在夜色降临之前不让杉林的幽黑抹去它的身影。

（二）语境要求

"以前"和"之前"都有参照点的问题，参照点是靠具体语境体现出来的，二者对语境的要求是有差异的。

由于"之前"是由指示成分"之"和方位成分"前"组合而成的，因此在这个时间词出现时，总会有它指示的部分共现，否则，就失去了存在的依据。例如：

　　后来，在班上讲故事，讲哑巴是四川人，当兵之前他在乡下种田，娶了媳妇，媳妇正要生产，老娘叫哑巴去省城抓药，一把给捉兵的捉去捎东西，这一捎，就没脱离过军队，家中媳妇生儿生女都不晓得，就来了台湾。
　　今天下午，你去上中文课之前，我看见你不断地翻书，一边翻，一边数，然后得意地说你这个礼拜读了两千多页的课外书，一定能得奖了。

"之前"的前面有它指示的成分"当兵"、"去上中文课",去掉了这些语句,"之前"就失去了存在的依据。

"以前"的前面可以有它所依照的参照点,例如:

> 每场演出以前,闻讯而来的观众早早就把剧场挤得满满当当,有许多人步行了几十里,连饭都顾不上吃。

但是,在很多条件下,它前面是可以不出现参照点的:

> 以前,他家两间屋,为让战士住宿方便,他专门买了一张折叠床,准备了一套被褥。
>
> 一位村支书告诉我,以前,村里只有个别人手脚不规矩,这两年,这种人渐渐多了起来。

总之,"以前"是一个纯粹的时间词,语义单纯,这决定了它在句法和语用上都具有较强的独立性和灵活性。"之前"不是一个纯粹的时间词,它兼跨时间和空间两个语义范畴,加上"之"的语素义的影响,决定了它独立性弱,灵活性差,对语境的要求相对高。

参考文献

刘川平:《"之前"单用析》,《汉语学习》2007年第4期。

中国社会科学院语言研究所词典编辑室:《现代汉语词典》,商务印书馆2005年版。

吕叔湘:《现代汉语八百词》,商务印书馆2005年版。

廖秋忠:《现代汉语篇章中空间和时间的参考点》,《中国语文》1983

年第 4 期。

李向农:《现代汉语时点时段研究》,华中师范大学出版社 1997 年版。

(原载《中国语文的现代化与国际化》,中国语文现代化第一届国际会议暨中国语文现代化学会第九次学术会议论文集,军事科学出版社 2012 年版)

汉语句子话题及其否定[①]

汉语句子中，话题以及话题结构尽管在句法、语义、语用层面已得到广泛的研究，但话题的性质、生成以及话题与主语的关系等问题仍然是有争议的，而且目前我们尚未发现有关话题否定的研究。

本文所采用的研究方法是将一个否定的句子转换为相应的肯定句，并单独替换其中一个成分（特别是话题）。我们推定，话题是一个功能与句子主语、宾语相类似的句法成分，而且，句子否定的辖域即为整个句子，句子中的成分都能成为否定焦点进而被否定。按照此方法，如果被替换了话题的相应的肯定句子是合语法的话，有理由认为话题可以被否定词"不"或"没"否定。

本文不仅试图从句法、语义、语用层面对文献中不同类型的话题进行阐释，而且希望得出话题能或不能被否定的条件和解释。

一 话题的生成

话题在定义、性质、分类方面已经引起激烈的讨论。有观点

[①] 本文由笔者与彭琼合作完成。

认为"话题"是"主语"的另一种说法,① 也就是说,两者没有区别。也有观点认为"话题"是语用层面与述题相关的术语,而"主语"则是句法层面与谓语相关的术语。② 汉语作为一门话题优先的语言,③ 在句子中话题扮演着重要角色。我们认为话题与主语、宾语一样,都是句子结构中的句法成分。④

主语和宾语可以为空,但其句法位置却仍然存在。话题也是如此,如(1)所示:

(1) 小张,他不喜欢苹果。
a. 小张,[ ] 不喜欢苹果。
b. 小张,他不喜欢 [ ]。
c. [ ] 他不喜欢苹果。

在(1)中,"他"是主语,"小张"是话题,"苹果"是宾语,三者分别在(1a)、(1b)、(1c)中为空。

汉语句子中也可能出现不止一个话题,如下所示:

(2) 小张,苹果,他不喜欢。

例句(2)即汉语句子中的多层话题现象,"小张"和"苹

---

① Y. R. Zhao, *A Grammar of Spoken Chinese*, Berkley: University of California Press, 1968.
② 胡裕树、范晓:《试论语法研究的三个平面》,《新疆师范大学学报》(社会科学版)1985年第3期,第7—15页。
③ C. Li and S. Thompson, "Subject and Topic: A New Typology of Language", *Subject and Topic*, C. Li, Eds. New York: Academic Press, 1976.
④ 徐烈炯、刘丹青:《话题的结构与功能》,上海教育出版社1998年版。

果"都是话题。① 徐烈炯、刘丹青也提到了类似现象,即汉语句子中存在话题、次话题、次次话题,② 这与话题结构的多层性是相关的。

主语转换为话题也是可行的,如:

(3) a. 小张不喜欢苹果。
b. 小张,[ ] 不喜欢苹果。

(3a) 中的"小张"被分析为主语,而(3b)则是话题。两者的表征是一样的,但句子结构却不同,表现在句首 NP 是在不同的位置。

在过去的研究中,汉语话题的生成主要有三种观点。一种认为所有的话题都是基础生成于自身的句法位置的,③ 但并未给出相关解释。第二种观点则持完全相反的意见,认为所有的话题都是从述题某一句法位置移位而来的。④ 而第三种观点则坚持汉语存在两种类型的话题,即移位话题和基础生成的话题,⑤ 前者是移位驱动,与某一句法位置相关,移位后该位置为空或由一个代词所替代,这种情况与英语相类似,因而也称之为英式话题;后

---

① 袁毓林:《话题化及相关的语法过程》,《中国语文》1996年第4期,第241—254页。
② 徐烈炯、刘丹青:《话题的结构与功能》,上海教育出版社1998年版。
③ 同上。
④ 袁毓林:《话题化及相关的语法过程》,《中国语文》1996年第4期,第241—254页。D. X. Shi, "Topic and Topic-Comment Constructions in Mandarin Chinese", *Language*, vol. 76, Jun. 2000, pp. 383 – 408.
⑤ H. H. Pan and J. H. Hu, "A Semantic-Pragmatic Interface Account of (Dangling) Topics in Mandarin Chinese", *Journal of Pragmatics*, vol. 40, Nov. 2008, pp. 1966 – 1981.

者是基础生成,也被称为悬浮话题或中式话题。与述题中的任何句法位置都没有关系。

后两种观点的分歧就在于对悬浮话题的分类和解释上,如下所示:

(4) 苹果,小张不喜欢。
(5) 小张,我不认识他。
(6) 物价纽约最贵。
(7) 象鼻子长。

就例句(4)中的话题"苹果"和(5)中的话题"小张"而言,两种观点都认为是从述题中的某一句法位置移位而来,其中(4)中宾语的句法位置为空,(5)则是与"小张"共指的代词"他"。

但(6)和(7)则存在分歧。石定栩认为话题都是根据述题内部成分的语义角色通过句法操作推导而来的。① 比如例句(6)可以被理解为"纽约的物价最贵",换言之,"纽约"是一个地点状语,"物价"是主语,在句子中被提升为话题。例句(7)中,"象"是一价名词"鼻子"的亚宾语,在删除"的"后提升为句子主语,并由于语用因素而成为话题。这些话题与述题具有各式各样的语义联系。② 而潘海华则认为(6)、(7)中类似的话题都是基础生成的,有其自身的位置(即 spec-CP),

---

① D. X. Shi, *Topic and Topic-Comment Constructions in Mandarin Chinese*, Language, Vol. 76, Jun. 2000, pp. 383 – 408.
② 袁毓林:《话题化及相关的语法过程》,《中国语文》1996 年第 4 期,第 241—254 页。D. X. Shi, "Topic and Topic-Comment Constructions in Mandarin Chinese", *Language*, vol. 76, Jun. 2000, pp. 383 – 408.

在语义语用层面上被允准,即述题中的语义变量的集合与 dangling 话题所表征的集合的交集非空,① 如 (6) 中的话题"物价"是基础生成的,而主语"纽约"则具有一个空的中心语"物价",当话题集合"物价"与主语集合"纽约的物价"有交集时,两者产生一个非空集合,因而话题得到允准。

二 否定辖域

一个成分如果在句子否定的辖域内,则说明其可以被否定词否定。当前对现代汉语否定句的研究中,针对"否定辖域"的争论则主要集中于否定词前边的成分(主要是名词短语 NP)是否在否定辖域内。一种观点认为,否定词的辖域为整个句子,即包括否定词左边的成分,且通过借助对比重音和语境等手段最终确定否定焦点。另一种观点则相反,认为否定词的辖域不包括否定词前边的成分,否定词只否定其后的各个成分,但同时也承认"在有标记的情况下,否定的辖域可以回溯到否定词前之间的成分",即有强调重音或"都""也"等词语时。②

我们认为,通过替代的方法可以证明,否定词左边的成分特别是名词性成分是可以被否定的,如:

---

① H. H. Pan and J. H. Hu, "A Semantic-Pragmatic Interface Account of (Dangling) Topics in Mandarin Chinese", *Journal of Pragmatics*, Vol. 40, Nov. 2008, pp. 1966 – 1981.

② 袁毓林:《论否定句的焦点、预设和辖域歧义》,《中国语文》2000 年第 3 期,第 99—108 页。

（8） a. ［我］不喜欢苹果。→他喜欢苹果。
b. 我不喜欢［苹果］。→我喜欢梨。
c. ［苹果］我不喜欢。→梨我喜欢。
d. 苹果［我］不喜欢。→苹果他喜欢。

如（8）所示，方括号中的成分不管位置如何，在句子中都可被否定。

就生成语法而言，尽管对否定词是嫁接语还是功能性成分有不同的意见，但普遍认为否定词的否定对象即其成分统制的区域，VP即在此区域内。① 我们知道，逻辑主语和逻辑宾语基础生成于VP，从（8c）、（8d）的表征来看，逻辑主语"我"以及逻辑宾语"苹果"都移出了VP，这表明二者都已不受否定词"不"成分统制。但事实却是它们仍可成否定焦点并被否定词否定。

我们认为，在一般情况下，可以把动词前的NP权且都看作话题。那么，出现在动词前的逻辑主语或者逻辑宾语便可都看作从VP中A'移位至spec-CP位置的话题，经过重构辖域，仍然处于否定词的辖域之内，如下所示：

（8） a. 我不喜欢苹果。
a'. $[_{CP}$我$_i$ $[_{TP}$ $[$不 $[_{VP}t_i$喜欢苹果$]]]]$
c. 苹果我不喜欢。
c'. $[_{CP}$苹果$_k$ $[_{CP}$我$_i$ $[_{TP}$ $[$不 $[_{VP}t_i$喜欢 $t_k]]]]]$

---

① T. Ernst, "Negation in mandarin Chinese", *Natural Language and Linguistic Theory*, Vol. 13, Nov. 1995, pp. 665-707. 杨静：《"不"的否定辖域及否定对象》，《赤峰学院学报》（汉文哲学社会科学版）2012年第7期，第126—128页。胡建华：《否定、焦点与辖域》，《中国语文》2007年第2期，第99—112页。

逻辑主语"我"、逻辑宾语"苹果"都是基础生成于 VP "我喜欢苹果",而 VP 由否定词"不"成分统制。例句(8a')中,逻辑宾语仍然在否定辖域中,而逻辑主语通过 A'移位提升到 spec-CP 位置,经过重构,仍然在否定辖域内;例句(8c')中,逻辑主语和宾语都移出了 VP,但都经过辖域重构而被否定。

可见,移位话题在句子否定中都能被否定。

三 被否定的话题

如上所讨论,关于话题的生成有不同的意见。就英式话题而言,普遍赞同移位的话题与某一句法位置相关,而该句法位置或为空,如(8c),或为代词,如(9),且在否定辖域内。

(9) 小张,我不认识他。
[$_{CP}$小张$_k$ [$_{CP}$我$_i$ [$_{TP}$ [不 [$_{VP}$t$_i$ 认识他$_k$]]]]]

(8c)中的话题"苹果"从 VP 中移出,留下一个空语类;(9)中的话题"小张"从 VP 移出,留下的位置填充为与之有相同指称对象的"他"。

汉语中有一种与移位话题相关的现象,即分裂式话题结构。这种结构被认为是由适于充当宾语的受事类论元经部分话题化而形成,即受事类论元被分裂成了两个句法成分,一个在动词前充当话题,一个在动词后充当宾语,① 如(10)所示:

---

① 刘丹青:《分裂式话题结构》,载徐烈炯、刘丹青:《话题与焦点新论》,上海教育出版社 2003 年版。

（10） a. 他没买三件［蓝衬衫］。→他买了三件白衬衫。
  b. ［蓝衬衫］他没买三件。→白外套他买了三件。
  c. ［衬衫］他没买三件蓝的。→外套他买了三件蓝的。

受事论元"三件蓝衬衫"在例句（10b）中分裂成不同的两个成分"蓝衬衫"和"三件"，前者移位至话题位置成了话题，被否定词"没"否定；后者仍然在宾语基础生成的位置，被否定词"没"否定。例句（10c）中也是如此。

至于中式话题，即悬浮话题，先前文献中总结了六种。[①] 为测试悬浮话题是否在否定辖域中，我们继续采用替换的方法：

（11）［他们$_i$］我不看你你不看我。→他们$_i$我看你你看我。
（12）［他们$_i$］谁都不来。→他们$_i$谁都来。
（13）［那所房子］幸亏去年没下雪。→这所房子幸亏去年下了雪。
（14）［这件事情］你不能光麻烦一个人。→那件事情你能光麻烦一个人。
（15）［那种豆子］一斤没三十块钱。→这种豆子一斤三十块钱。
（16）［物价］纽约不贵。→房价纽约贵。

[①] D. X. Shi, "Topic and Topic-Comment Constructions in Mandarin Chinese", *Language*, vol. 76, Jun. 2000, pp. 383–408.

可见，例句（11）至例句（16）中充当悬浮话题的成分都可被否定词"不"或"没"否定。

就悬浮话题的生成而言，一派观点认为这些例句实际上不是悬浮话题句，所谓的悬浮话题并不存在，实际上是依靠述题中的某一成分而获得语义角色，出于语用原因，从述题中提升至话题位置成为话题。鉴于这一观点，我们可据此假设该述题成分应为VP或V的附接语或补语，受否定词成分统制，因此经过A'移位后仍然在否定辖域之内，接受否定词的否定。

而另一派观点则认为，上述例句中的悬浮话题是基础生成于话题位置的，在aboutness的基础上，提出悬浮话题在语义语用层面上被允准，即述题结构中存在语义空项，其语义变量的集合与悬浮话题所表征的集合的交集非空，如（16）中话题集合为"物价"，述题语义变量集合为"纽约的物价"，并被否定词"不"否定。由于该句是合语法的，我们可以推断两个结合的交集定然不为空，也就是说，话题集合"物价"至少有一个成员是被否定词"不"所否定的，因此我们可以说，话题被否定。

两派观点虽然对悬浮话题的生成方式有着截然不同的看法，但在有一点上却是类似的，即认为悬浮话题与述题在语义上有着密切的联系，前者认为话题是述题中的语义格，出于语用功能提前；后者认为话题需要得到述题中语义空项的允准。暂且抛开二者的分歧，我们都可以二者为前提，为话题的否定提供一番理论解释。

四 不被否定的话题

经过上面的分析，我们认为一般情况下，英式话题和中式话题都能够被否定词所否定，但我们却发现存在如下例外的情况：

(17)［水果］我不喜欢苹果。→*饮料我喜欢苹果。
(18)［甜的］我不喜欢水果。→*酸的我喜欢水果。
(19)［他们$_i$］小张不来。→*他们$_j$小张来。

按照我们前面确认句子成分能否被否定的方法，测试部分更换，否定改为肯定，其他成分不作变动。我们发现，如上例句的话题如果被否定则不成立。与成立、合语法的句子相对比，如前面提到的(4)(5)(10b)(11)以及后面的(20)：

(20)［水果］我不喜欢甜的。→饮料我喜欢甜的。

在上述例句中，(4)话题"苹果"、(5)话题"小张"都是从某一句法位置移位而来的话题，前者原句法位置为空，后者为与话题共指的代词。(10b)话题"蓝衬衫"是从受事论元分裂而来，由不定量词短语"三件"修饰。(20)与此相类似，话题"水果"由不定或描述性形容词性短语"甜的"修饰。(11)述题中"我"、"你"则没有确切的指称对象，是为虚指。

我们发现，在合语法的话题否定中，述题变量或相关成分或与话题有共指关系，表明其本身便是变量，可与话题一起被否定，如(4)、(5)；或没有确切的指称对象，即在语义和语用层面不受限于话题变化或否定与否，如(10b)、(11)、(20)。而(17)(18)(19)的不合语法性则在于述题成分的有定性，如(17)"苹果"，(18)"水果"，(19)"小张"都是有定实指的成分，在我们的测试中又不被允许改变，因而导致了话题不能都被否定。

五 结论

总而言之,话题只有在述题中的变量或相关成分与话题具有共指关系或没有确切的指称对象时,才能被否定。述题中的变量或相关成分一旦有定,则会导致话题否定的不合语法性。

参考文献

沈开木:《"不"字的否定范围和否定中心的探索》,《中国语文》1984年第6期,第404—412页。

钱敏汝:《否定载体"不"的语义——语法考察》,《中国语文》1990年第1期,第33—36页。

徐杰、李英哲:《焦点和两个非线性语法范畴:"否定""疑问"》,《中国语文》1993年第3期,第81—92页。

胡裕树、范晓:《试论语法研究的三个平面》,《新疆师范大学学报》(社会科学版)1985年第3期,第7—15页。

袁毓林:《话题化及相关的语法过程》,《中国语文》1996年第4期,第241—254页。

徐烈炯、刘丹青:《话题的结构与功能》,上海教育出版社1998年版。

袁毓林:《论否定句的焦点、预设和辖域歧义》,《中国语文》2000年第3期,第99—108页。

杨静:《"不"的否定辖域及否定对象》,《赤峰学院学报》(汉文哲学社会科学版)2012年第7期,第126—128页。

胡建华:《否定、焦点与辖域》,《中国语文》2007年第2期,第99—112页。

刘丹青:《分裂式话题结构》,载徐烈炯、刘丹青《话题与焦点新论》,上海教育出版社2003年版。

T. Ernst, "Negation in mandarin Chinese," *Natural Language and Linguis-*

tic Theory, vol. 13, Nov. 1995, pp. 665 – 707.

D. X. Shi, "Topic and Topic-Comment Constructions in Mandarin Chinese," Language, Vol. 76, Jun. 2000, pp. 383 – 408.

H. H. Pan and J. H. Hu, "A Semantic-Pragmatic Interface Account of (Dangling) Topics in Mandarin Chinese," *Journal of Pragmatics*, Vol. 40, Nov. 2008, pp. 1966 – 1981.

Y. R. Zhao, *A Grammar of Spoken Chinese*, University of California Press, 1968.

L. J. Xu and D. T. Langendoen, *Topic Structures in Chinese*, Language, Vol. 61, Mar. 1985, pp. 1 – 27.

C. Li and S. Thompson, "Subject and Topic: A New Typology of Language," *Subject and Topic*, C. Li, Eds. New York: Academic Press, 1976.

[英文稿曾在2013年亚洲语言处理国际会议(International Conference on Asian Language Processing [IALP] 2013) 上宣读, 载于 *International Conference on Asian Language Processing* [IALP] 2013, 并被EI检索。收入本书时有修改]

论副词"也"语义指向的制约因素[1]

自从 20 世纪 80 年代语义指向分析进入语义分析领域以来，我国语法学者们从不同角度对语义指向进行了广泛的考察，取得了一定的成果。一般认为，"语义指向是指句中某个成分在语义上跟哪个成分直接相关。某成分语义指向的不同或在语义指向上的特点，会对句法起某种制约作用"[2]。截至目前，学者们已经考察了补语、状语、定语等句法成分和副词、形容词、代词、名词、动词等词类以及介词结构等的语义指向问题，总的特点是围绕语义指向对句法的制约展开研究，而反过来，语义指向会受到哪些因素的制约，却很少有人提及。实际上，句法对语义指向有反制约，而语义特点也是制约语义指向的基本因素。本文以"也"为例，从句法和语义两个平面考察了制约副词语义指向的因素。

---

[1] 本文由笔者与李哲合作完成。
[2] 税昌锡：《语义指向分析的发展历程与研究展望》，《语言教学与研究》2004 年第 1 期。

一 "也"字句

副词"也"是现代汉语中使用频率非常高的一个词,关于"也"的用法,学者们曾做过许多研究,"也"的语义指向研究成果也比较丰富。在言语交际中,副词"也"的使用往往要涉及两个表述。① 这两个表述表现为两个句子或分句,副词"也"一般出现在后一个分句中。我们把前一个分句叫"先行句",把后一个带副词"也"的分句叫作"后续句",把这种由先行句和后续句构成,使用了副词"也"的句子叫作"也"字句。

"也"字句在话语中出现时,并不是所有的句子都必须同时出现先行句和后续句,由于一些原因先行句不出现,根据先行句和后续句的出现情况,我们将"也"字句分为带先行句的"也"字句和不带先行句的"也"字句两类。

二 "也"的语义指向

先行句和后续句之间的联系有两种情况:一种是字面上既有相同的部分,也有不同的部分,另一种情况是:字面上没有相同的句法成分,但是我们可以补充出相同的句法成分。② 我们把先行句与后续句中相同的句法成分称为"同项",把不同的句法成分称为"异项"。带先行句的"也"字句和不带先行句的"也"

---

① 张克定:《论提示中心副词"也"》,《河南大学学报》1996 年第 6 期。
② 同上。

字句中的"也"都遵循"指向后续句中的异项"的原则，异项在前则前指，异项在后则后指。例如：

妈妈每天六点起床，我也六点起床。（刘月华等《实用现代汉语语法》）
我不愿使你痛苦，也不愿使他痛苦。
你甭去看，也能想象出他的模样来。（陈建功《皇城根》）

例（1）"六点起床"是同项，"妈妈"和"我"是异项。"也"指向后续句中的异项"我"，前指。例（2）"痛苦"是同项，"你"和"他"是异项，"也"指向后续句中的异项"他"，后指。例（3）先行句"你去看，能想象出他的模样来"没有出现。同项是"能想象出他的模样来"，异项是"你去看"和"你甭去看"，"也"指向后续句中的异项"你甭去看"。

三　语义指向的句法制约

（一）带先行句的也字句

"也"作为一个副词，一般说来，只能作状语修饰动词、形容词等谓词性成分，但是，它的语义却可以关涉到主语、谓语、宾语等多种句法成分。例如：

（1）你去北京参观访问，我们也去北京参观访问。（《现代汉语八百词》例句）

（2）你去北京参观访问，也去上海参观访问。
（3）你去北京参观访问，也去北京搞些采购。

以上三句"也"分别指向主语"我们"、宾语"上海"和谓语"搞些采购"。这三句都是带先行句的"也"字句。带先行句的"也"字句中"也"常位于主语之后，谓语之前。同项可以部分或全部省略或替代。例（1）也可以说成：

（1）你去北京参观访问，我们也去。
（2）你去北京参观访问，我们也是。

这两例"也"字句中同项出现了省略。其中，例（1）谓词"去"保留，例（2）把"去"虚用为"是"。"也"字句中的同项还可以用代词"这样"、"那样"、"如此"等来替代。例如：

一个朋友说："我们不是单靠吃米活着"，我自然也是如此。（巴金《灯》）

该例中的"也是如此"代替了"也不是单靠吃米活着"，是同项。"也"指向体词性成分"我"。

带先行句的"也"字句先行句也可能出现"也"。例如：

那旗人因为也会写字，也会吟诗，也会热爱古迹，所以便永远的留在这里。

（朱自清《南行杂记》）

该例先行句"那旗人因为也会写字"中也带有"也",并且多个后续句并列,后续句承前省略了同项"那个旗人",指向谓词性成分,"也"的位置依然居于主语之后,谓语之前。

(二) 不带先行句的"也"字句

不带先行句的"也"字句又可分为三种:先行句隐含的"也"字句、无先行句的"也"字句和孤立的"也"字句。例如:

(1) 后来朱洪武真把元朝推翻了,他在南京城做起皇上来了。也是吃的山珍海味,穿的绫罗绸缎,娶的三宫六院……

(博客《花儿和朱元璋》)

(2) 我在那个业务之前并没有把一切细节告诉梅子,她什么也不知道。

(张炜《我的田园》)

(3) 昨天,我也给妈妈买了一件红毛衣。

例(1)"皇上吃山珍海味"是一般常识,所以,这里隐含的先行句是"别的皇上吃的是山珍海味"。先行句隐含的"也"字句可以通过补充的方法将先行句补充出来,"也"的语义指向同带先行句的"也"字句相同。例(2)并非先行句隐含,而是并不存在先行句的"也"字句。这类"也"字句只需出现后续句,而且后续句中多数会出现明显的标志词。① 例(3)是孤立的"也"字句。孤立的"也"字句是一种先行句的不合法

---

① 崔永华:《不带前提句的"也"字句》,《中国语文》1997年第1期。

缺失句式,是歧义句,语义指向不明。"也"字句的歧义句式中,"也"的分布仍然遵循在主语之后、谓语之前的普遍原则。

其中,无先行句的"也"字句比较特殊,"也"一般出现在一些固定的格式中,位置随格式变化。例如:表示任指的"什么也……"、"谁也不……"等:

> 她的面貌、身材、服装,哪一样也不比别人新奇。
>
> (老舍《老张的哲学》)

表强调的"连……也……""哪怕……也……"等:

> 今天,脑子却似枯黄的麦茎,只随着风的扇动,向左右的摆,连半点主意也没有。
>
> (老舍《老张的哲学》)

另外,当"也"在句中表示委婉的语气时,"也"的位置比较灵活,可出现在句首,也可出现在句中。

总体说来,"也"在句中可以有多个位置,"也"不仅可以指向谓语部分的动词、形容词等谓词性成分,还可以指向主语、宾语等体词性成分。

四 语义指向的语义制约

(一)"也"字句句式义的制约

和所有复句一样,构成"也"字句的先行句和后续句彼此并不是孤立的，两者之间存在着一种联系，这种联系就是构成"也"字句的语义基础，即沈开木先生所说的"异中有同"①。先行句和后续句一般说来字面上有相同项，有时，先行句与后续句字面上没有相同项，但是此时，我们可以根据句中有关词语所提供的语义信息，把可以看作相同的意义附加到句子的结构成分上去，或者说它们可以概括出相同的深层语义。句中某些句法成分能够被附加上相同的意义或概括出相同的深层语义，基于这种语义特点，我们划分了"也"字句的同项和异项。"也"的语义指向是后续句与先行句相比所增加的新信息，即后续句中的异项。一般来讲，先行句同"也"字句中的各句子或分句是整齐对应的，即使出现省略，也可以补足。如果先行句和后续句包含的都是同项，句子将不能成立。也就无所谓"也"的语义指向。

另外，"也"字句除了比较基础上的"异中有同"外，还可以有所延伸，表示任指、强调、语气等。这些语义的变化也导致"也"的语义指向有所变化。

表任指的"也"字句中，表任指的疑问词或词组与"也"一起，使整个"也"字句表达"什么情况下都一样"的语义。这种任指的意义不是就某个词而发，而是针对"也"字句中除"也"以外的整个表述的。② 所以，这类句式中"也"的语义指向是除"也"以外的其他成分，是全指。表强调的"也"字句，不管是否定极端，还是否定数量，都是要达到强调结果，或强调全部的目的，这种强调不是由某个词来表达，而是由整

---

① 沈开木：《表示"异中有同"的"也"字独用的探索》，《中国语文》1983年第1期。

② 汪卫权：《副词"也"的语义指向分析》，《池州师专学报》2000年第1期。

个"也"字句来完成的,所以,这类句式中的"也"也是指向整个"也"字句中除"也"之外的其他成分,"也"是全指。表语气的"也"字句的语气是针对整个句子而发的,因此,"也"的语义指向也是全指。① 所以,当"也"字句表示任指、强调和语气的时候,"也"的语义指向不再是后续句中的异项,而是全指。

孤立句的"也"由于先行句的不合理缺失,无法补足,不能比较,"异中有同"的"异"和"同"的语义很模糊,从而导致"也"既不是明确指向后续句中的异项,也不是全指,而是语义指向不明。

所以,"也"字句不同的句式语义使得"也"的语义指向出现了变化。

(二)"也"的语义范围的制约

一般来说,每一个词都是有语义范围的,"词语的词义能够在一定范围内对其他词语产生词义影响"②,"也"的语义范围往往从后续句句首成分开始,一直延伸到后续句句末,与其他词语的关系并不紧密,从而导致"也"的语义指向具有多变性或不固定性。我们常说的"我也给妈妈买了一件红毛衣"之所以"也"的语义指向不明,就是跟"也"的语义范围有关,"也"的词义可以关涉到"我",也可以关涉到"妈妈"、"买"、"红"、"毛衣"等,语义范围成为决定"也"的语义指向的重要因素。

---

① 崔永华:《不带前提句的"也"字句》,《中国语文》1997年第1期。
② 杨亦鸣:《"也"字语义初探》,《语文研究》1988年第4期。

五 结语

不同的"也"字句,"也"的句法位置不同。带先行句的"也"字句、先行句隐含的"也"字句和孤立句,"也"一般位于主语之后,谓语之前;无先行句,"也"跟其他词语形成固定搭配,"也"的位置随格式变化。不同的句式,"也"语义指向不同,带先行句的"也"字句和先行句隐含的"也"字句,"也"指向后续句中的异项;无先行句"也"指向"也"以外整个句子;孤立句"也"语义指向不明。"也"表"异中有同"的语义时,"也"指向后续句中的异项,单指主语、谓语或宾语;表任指、强调或语气时,"也"指向"也"以外的整个句子,是全指;语义不明时,语义指向也不定,出现多指的情况。可用下表表示:

		"也"句法位置	"也"的语义	具体指向	单指/全指/多指
带先行句		主语之后,谓语之前	异中有同	后续句异项	单指主语、宾语或谓语
不带先行句	先行句隐含	主语之后,谓语之前	异中有同	后续句异项	单指主语、宾语或谓语
	无先行句	位置随格式变化	任指、强调或语气	"也"以外的整个句子	全指
	孤立句	主语之后,谓语之前	不明	不定	多指

语义指向对句法有制约作用，而语义指向也受到句法的反制约。语义特点是制约语义指向的基本条件，它可以直接决定语义指向。

参考文献

张克定：《论提示中心副词"也"》，《河南大学学报》（社会科学版）1996年第6期。

崔永华：《不带前提句的"也"字句》，《中国语文》1997年第1期。

沈开木：《表示"异中有同"的"也"字独用的探索》，《中国语文》1983年第1期。

汪卫权：《副词"也"的语义指向分析》，《池州师专学报》2000年第1期。

杨亦鸣：《"也"字语义初探》，《语文研究》1988年第4期。

（原载《长江学术》2009年第3期）

论副词"才"的语义指向[①]

所谓语义指向,简言之,就是指句子中某个成分在语义上跟哪个成分直接相关。某成分语义指向的不同,直接影响句子的意义。语义指向对句法有制约作用,而语义指向也受到句法的反制约。[②] 语义特点是制约语义指向的基本条件,因此我们首先来讨论一下副词"才"的义项和语法功能。以副词"才"为例探讨其句法和语义上的对应规律,通过设计语义识别的流程图,尝试解决"才"语义指向的计算机识别问题。

"才"在现代汉语中通常被看作一个能做状语的时间副词,它可以"表示量的观念和逻辑关系"[③]。"才"的使用频率很高,语法意义也较为复杂。"才"《现代汉语八百词》中列举了五种义项:(1)刚刚;(2)事情发生或结束得晚;(3)表示数量少,程度低;(4)表示只有在某种条件下,或由于某种原因、目的,然后怎么样;(5)强调确定语气。《现代汉语词典》举出了六种义项,与《现代汉语八百词》基本相同,只是多了一项

[①] 与陈鹏冰合作完成。
[②] 赫琳:《现代汉语副词语义指向及其计算机识别研究》,中国社会科学出版社2009年版,第13页。
[③] 朱德熙:《语法讲义》,商务印书馆1982年版。

"表示新情况发生,本来并不是如此"。

根据邵敬敏的研究,[①]"才"字句有一个基本的句法结构框架:(X1)+S+(X1)+才+X2。其中S为主语,X1为前项,X2为后项。其中X1既可以单独出现在S前或S后,也可以不出现,而X2必须出现。其实,有的时候不仅X1可以省略,S也是可以省略的,例如:(他)才十六岁就上大学了。有的时候S甚至无法出现,例如:才八点半,还来得及。因此,我们还可以把"才"字句的基本句式缩减为(X1)+才+X2。[②]

一 "才"出现的句法格式及其语义指向

(一)才+动词性成分

S_1:才+V

"才"后只出现一个光杆动词,"才"在语义上就指向这个光杆动词。如:

> 他是去了学校才知道。

当"才"后只出现一个动词时,它的语义指向的对象比较容易判断,因为"才"后面可以修饰的成分只有这个动词。所以"才"指向"知道"。

[①] 邵敬敏:《从"才"看语义与句法的相互制约关系》,《汉语学习》1997年第3期。

[②] 王楠:《"才"字句的句法语义分析》,《中文信息学报》2003年第1期。

S₂：才 + V + 体词性成分

有时,"才"后会同时出现动词和体词性成分,并且动词和体词性成分会构成动宾关系。例如：

我才吃晚饭。

作为宾语的体词性成分比较复杂,可以是单个名词也可以是名词性短语。"才"作状语修饰动词,在句法上修饰限制动词,但是在语义上却与动词的宾语相关,用来限制宾语。所以,这类句式中的"才"指向动词的宾语,即 V 后的体词性成分。从语义上来看,"才"有表示"刚刚"和"事物程度或量上的关系"的意义,例中表示刚刚吃晚饭,"才"指向"晚饭"。

S₃：才 + 状 + V/VP

"才"后的动词性成分可以伴随着状语一起出现,状语多为副词,动词性成分可以是单个的动词,也可以是动词性短语。如：

(1) 等到许丽和王芳成了朋友,才最终实现。
(2) 我费了好大劲才把他打发走。

当动词有状语修饰时,"才"通常用来表现动词的程度,即指向修饰动词的状语。例句中的"才"分别指向状语"最终"和介宾短语"把他"。

S₄：才 + V + 补语

"才"后动词 V 也经常附带动作的结果一起出现,构成动补结构。这时,"才"在语义上越过动词指向其后的补语。如：

等人都散了,小家伙才跑出来。

动词后面的补语也很复杂,可以是趋向补语,也可以是介宾短语作补语,还可以是动词或形容词来充当补语。如"才做完"、"才说好"等。例中的"才"指向"出来"。

S_5:才+V+补语+宾语

V后不仅可以有补语,还可以共现补语和宾语。如:

你是什么眼神,这么近才打中了其中一个。

当动词后同现补语和宾语时,我们可以把动词和它的补语看作一个整体性的动词结构,比如例句中的"打中了其中一个",可以把"打中了"看作一个动作整体,那么"其中一个"就是这个动词的宾语,这时就与 S_2 的句式相同了,所以这类句式中的"才"都指向补语后的宾语。例句中的"才"指向"其中一个"。作宾语的成分也和 S_2 相同,为体词性结构,也就是说 S_5 句式中"才"指向宾语。

S_6:才+V+动词性成分

"才"后可以出现多个不同于V的动词性成分,这些动词性成分和V之间或者为并列关系,或者是动宾关系,或者是连谓关系。这种格式中的"才"的语义指向情况比较复杂。

(1) 眼看车快走了,他才背起包,跑步上车。
(2) 将一切都安排妥了,他才去告诉晓宁。
(3) 敲门声响了好久,他才走过去开门。

当"才"后动词性成分在句法上是并列关系时,"才"指向这些并列的动词性成分,如例(1)中指向并列成分"背起包,跑步上车"。当"才"后两个或两个以上的动词性成分是动宾关系时,这个句式又与 S_2 的情况相同了,这样"才"指向 V 后的宾语。如例(2)中的"才"指向"去"的宾语"告诉晓宁"。当 V 和后面动词性成分构成连谓结构时,"才"的语义指向存在着两种情况,一种是指向 V 后的动词,另一种情况是指向整个连谓结构。到底指向哪种成分,需要根据具体的语境和说话人的意志、语义焦点等信息综合判定。如例(3)中"才"表示的是一种新情况的发生,也就是"他去开门"。所以我们认为在这里,"才"指向的是 V 后的动词。

S_7:才 + V1 + N + V2

N 既是前面动词 V1 的宾语又是后面动词 V2 的主语,如:

(1) 见王纯不悦,才知道自己错了。
(2) 父母吃了没文化的亏,才让他读书。

这类句式中"才"的语义指向也比较复杂,"才"既可以指向兼语后面的谓词性成分,也可以指向整个兼语结构。如例(1)中,"才知道自己错了"这件事情是刚刚发生的,"才"表示的意义是"刚刚",语义焦点在"错了"上,所以例(1)中"才"的语义指向是 N 后的谓词性成分。而例(2)中的"才"则指向整个兼语结构。可见,这类句式中"才"的语义指向具有不确定性,需要依靠具体的语境寻找语义焦点进行判断。

(二)才+体词性成分

有时,"才"后仅仅出现体词性成分。这时"才"的语义指向即为"才"后的体词性成分。这个体词性成分的形式也是多样的，可以是名词、名词性短语、数量词、代词，等等。下面我们分两类对这种句式进行分析。

S_8：才 + N/NP

这类句式中的 N/NP 既可以是单个名词，也可以是数量短语、"的"字结构和主谓结构等。如：

(1) 才星期二，你就不上班了呀。
(2) 这饮料不贵，一瓶才三块钱。
(3) 明明才高中毕业就出国了。

副词修饰名词是一种比较特殊的现象，前人对此已有很深入的研究。出现在这里的名词有一个特点：通常由表示某种程度、等级、年龄、衔位等语义范畴中的一个成分充任，且这个成分在说话者的心目中处于一种相对较低的层次。[1] 例（1）"才"指向"星期二"。例（2）"才"指向"三块钱"。在例（3）中，"才"指向主谓结构的主语，即指向"高中毕业"，表示年龄小。

S_9：才 + 代词/代词短语

(1) 我是不小心才这样的。
(2) 你应该多买几个的，才这一个怎么够呀。

这类句式中，"才"都是指向其后的代词性成分，用于表示一种较小的数量。如例句（1）和（2）中的"才"分别指向"这样"和"这一个"。这类句式中的代词多以指示代词充当，

---

[1] 陆俭明、沈阳：《汉语和汉语研究十五讲》，北京大学出版社2004年版。

人称代词出现得比较少。

(三) 才 + 形容词性成分

这类句式中的形容词性成分，可以是单个的形容词，也可以是形容词性短语。一般来说，"才"不能修饰单个形容词。但是当量度形容词带上数量宾语后，就可以受"才"修饰了。所谓量度形容词就是指那些成对的表示量度关系的形容词。比如：大、小；长、短；高、低；宽、窄；厚、薄，等等。[①] 但当形容词后有语气词的时候，"才"后就可以接单个形容词。

S_{10}：才 + A + 语气词

（1）她才漂亮呢！
（2）那场比赛才精彩呢！

这类句式中"才"的语义指向形容词，表示程度和确定的语气。

S_{11}：才 + A + NP

（1）才高半个头。
（2）才长几尺。

这类句式中的形容词必须是量度形容词，且在形容词后必须接数量短语。这类句式中的"才"指向形容词后的数量短语，

---

① 张谊生：《现代汉语副词"才"的句式与搭配》，《汉语学习》1996年第3期。

表示程度低、数量少等。

S_{12}：比 + N + 才 + A + 补语

比我才大三岁。

表示比较的意义是这类格式成立的条件，而且一般还要求比较的对象或范围明确，否则句子不能成立。该例就是以跟"我"比较为前提，此时，"才"指向补语"三岁"。

（四）才 + 介宾短语

有时候，"才"后会出现单独的介宾短语。"才"在语义上一般指向介宾短语。

S_{13}：才 + 介宾短语

（1）很晚他才在家里。
（2）她才在《中国语文》上发表了一篇文章。

例（2）"才"后的介宾短语作状语，"才"指向"在《中国语文》上"。例（1）的情况比较复杂，"才"语义指向"很晚"。

（五）含标志词的才字句

"才"可以表示逻辑关系，如表原因、目的，或在某种条件下怎么样，因此"才"可以与很多词语搭配构成固定的句式。

S_{14}:"才……就(便、又、倒等)……"

从搭配关系和固定格式看,由于"才"在语义上是启后的,因此后面往往有与之呼应的分句,经常与之搭配的词语有"就、便、又、倒"等关联副词。

小妹才回来,你就要走,真是的。

这类句式有一个共同点,前后两件事情在时间衔接上很紧密,这时"才"指向它后面的部分。以上例句中"才"指向"回来"。

S_{15}:其他标志词+才

"才字句"中经常会出现一些明显的标志词,这些标志词后一般引出小句,"才"后也引出小句,构成复句结构。这个复句既可以是表原因的,也可以是表目的的,还可以是表条件的,等等。如:

a. 只有……才……

只有你认真工作,才可能在发薪水的时候拿得更多。

b. 因为……才……

贫困山区的孩子们,因为得到了大家的资助,才顺利完成了学业。

c. 为了……才……

你的母亲为了让你有个好的学习环境,才花那么多钱把你送到重点中学读书的。

此外，这类标志词还有"除非"、"幸亏"、"多亏"、"必须"、"应该"、"应当"，等等。这类格式中，标志词后面的部分只是为了强调或限制说明后面小句所表示的原因、目的、条件、愿望等，它们的语义与整个句子发生关系，所以，这些句式中的"才"在语义上统统指向标志词后面的部分，也就是"才"前面的部分。在谈到"才"语义指向的前指时我们需要注意，以前的很多学者都认为"才"只能后指，其实"才"是可以前指的，这一点我们将在后面进行论证。

S_{16}：……才是……

你才是我们心中真正的胜利者呀。

这类句式中"才"对前面所指的内容进行强调，所以"才"语义指向它前面的部分。

S_{17}："才不……"／"不……才怪"

（1）我才不和你一起回去呢！
（2）他一直等着分房，这次他不要才怪！

在这类句式中，"才"都是用来表示语气的，有强调的语气，有否定的语气，以及表示肯定的一种推断语气。这类句式的语义指向比较复杂，"才不……"是对"不"后面的成分加强否定，所以"才"指向"不"后面的所有成分。而在"不……才怪"句式中，表示的是一种肯定的推断语气，是对"不"后成分的推断，所以"才"指向"不"以及"不"后面的成分。

S₁₈:"……这才……"

这才哪儿,还远着呢,快走吧。

这类句式中"才"指向紧跟在它后面的成分,例句中"才"指向"哪儿"。

二 "才"语义指向的方向性问题

关于"才"的语义指向的方向性问题,前人做了很多研究,邵敬敏(《语义指向研究》)指出,"才"应描写为"后指多项副词"。① 卢英顺(《语义指向研究漫谈》)也认为,"才"的语用蕴涵义和"就"相同,但"才"在语义上不能前指。② 得出的结论基本是:"才"是后指的。但是,通过对大量语料的分析,我们发现"才"是可以前指的,并且在一定情形下,这种前指具有优先的特点。主要有三种情况:"才"前面有表示时间的词语并强调时间;"才"前面有表示数量的词语并强调数量;"……这才……"固定用法。

(一)"才"前面有表示时间的词语

(1)他们厂有幼儿园,到两岁半才要。

---

① 邵敬敏:《语义指向研究》,《汉语语法的立体研究》,商务印书馆1990年版。

② 卢英顺:《语义指向研究漫谈》,《世界汉语教学》1995年第3期。

(2) 直到八点，他才离开家。

例（1）中"才"强调年龄的大小，前指"两岁半"，例（2）中"才"表示离开家的时间晚，所以"才"指向"八点"。王群也提出了"才"具有前指功能，[①] 但他只提出当"才"前有表示时点的词语时，"才"就具有前指和后指的双向性。例（1）属于上文中的 S_1 句式，例（2）属于上文中的 S_2 句式，但是他们都没有按照 S_1 和 S_2 的规律进行语义指向。这说明，当"才"的前面有表示时间的词语时，"才"指向时间词语具有优先性。

（二）"才"前面有表示数量的词语

做了一个月的苦力才挣来的。

句中"才"强调做"苦力"所用时间很长，所以指向"一个月"。但当"才"前后都出现了表示数量的词语时，"才"更优先指向后面的成分。如"十个人才住一间寝室"和"一间寝室才住十个人"，前一句"才"指向"一间寝室"表示房间数量少，后一句"才"依然后指"十个人"表示住的人数少。

从某种程度来看，我们可以将"才"前面出现表示时间的词语与表示数量的词语归为一种情况，因为当"才"前面出现的时间词语是表示时间点的话，也可以算是表示数量。

[①] 王群：《试论"才"和"就"语义变化的双向性和不平衡性》，《语言科学》2005 年第 6 期。

三 "才"语义指向的计算机识别策略及流程

在对"才"的语义指向进行计算机自动识别时,我们首先应把识别的范围限定在"才"前面的成分,这是因为"才"的语义指向的方向是双向的,但是指向前面的情况比较少,且容易区分。在排除了"才"前指的可能性后,再对"才"后的成分进行分析。"才"后成分比较复杂,可以是体词性成分,也可以是谓词性成分,还可以是句子等,而体词性成分和谓词性成分及句子又可能是一个很复杂的结构,因此,我们需要一些原则和方法去识别那些复杂的情况。

(一) 识别的原则

1. 时间词语和数量词语优先原则

因为是从"才"前指入手,而只有当时间词语和数量词语出现在"才"前面时,"才"才会前指,且具有优先性。所以我们在进行计算机自动识别时,如果"才"前面有时间词语和数量词语,就可以直接识别"才"的指向。

除此之外,"才"前指还有一种情况,即上文"……才是……"、"只有……才……"、"因为……才……"、"为了……才……"、"不……才怪……"等句式中所提到的,"才"指向它前面的成分。

2. 体词性成分优先原则

计算机识别"才"的语义指向时，可以优先选择"才"后的体词性成分，例如在 S_2、S_5、S_8、S_9、S_{11} 等句式中，"才"指向其后的体词性成分。虽然就语义指向而言，"才"可以指向不同类型的语言成分，既可以指向谓词性成分，也可以指向体词性成分等，但实际上还是指向体词性成分的居多。特别是句式 S_2 和 S_5 中，当体词性成分和谓词性成分共现时，"才"一般优先选择指向体词性成分。

3. 邻近成分优先原则

当副词"才"后有多个体词性成分或是比较复杂的结构成分的时候，"才"对语义指向对象的选择，往往是优先选择与它邻近的成分。因为除去特殊情况前指外，"才"大部分情况下还是后指，所以它往往优先选择它后边最靠近它的该句子结构的直接成分。这与我们日常的表达习惯也有关系，越过最邻近的直接成分不符合我们的言语习惯。如 S_1、S_{10}、S_{13} 以及"才不……"和"……这才……"这些句式中，"才"都是指向紧随其后的成分。

（二）识别因素

要正确识别"才"的语义指向，找到可靠的识别要素十分重要。根据我们上文对"才"的特点及其所处的各种环境的研究发现，不少要素可以拿来作为计算机自动识别其语义指向的根据。

1. 语义因素

无论是"才"的意义，还是由"才"构成的一些格式意义，都有自己的特点，我们可以捕捉这些特点，以实现自动识别的目标。如前文所述，"才"主要表示时间晚、程度低、数量少，因此我们在遇到时间词和数量短语的时候，大致就可以确认其指向关系，并对其作出表达量小意义的判定。

2. 句式标志

如前所述，"才字句"在句子形式上往往也有不少独特标志和规律，计算机识别"才"的语义指向时，可以充分利用这些形式标志和规律来实现自动识别。首先，排除特殊情况，"才"语义指向的对象一定在它的后面，所以，在捕捉识别对象时，只需要关注"才"后的成分即可。

其次，带有标志词的"才字句"形式标志更明显，语义指向几乎也是固定的，这更有利于计算机自动识别，可以直接捕捉那些标志词。如包含"只有……才……"/"为了……才……"/"因为……才……"等句式中的"只有"、"因为"、"为了"等，都是可以直接利用的识别标记。

3. 非时间副词"才"的识别

"才"在句中除了可以是时间副词外，还可与其他语素组合成为名词或其他时间副词。如"才能"、"才华"、"天才"、副词"刚才"以及含有"才"的人名地名等。这些词中的"才"都不是时间副词，因此需要在识别时间副词"才"之前，将这些排除在外。

（三）识别流程

1. 识别方式

综合以上研究我们发现："才"可以前指，也可以后指，但是前指情况比较少。

语义指向的类别有：

类别 a：指向 N/NP 等体词性成分，a1 指向"才"前面的体词性成分，a2 指向"才"后面的体词性成分。

类别 b. 指向 V/VP

类别 c. 指向 A

类别 d. 指向介宾短语或副词

类别 e. 指向小句，e1 指向"才"前面的小句，e2 指向"才"后面的小句。

类别 f. 非文本识别

"才字句"是一个标志词丰富的句式，标志词对语义指向有一定的影响，所以，我们根据标志词和语义指向的关系对其进行如下归类：

标志词 1："只有……才……"／"……才是……"／"不……才怪……"等

标志词 2："……才不……"／"……这才……"等

标志词 3：数量词和时间词

标志词 4：语气词

标志词 5：比

判断语义指向的基本原则：

原则 1：时间词语和数量词语优先原则

原则 2：体词性成分优先原则

原则3：邻近成分优先原则

具体句式不同，"才"的语义指向也可能不同，由此我们设计出"才"语义指向的计算机识别步骤如下：

步骤一：识别有无标志词；若有，则进入步骤二；若无，则进入步骤五。

步骤二：识别有无标志词1，若有，则为类别e1；若无，则进入步骤三。

步骤三：识别有无标志词2，若有，则为类别e2；若无，则进入步骤四。

步骤四：识别有无标志词3，若有，则为类别a1；若无，则进入步骤五。

步骤五：识别有无形容词A，若有，则进入步骤六；若无，则进入步骤八。

步骤六：识别有无标志词4，若有，则为类别c；若无，则进入步骤七。

步骤七：识别有无标志词5，若有，则为类别b；若无，则为类别a2。

步骤八：识别有无动词V，若有，则进入步骤九；若无，则为类别a2或d。

步骤九：识别有无体词性成分N/NP，若有，则进入步骤十；若无，则进入步骤十一。

步骤十：识别是否有两个V，若有，则为类别f；若无，则为类别a2。

步骤十一：识别"才"后是否为单个动词，若有，则为类别b；若无，则为类别f。

2. 流程图

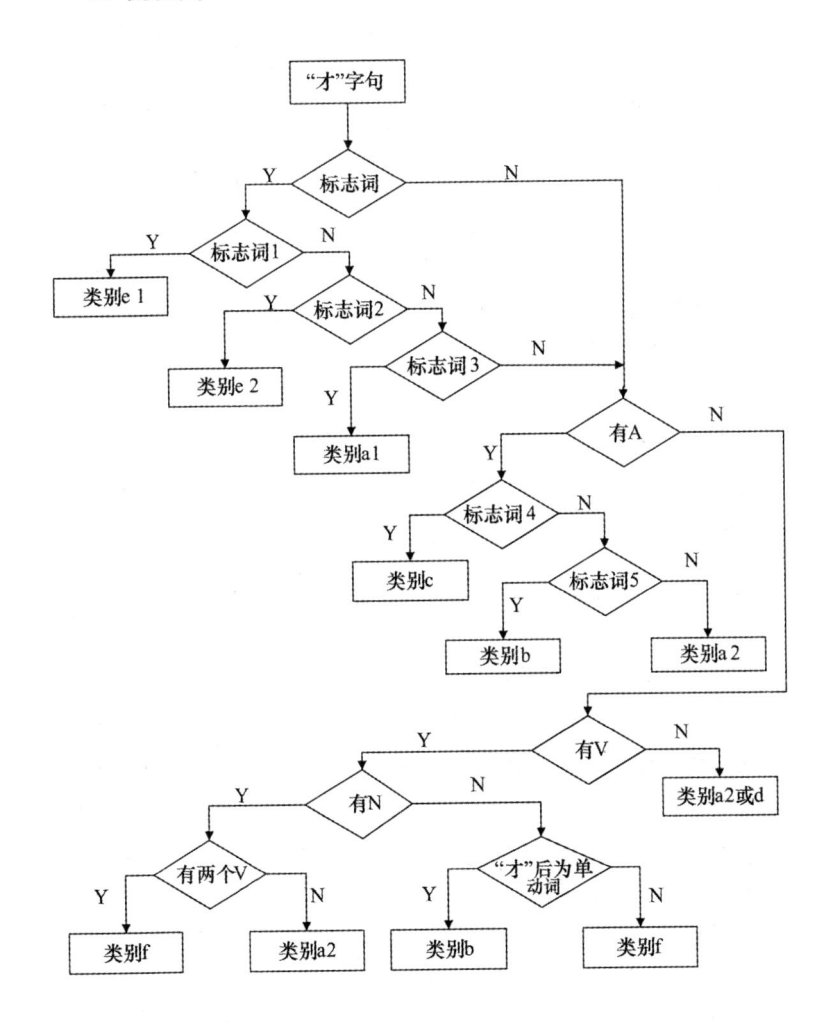

"才"语义指向识别

参考文献

丁声树，等：《现代汉语语法讲话》，商务印书馆 1961 年版。

赫琳：《现代汉语副词语义指向及其计算机识别研究》，中国社会科学出版社 2009 年版。

李修尚：《现代汉语语义指向研究》，《现代语文》（语言研究版）2009 年第 11 期。

陆俭明、沈阳：《汉语和汉语研究十五讲》，北京大学出版社 2004 年版。

卢英顺：《语义指向研究漫谈》，《世界汉语教学》1995 年第 3 期。

齐沪扬、张谊生、陈昌来：《现代汉语虚词研究综述》，安徽教育出版社 2002 年版。

邵敬敏：《语义指向研究》，载《汉语语法的立体研究》，商务印书馆 1990 年版。

邵敬敏：《从"才"看语义与句法的相互制约关系》，《汉语学习》1997 年第 3 期。

沈开木：《论"语义指向"》，《华南师范大学学报》（社会科学版）1996 年第 1 期。

王楠：《"才"字句的句法语义分析》，《中文信息学报》2003 年第 1 期。

张谊生：《现代汉语副词研究》，学林出版社 2006 年版。

王群：《试论"才"和"就"语义变化的双向性和不平衡性》，《语言科学》2005 年第 6 期。

徐以中、杨亦鸣：《"就"与"才"的歧义及相关语音问题研究》，《语言研究》2010 年第 1 期。

朱德熙：《语法讲义》，商务印书馆 2003 年版。

张谊生：《现代汉语副词"才"的句式与搭配》，《汉语学习》1996 年第 3 期。

(英文稿发表于 International Conference on Asian Language Processing, IEEE Computer Society, USA. 2011, 被 EI 检索)

"NP+在+NPL+V着"及其同义句式语用研究

从语用研究句子是当前语言研究的一个重大课题。人们在讨论句式"NP+在+NPL+V着"及其同义句式"NP+V+在+NPL"、"NPL+V着+NP"的时候多关注同义句式变换条件,对同义句式的语用问题缺乏研究。本文拟从总体使用情况、上下文语境及同义句式选择三个方面探讨这组同义句式的语用问题。

一 总体使用情况

"NP+在+NPL+V着"与"NP+V+在+NPL"、"NPL+V着+NP"之间存在着变换关系,这三种句式是同义句式,原则上可以互换。然而人们在对这三种句式进行运用的时候,往往表

现出一定的倾向性和选择性。我们抽样考察了170多万字的语料库,① 对这三种句式进行使用情况的统计②,列表如下:

句式 句例 语料	NP+在+NPL+V着	NP+V+在+NPL	NPL+V着+NP
小说（80.6万）	12	116	8
散文（24.8万）	6	53	16
诗歌（32.9万）	1	16	2
戏剧（36.3万）	1	23	4
合　计	20	210	30

从上表我们可以看出,三种句式的使用频率约为1∶10.5∶1.5。人们对句式"NP+V+在+NPL"的使用频率明显高于其他两种句式。

---

① 语料来源:王蒙《坚硬的稀粥》(2.6万),礼平《小站的黄昏》(6.3万),尤凤伟《石门夜话》(5.5万),陈染《无处告别》(7.1万),王朔《浮出海面》(11.4万),《一点正经没有》(4.6万),张承志《北方的河》(9.1万),廉声《月色狰狞》(6.8万),刘醒龙《菩提醉了》(3.9万),海岩《玉观音》(17.1万),张欣《梧桐,梧桐》(3.4万),阿城《棋王》(2.8万),《中国当代散文精华》(24.8万),《1987年诗选》(32.9万),话剧《阿Q正传》(36.3万) 等。

② 统计方法:利用语料库查找关键词"在"和"着",得到大量实例,从中找到属于这三种句式的用例。

二 上下文语境

（一）上文

在汉语里，一般陈述句的旧信息常出现在句首，句式"NP + 在 + NPL + V 着"、"NP + V + 在 + NPL"的旧信息一般为 NP。句式"NPL + V 着 + NP"的旧信息一般为 NPL。它们一般在上文中出现，或在上文中隐含。上文实际上充当了一个背景角色。不同的旧信息，要求有不同的上文背景。句式"NP + 在 + NPL + V 着"、"NP + V + 在 + NPL"的上文要提供 NP 作旧信息的背景。句式"NPL + V 着 + NP"的上文则要提供 NPL 作旧信息的背景。如：

（1）孩子哭完了力气哭哑了嗓子哭到火车站复又睡去，他在铁军的怀里熟睡着，上了从广屏开往南德的火车。

（海岩《玉观音》）

（2）从这笑容里，我仿佛看到了党婴这只有三百分钟年龄的孩子的春光明媚的未来。是的，孩子躺在妻子的怀里，正在梦一般的花蕊中沉睡。

（野曼《为孩子起名》）

（3）双堆集村外的田野上，挖成了一方一方与人体等长，与人体等宽的长方形土坑。每一土坑里，躺着一名伤兵。

（艾煊《夜宿双堆集》）

例（1）"他在铁军的怀里熟睡着"属于句式"NP＋在＋NPL＋V着"，旧信息为"他"，即上文的"孩子"。例（2）"孩子躺在妻子的怀里"属于句式"NP＋V＋在＋NPL"，旧信息为"孩子"，即上文的"党婴"。例（3）"每一土坑里，躺着一名伤兵"属于句式"NPL＋V着＋NP"，旧信息为"每一土坑里"。这里的"土坑"，上文也已提供。

（二）下文

句首为旧信息，旧信息的后面往往为新信息。三种句式的新信息显然也不同。信息分布的差异，尤其是新信息的不同，使得这三种句式在跟下文（我们这里主要讨论紧随这三种句式之后的部分，包括一个或多个小句，记作 X）的衔接上有着比较大的差异，呈现出不同的面貌。①

1. 句式"NP＋V＋在＋NPL"
下文主要表现为三种情况：
A. 与"V＋在＋NPL"一起做主位 NP 的述位。
这种情况出现较多，在我们所收集的 210 个例句中，共有 161 个例子属于这种情况，占 76.6%。这又可分为两种情况：
a. X 内部不再出现其他主位，X 直接陈述 NP 的动作、行为或状态。如：

---

① 关于主位—述位在语篇中的衔接作用，学者们多有论及，这里主要参阅了胡壮麟《语篇的衔接与连贯》，上海外语教育出版社 1994 年版；黄国文《语篇分析概要》，湖南教育出版社 1988 年版。

(4) 我站在门前,迟疑了很久很久,无端感到一阵迷惘。

(何为《园林城中一个小庭园》)

"迟疑了很久很久,无端感到一阵迷惘"叙述前面 NP "我"的动作、行为或状态。这些动作、行为或状态,与前面的 V 动作基本上都是同时进行,相互伴随。

b. X 内部也有主位和述位。

X 内部的主位与 NP 之间具有领属关系。如:

(5) 安心站在后甲板上,目光从天边晚霞烧残的余烬,移向沉入暗影的河边。

(海岩《玉观音》)

"目光从天边晚霞烧残的余烬,移向沉入暗影的河边"是对前面 NP "安心"的陈述,只不过内部也出现了主位"目光"。"安心"与"目光"之间具有领属关系。

B. 出现另外一个"主位—述位"结构,不再与"V+在+NPL"共同说明前面的 NP。

我们共收集到 91 个例句,占总数的 15.1%。但这个"主位—述位"结构(记作 T—R)与"NP+V+在+NPL"有着千丝万缕的联系,或直接,或间接。最主要的一个表现就是主位 T 来源于"NP+V+在+NPL",即"NP+V+在+NPL"为下文提供主位。如:

(6) 我站在三元桥上,深夜的三元桥不再拥挤,四周的空旷使我幡然发现这座老式立交桥的壮观。(海岩《玉

观音》)

"我站在三元桥上"后面紧接一个"主位—述位"结构"深夜的三元桥不再拥挤",其主位"深夜的三元桥"在上文"我站在三元桥上"已出现。该例主位 T 来源于"NP + V + 在 + NPL"的述位部分（主要是 NPL）。有的主位来源于"NP + V + 在 + NPL"的主位部分，即 NP。如：

（7）老丁坐在一个角落里，他微闭双眼，双臂抱于胸前，嘴里像是在喃喃地默诵着什么。

（刘醒龙《菩提醉了》）

"他微闭双眼，双臂抱于胸前，嘴里像是在喃喃地默诵着什么"的主位是"他"，即上文"NP + V + 在 + NPL"的 NP"老丁"。"老丁"第二次出现，用代词代替。

T—R 与"NP + V + 在 + NPL"的关系还表现在述位部分即 R 上。在具体的言语活动中，T—R 中的主位 T 可能与上文"NP + V + 在 + NPL"没有明显的联系，但 R 却有可能联系着"NP + V + 在 + NPL"。如：

（8）在中山医院的病房里，我站在床前，她含泪地望着我说："我不愿离开你。没有我，谁来照顾你啊?!"

（巴金《再忆萧珊》）

T—R 结构"她含泪地望着我说"的主位"她"与上文"NP + V + 在 + NPL"没有什么联系，它们的联系主要是通过 R 与"NP + V + 在 + NPL"建立的。

有的 T—R 与 "NP + V + 在 + NPL" 的关系综合地表现在整个 T—R 结构中，如郭宝臣《我不如你的一丝清流》："但我坐在你的岸边/你赐给了我一个难得的宁静" T 为 "你"，即上文述位部分中的 "你"，R 中的 "我" 即上文 NP "我"。

C. 出现另外一个 "主位—述位" 结构，但这个 "主位—述位" 结构与上文的 "NP + V + 在 + NPL" 没有关系。①

我们共收集到 14 个例句，占 6.7%。如：

（9）我们坐在祭堂宁静的大理石阶梯上。到处是沉重的心和沉重的心情。

（赵玫《丹尼尔的小屋》）

"我们坐在祭堂宁静的大理石阶梯上" 与后面出现的 T—R 没有形式上的关联。

当然，也有的 "NP + V + 在 + NPL" 后不再有下文。我们共收集到 6 个例句，占 2.9%。这主要出现在话剧的背景和诗歌散文中。如：

（10）久居于山崖上的石屋/门窗向四方洞开/那远道而来的灵魂/聚在光洁的瓷盘上/一只高脚蚊子站在中间

（北岛《晚景》）

"在连贯的语篇中，所有的句子的排列都受到制约，但都有规律。"② "NP + V + 在 + NPL" 与下文的连接模式，归纳起来可

---

① 这里主要指形式上的衔接，但语义上仍应该是连贯的。
② 黄国文：《语篇分析概要》，湖南教育出版社 1988 年版，第 80 页。

以分为六类：

A：说明 NP：

下文是 NP 的述位。

B. 提供主位：

"NP + V + 在 + NPL"为下文提供主位。分 NP 提供和 NPL 提供两种类型。

C. 提供述位：

"NP + V + 在 + NPL"为下文提供述位。分 NP 提供和 NPL 提供两种类型。

D. 交叉提供：

"NP + V + 在 + NPL"为下文提供主位和述位。NP 提供述位，NPL 提供主位。

E. 平行推进：

"NP + V + 在 + NPL"与下文的"主位—述位"没有形式上明显的联系。

F. 无下文：

"NP + V + 在 + NPL"后不再出现其他内容。

其中第一类为 76.6%，第二、第三、第四类合为 13.8%，第五类为 6.7%，第六类为 2.9%。

2．句式"NPL + V 着 + NP"

下文有一个明显的倾向就是 T 与 NP 有关。

在我们收集到的 30 个例句中，下文主位与 NP 有关的有 16 例，占 53.3%。这种联系有三种类型：

A：下文直承 NP，以 NP 为主位。

有两种形式：

a. 下文不出现主位，直接说明 NP，多是对 NP 进行描写。如：

(11) 那街角上坐着一个老人，伛偻着腰，半闭着眼睛。

(丁玲《曼哈顿街头夜景》)

"那街角上坐着一个老人"属"NPL+V着+NP"式。下文"伛偻着腰，半闭着眼睛"的主位就是上文的NP"一个老人"，话语衔接非常自然。

b. 下文出现主位。如：

(12) 人行道上，走着不同肤色的人群，服装形形色色，打扮五花八门，都那样来去匆匆。

(丁玲《曼哈顿街头夜景》)

"服装形形色色"，"打扮五花八门"，各有主位"服装"、"打扮"，但都是对"不同肤色的人群"进行描写，"不同肤色的人群"为下文相关句的主位。

B. NP的主位化

a. 通过指示成分和重复NP某些词项的方式实现NP的主位化,[①] 达到话语衔接的目的。如：

北房的廊子下面站着一个戴着蓝格子头巾的女孩子。那

[①] 参见彭宣维《主题发展与衔接》，《语言文字学》2000年第4期，第23页。

女孩长得很壮实,手里撑着一把铁锹。

(张承志《北方的河》)

指示成分"那"和事物语"女孩"一起构成下文的主位,它是从上文NP"一个戴着蓝格子头巾的女孩子"中挑出来的。
b. 通过代词复指实现NP的主位化。

那窗口后面坐着一个面如镔铁的胖妇女。她冷冷地听着他的话,伸手打了个电话。

(张承志《北方的河》)

代词"她"复指"胖妇女",做下文的主位。
c. 通过指示成分实现NP的主位化。如:

最里面的正位上,坐着那位"大花鞋"。这是一个五十岁上下的妇人,脸皱得可以了,却敷了厚厚一层粉,像是不均匀地闪了些红白粉笔末,衣着倒也普通,只是盘起的双脚上,赫然穿着一双花鞋。

(礼平《小站的黄昏》)

指示代词"这"指代上文"大花鞋",是下文相关句的主位。"大花鞋"即NP。
C. NP的间接发展,即下文相关句的主位是NP的"局部而非全部"①。如:

---

① 参见彭宣维《主题发展与衔接》,《语言文字学》2000年第4期,第23页。

最平静的月光之下,走着一对青春洋溢的年轻人,那脚步声既迷茫又空灵,有点像他们那时的心情。

(海岩《玉观音》)

"那脚步声"是下文相关句的主位,它是 NP"一对青春洋溢的年轻人"的局部而非全部。

"NPL + V 着 + NP"的 NP 除了可能与下文主位有关外,还可能与下文述位部分相连。如:

一张高铺上躺着笼头大爷,一个青年犯在为他捶腿。

(话剧《阿 Q 正传》)

"一个青年犯在为他捶腿"是一个"主位—述位"结构。"述位"部分中的"他"即上文的"笼头大爷",是"NPL + V 着 + NP"中的 NP。

"NPL + V 着 + NP"与下文也可能没有明显的形式上的联系。如:

靳以《黄浦江的早晨》:"左右的长凳上坐着准备功课的学生和即将离去的旅客。对着南京路的小广场,有几位老年人正在打太极拳……""左右的长凳上坐着准备功课的学生和即将离去的旅客"属"NPL + V 着 + NP"式,与下文没有衔接上的必然联系。

"NPL + V 着 + NP"也可以没有下文。如:

(13) 他觉得有趣,反复数次,又将眼凑近那孔,想瞧屋外的明月。他突然胸口一颤:

高高的围墙上坐着个黑衣人。

（廉声《月色狰狞》）

"NPL+V着+NP"的下文"主位—述位"结构的"主位"也可能与"NPL+V着+NP"甚至包括"NPL+V着+NP"的上文相连。如黄秋耕《雾失楼台》："天已入黑，满天星斗，空气里弥漫着一阵阵槐花的芬芳，这是一个多么美好、多么柔和的初夏之夜啊。""空气里弥漫着一阵阵槐花的芬芳"属"NPL+V着+NP"式。下文"这是……"的主位是"这"，它指代上文的三个小句"天已入黑"、"满天星斗"、"空气里弥漫着一阵阵槐花的芬芳"。胡壮麟先生认为主位—述位的衔接有三种基本模式，其中一种是"前句中主位和述位的内容一起产生一个新的主位"①，从我们对"NPL+V着+NP"式的考察来看，这一模式改为"前一个（或多个）句子的主位和述位的内容一起产生一个新的主位"似更准确一些。"NPL+V着+NP"与下文以这种方式衔接产生新的主位，通常用指示成分照应。

"NPL+V着+NP"与下文的衔接模式，归纳起来有六种：

A. 说明NP：下文是NP的述位。

B. NP主位化：下文对NP进行主位化。

C. 提供述位："NPL+V着+NP"的NP与下文的"述位"相关联。

D. 平行推进："NPL+V着+NP"与下文无明显的衔接。

E. 无下文。

F. 综合主位：即下文的主位是"NPL+V着+NP"整个句式及上文的综合。

---

① 胡壮麟：《语篇的衔接与连贯》，上海外语教育出版社1994年版，第145页。

3. 句式"NP+在+NPL+V着"

跟前两个句式相对照,"NP+在+NPL+V着"与下文的推进模式有六种:

A. 说明 NP:

下文直接充当 NP 的述位。在我们收集到的 20 个例句中,有 8 个例句属于这种类型,占 40%。如:

(14) 申涛在阳光下走着,感慨着世事的沧桑。

(礼平《小站的黄昏》)

B. 提供述位:

NP 与下文"主位—述位"结构的"述位"部分相联系。

我们共收集到 6 个例子,占 20%。如廉声《月色狰狞》:"他在院里走着,衰伏的乱草花株时时羁绊着他的脚。"NP"他"与下文"主位—述位"结构"衰伏的乱草花株时时羁绊着他的脚"中的"他的脚"相连。

C. 提供主位:

共收集到 3 个例子,一个由 NP 提供,两个由 NPL 提供。

D. 平行提供:

NP 与下文"主位—述位"的"主位"相联系,NPL 与"述位"相连。这在前两种句式中是没有的。如礼平《小站的黄昏》:"他们在浓荫密障的山林中走着,冈山对当初这里不大相同的情景依然记忆犹新,不时对沿途的一切发出细细的询问。""冈山"即"他们"中的一员,"这里"即上文的"浓荫密障的山林"。

E. 平行推进：

"NP+在+NPL+V着"与下文无明显的衔接。共收集到5个例子，占16.7%。

F. 无下文。

（三）结 论

通过对以上三种句式上下文语境的描写，我们可以得出以下结论：

1. 就三种句式本身而言，"主位"和"述位"部分存在差异。句式"NPL+V着+NP"的主位是NPL。"NP+在+NPL+V着"和"NP+V+在+NPL"的主位都是NP，相应的，句式"NPL+V着+NP"、"NP+在+NPL+V着"、"NP+V+在+NPL"的述位分别是"V着+NP"、"在+NPL+V着"和"V+在+NPL"。

2. 就下文而言，"NPL+V着+NP"常常要对NP进行主位化，而"NP+V+在+NPL"和"NP+在+NPL+V着"的NP本身就是主位，不需要主位化。"NPL+V着+NP"的下文一般与NPL没有联系，NPL不起衔接作用。而另两种句式的NPL都有衔接作用，都可以为下文提供主位。"NP+V+在+NPL"的NPL还能为下文提供述位，这个句式的NPL衔接作用最强。另外，就收集到的例句来看，"NP+V+在+NPL"句式与下文之间存在交叉提供，"NP+在+NPL+V着"句式与下文之间存在平行提供，"NPL+V着+NP"句式可以（与上文一起）为下文提供综合主位。

三 同义句式选择

"NP＋在＋NPL＋V 着"、"NP＋V＋在＋NPL"、"NPL＋V 着＋NP"是同义句式，但也存在着差异。为了更好地表达思想，我们必须对它们进行选择。因为"思想只能表现在唯一的一句话里，应当找到这样的一句话"①。对这三种句式的选择，主要体现在以下三个方面：

（一）语义表达的需要

一般的，"NP＋V＋在＋NPL"、"NP＋在＋NPL＋V 着"和"NPL＋V 着＋NP"的自然焦点分别为 NPL、V 和 NP。② 为了表达不同的重点，人们往往选用不同的句式。如：

（15）树站在记忆中间，它的干，它的枝，它的叶，甚至于它的浓荫，其上的鸟巢和鸟的鸣唱，无不成为记忆者心中难以磨灭的幻象。

（瘦谷《树的记忆》）

（16）接着我梦见自己在海里潜泳，水里既清澈又乌蒙，身体既轻松又沉重。我在水里躺着，任其下沉又时时感到沙发床般的浮力在托着我，那感觉实在奇妙。

---

① 转引自刘刚、但国干《鲁迅语言修改艺术》，中央民族学院出版社 1993 年版，第 1 页。
② 参见齐沪扬《现代汉语空间问题研究》，学林出版社 1998 年版，第 76 页。

（王朔《浮出海面》）

（17）一天黄昏，我下了班正要进"女儿楼"，听见有人叫我，猛一回头，我差一点没情不自禁地捂住嘴巴，刚刚修剪过的冬青树旁边站着顾医生。我当然知道他毁容到了什么程度，但在夜色中突然看到他仍不免大吃一惊：红褐色的扭曲在一块高低不平的伤疤占据了整个左脸，还爬过鼻梁蔓延了右脸的一半，下巴完全变形地收了进去……

（张欣《梧桐，梧桐》）

例（15）"树站在记忆中间"可变换为"树在记忆中间站着"或"记忆中间站着树"。但联系上下文可知，作者这里要重点表达的是树站的"位置"，即"记忆中间"，故选用了"NP + V + 在 + NPL"句式。例（16）"我在水里躺着"可以变换为"我躺在水里"，"水里躺着我"。但是"我"与"水里"上文都已提到过，不再为表达的重点，故不置于句末。"任其下沉又时时感到沙发床般的浮力在托着我……"是描述"躺着"时的感受。所以这里要用"NP + 在 + NPL + V 着"来突出"躺着"，与下文相联系。同理，例（17）"刚刚修剪过的冬青树旁边站着顾医生"表达重点是"顾医生"。

（二）上下文衔接的需要

言语表达者一般要注重上下文的衔接，使语言表达流畅自然。选择"NP + V + 在 + NPL"、"NP + 在 + NPL + V 着"还是"NPL + V 着 + NP"，要充分考虑上下文衔接的需要。如：

（18）这时，他已经来到了一个艳俗艳俗的大饭庄门口。饭庄门口站着一群艳俗艳俗的新郎新娘。其中一位尤其艳俗的老姑娘已经十分焦急了，一见杨重立刻浓眉倒竖，用刘秉义都相形见绌的嗓子喝问："你怎么才来？……"

（王朔《一点正经没有》）

（19）老丁坐在一张桌子的后面，桌子上摆着舞票和电视录像票，这会儿没人来买，老丁就捧着《易经》入神地看着。

（刘醒龙《菩提醉了》）

例（18）由"他"引出"大饭庄门口"，再由"大饭庄门口"引出"一群艳俗艳俗的新郎新娘"，再由"新郎新娘"引出"其中一位"，进而对"其中一位"进行陈述，上下文衔接非常自然流畅。若将"饭庄门口站着一群艳俗艳俗的新郎新娘"变换为"一群艳俗艳俗的新郎新娘站在饭庄门口"或"一群艳俗艳俗的新郎新娘在饭庄门口站着"都收不到这种效果。同样，例（19）用"老丁坐在一张桌子的后面"比"老丁在一张桌子的后面坐着"和"一张桌子的后面坐着老张"好。

（三）语言美的需要

"只要是运用语言，要表达效果好，就势必是在进行切实的语言'选美'活动，不是个别现象或特殊事例，而是具有极大的普遍意义。"[①] 对"NP＋V＋在＋NPL"、"NP＋在＋NPL＋V着"和"NPL＋V着＋NP"三种句式的选择，一般也要考虑到

[①] 武延：《语言"选美"》，社会科学文献出版社1996年版，第2页。

语言的形式美的需要。

1. 追求语句的平衡，避免头重脚轻

如话剧《阿Q正传》有两例：

（20）红鼻子老拱、蓝皮阿五和一两个酒客站在曲尺形柜台外边喝酒。

（21）柜台外站着五位老酒客：红鼻子老拱、蓝皮阿五、航船七斤、王胡和小D。

对照例（20），很显然，例（21）可以变换为"五位老酒客：红鼻子老拱、蓝皮阿五、航船七斤、五胡和小D站在柜台外"。但NP过长，变换后位于句尾，使句子显得头重脚轻，结构不平衡。

2. 选取相同的句式，追求语言的整齐美。

如丁玲《诗人应该歌颂您》："您背后站着亿万爱您的人民。/您背后站着中国共产党。/您是属于中华民族的，谁也不敢动您一毫一分！"该例连用"NPL + V 着 + NP"句式，使语言显得均衡整齐。并且在对照中突出了"亿万中国人民"和"中国共产党"。

3. 选取不同的句式，追求语言的变化美

有时候，语言表达者在本可以采用相同句式的时候，故意选用不同的句式，从而体现出语言的灵活多样，丰富多彩。如王朔《一点正经没有》："盒子车法院庄严的审判大厅。阶梯式的旁听席上坐满了三教九流，看热闹的闲人。我们四人站在被告席上的木笼子中,活像漫画里被人民的大手一把抓住的年轻点的四人帮。高高的审判台上,依次坐着大胖子,瘦高挑儿,秃脑门,小眼睛和两个娘儿们。用只有自己能听见的声音嘟哝着:'老实点!看你们现在还老实不老实!该该该,活该!让你们闹!'""我们四人站在被告席上的木笼子中"、"高高的审判台上,依次坐着大胖子……"分别属于"NP+V+在+NPL"和"NPL+V+着+NP",不同句式的交错使用,使语言错综变化,显示了汉语的灵活性。

4. 选取特定的句式,追求语言的韵律美

如野曼《仰望乐山大佛》:

大佛不声不响地坐在这里,/这座山就是他神圣的领地。
人们习惯于向他虔诚膜拜,/他也习惯于接纳无偿的献礼。

"大佛不声不响地坐在这里"可以变换为"大佛不声不响地在这里坐着"和"这里不声不响地坐着大佛"。这里显然是使用"大佛不声不响地坐在这里"要好。"里"字位于句尾,与"地"、"礼"同韵呼应,使诗歌语言韵律和谐,具有音乐美。

参考文献

胡壮麟:《语篇的衔接与连贯》,上海外语教育出版社1994年版。
黄国文:《语篇分析概要》,湖南教育出版社1988年版。
彭宣维:《主题发展与衔接》,《语言文字学》2000年第4期。
刘刚、但国干:《鲁迅语言修改艺术》,中央民族学院出版社1993

年版。

齐沪扬:《现代汉语空间问题研究》,学林出版社1998年版。

武延:《语言"选美"》,社会科学文献出版社1996年版。

(原载《语言科学》2003年第4期)

"NP$_{施}$ + VP + NP$_{受}$"及其同义句式的选择

同义句式是指语义关系相同而句法形式不同的一组句式。二价动词 V 和其动元 NP$_{施}$、NP$_{受}$一般能够构成以下五种同义句式：

S$_1$：NP$_{施}$ + VP + NP$_{受}$

S$_2$：NP$_{受}$ + NP + VP

S$_3$：NP$_{受}$ + NP$_{施}$ + VP

S$_4$：NP$_{施}$ + 把 + NP$_{受}$ + VP

S$_5$：NP$_{受}$ + 被 + NP$_{施}$ + VP

它们在主题意义、焦点意义、情感意义、风格意义等方面存在着差异。这些差异的存在决定了它们具有各自不同的表达作用，对 NP$_{施}$ + VP + NP$_{受}$及其同义句式进行选择，必须紧扣这些差异。

一 根据主题意义选择

主题意义是指说话或写文章的人借助话题（也叫主题）的安排来传递的一种意义。

自从赵元任先生提出汉语话题概念以来，语言学家们从不同的角度对它进行了研究，观点不尽一致。关于"话题"的界定和分析，我们接受以下几点：（一）话题是语用平面的概念；（二）话题一般出现于句首；（三）话题倾向于是定指的，但也可以是不定指的；（四）话题后可以有停顿或带有话题标记，话题标记可以前加，可以后加，汉语一般是在话题后加上句中语气词，如"啊（呀）"、"呢"、"嘛"、"吧"等。

话题是发话人叙述的出发点或对象。$NP_施 + VP + NP_受$及其同义句式位于句首的或为$NP_施$，或为$NP_受$，从话题上可以分为两类：（一）话题为$NP_施$，包括S_1、S_2和S_4。（二）话题为$NP_受$，包括S_3和S_5。言语活动中，如果以$NP_施$为话题，就选用S_1、S_2或S_4，如果以$NP_受$为话题，就选用S_3或S_5。例如莫言《枯河》前后有两句话："村子里一声瘦弱的鸡鸣，把他从迷蒙中唤醒。""他被一阵沉重野蛮的歌声唤醒了。"第一句属于S_4式，第二句属于S_5式。写第一句之前，作家用了倒叙的写法，讲昨天村子里发生的一件意料不到的事情，然后以"村子里一声瘦弱的鸡鸣"为话题，引出"他"，故作家选用了S_4式。在写第二句之前，作家对"他"进行描写，然后以"他"为话题，从"他"引出"歌声"，故选用S_5式。从作家的改笔中我们更能清楚地看到作家根据话题选择句式的情况：

原文：他被种种的思想缠绕着，后来他才下了一个决心……

（巴金《雷》，上海良友图书印刷公司1935年版）

改文：种种的思想纠缠着他，后来他才下了决心……

（同名，见《巴金选集》第四卷，四川人民出版社1982年版）

原文从"他"着眼,用被字句,即 S_5,改文从"思想"着眼,就要用非被字句,这里选用了 S_1。"表达者传递信息的时候,总是从某一个特定的角度出发的。行为主体观察和处理事物的角度就是'视点'。这决定着表达者句子的选择活动。"① 我们对 $NP_{施}$ + VP + $NP_{受}$ 及其同义句式进行选择,必须考虑话题。

二 根据焦点意义选择

焦点意义是指说话或写文章的人借助组织信息的方式(语序、强调手段、信息焦点的安排)来传递的一种意义。人类的言语交际事实上是一个传递信息的过程,这个过程往往从已知信息(旧信息)到未知信息(新信息)。"已知信息或旧信息指说话人相信他所传递的信息是听话人已经知道的(可能在交际语境中提供的,也可能在前述话语中已有所提及);而未知信息,或新信息指说话人认定他所传递的信息是听话人所未知的。"②"句子当中新信息的重点"为"焦点"。③ 焦点可分为自然焦点和对比焦点。自然焦点(也叫常规焦点)的形式标志是句子的自然重音。由于句子的信息编排往往是遵循从旧到新的原则,越靠近句末信息内容就越新。句子的自然焦点往往在句末出现。而对比焦点则常用重音或标记词来表明。本文在未特别指明的情况

---

① 王希杰:《修辞学导论》,浙江教育出版社 2000 年版,第 254 页。
② 何自然:《语用学概论》,湖南教育出版社 1988 年版,第 165 页。
③ 张涤华、胡裕树、张斌、林祥楣:《汉语语法修辞词典》,安徽教育出版社 1988 年版,第 219 页。

下，焦点指自然焦点。

NP$_施$ + VP + NP$_受$ 及其同义句式从焦点上可分为两类：

（一）焦点为 NP$_受$，主要是 S$_1$。

（二）焦点为 VP，包括 S$_2$、S$_3$ 和 S$_4$。

言语活动中，如果要强调 NP$_受$，就选用 S$_1$，如果要强调 VP，就选用 S$_2$、S$_3$ 或 S$_4$。张炜《泥土的声音》中有这样一段话："……有人也算共产党哩，呸！真正的共产党我见过，那年上村里过鬼子，一个寡妇被逼在河套子里，三个党员去救她，最后死了两个……现如今，唉！……""真正的共产党我见过"属于 S$_3$式，反映了对事物的认知、对信息传递的实际程序。"共产党"在上文中已经提到，这里属于旧信息，故安排在了句首，作话题。"我见过"是新信息，则安排在后面作说明。若用 S$_1$ 式"我见过真正的共产党"，则不符合认知的逻辑。又如：

原文：他绕向马后，他就要抓住那缰绳了，但那畜牲又跑开了。

（沙汀《闯关》，新群出版社 1946 年版）

改文：掀下巴绕向马后，他就要把缰绳抓住了，但那畜牲一惊又跑开了。

（同名，见《沙汀选集》第一卷，四川人民出版社 1982 年版）

原文"他就要抓住那缰绳了"属 S$_1$，在改文中变为"他就要把缰绳抓住了"，属 S$_4$。两个句子的话题一致，都是"他"，关键是什么做焦点。文章中马跑开了，"他"须要抓住马，能否"抓住"自然成为人们关注的焦点。上文已提到马，"马缰绳"也就是隐含的了，所以作者把"缰绳"处理为已知的放在"把"字后,而将"抓住"作为焦点置于句末,选择S_4才贴切。

三 根据情感意义选择

情感意义指"关于讲话人/写文章的人的感情和态度的意义"①。句式也可以反映出讲话人或写文章的人的感情和态度。$NP_{施}+VP+NP_{受}$及其同义句式从情感意义上可分为四类:

(一)表达中性情感,包括S_1、S_3式。

S_1和S_3是汉语的无标记句式,在汉语中使用非常普遍,语义上往往表现为平实的表述,一般叙述$NP_{施}$或$NP_{受}$"怎么样"。仅从句式来看,S_1和S_3表达了讲话人或写文章的人比较中性的情感。

(二)表达强烈的情感,主要是S_2。

S_2式这种词序最常见的是在$NP_{受}$前头有"连"字或隐含"连"字的场合,② 所以往往可以表达出比较强烈的情感。

(三)凸显责任者,主要是S_4式。

汉语中的"把"字句有一种"变无意为有意"的做法,"一件事情的实现既是我们有意去做的结果,也是我们没能阻止它发生的后果。这种情况我们往往用'处置式'来表达,以便表明自己对事情的发生负有责任"③。"'把'字句是表达说话者追究

---

① 弗里·N.利奇:《语义学》,上海外语教育出版社1987年版,第33页。
② 吕叔湘:《汉语语法论文集》,商务印书馆1984年版,第449页。
③ 杉村博文:《论现代汉语表"难事实现"的被动句》,《世界汉语教学》1998年第4期。

责任语义的一种适宜句式。"① 凸显责任者（NP_施）使 S₄ 明显有别于其他几个句式。

（四）表达被动或不如意的情感，主要是 S₅ 式。

对 NP_施 + VP + NP_受 及其同义句式作选择，要考虑到这些差异，从而使选择的句式适应我们表情达意的需要。如：

原文：春生一听小青也是为了人民的事耽搁了，哪里还生气，连忙笑着说道："我也是刚到。"就把他路上遇到的事说起来。

（马烽《结婚》，见《三年早知道》，山西人民出版社 1958 年版）

改文：春生一听……连忙笑着说道："我也是刚到。"就说起了他路上遇到的事。

（同名，见《我的第一个上级》，人民文学出版社 1977 年版）

原文"就把他路上遇到的事说起来"，省略了 NP_施 "他"，属于 S₄，有强调处置的意味，而这里并不需要强调处置，因此就改为 S₁ "（他）就说起了他路上遇到的事"。

四　根据风格意义选择

风格意义指表达交际的场合（正式、非正式）。从交际场合上分，NP_施 + VP + NP_受 及其同义句式可分为三类。

（一）可用于正式体，也可用于非正式体，包括 S₁、

---

① 张伯江：《论"把"字句的句式语义》，《语言研究》2000 年第 1 期。

S_4式。

(二)一般用于非正式体,包括S_2、S_3式。

(三)一般用于正式体,主要是S_5式。

在具体的言语活动中,我们应充分考虑到句式的风格差异,对$NP_{施}$+VP+$NP_{受}$及其同义句式进行恰当选择。

S_2、S_3式在非正式体或口语体里使用较多,如在话剧人物对白中我们可以见到许多S_3式用例:

(1)老爷的脾气你可知道。

(曹禺《雷雨》)

(2)周家的事我以后也不提了,让他们去吧。

(曹禺《雷雨》)

在谈话过程中,为了承接对方话语里提及的事,作为话题,而采用S_3式,显得自然、灵便。同样的,S_2式也较适用于口语体。如:"妈,咱们走吧,妹妹鞋穿好了。"同S_1和S_4比较,S_2和S_3具有明显的口语体特色。S_5用于正式体或书卷体,用于非正式体或口语体形式不同,前者一般用"被"字,后者则通常用"给"、"叫"、"让"等。因此对$NP_{施}$+VP+$NP_{受}$及其同义句式的选择要看使用的场合和对象。在比较正式、庄重的场合,可以使用"$NP_{受}$+被+$NP_{施}$+VP"句式,在平常、一般场合下,可以使用"$NP_{受}$+给/叫/让+$NP_{施}$+VP"句式或S_2、S_3式。

毛泽东同志1949年9月作了一篇题为《中国人民站起来了》的演讲,周恩来同志于1959年4月作了一篇题为《把知识和经验留给后代》的演讲,两篇都是演讲词,发表的时间相隔不到十年,字数也差不多,但比较一下就会发现它们在语言使用上的差异。毛文约2400字,却使用了三次"$NP_{受}$+被+$NP_{施}$+

VP"句式，周文约2800字，没有使用一次"$NP_受$+被+$NP_施$+VP"句式，却使用了一次S_2式，两次S_3式。原因就在于它们使用场合的不同。毛文是在中国人民政治协商会议第一届全体会议上的开幕词，场合正式、庄重，故可使用"$NP_受$+被+$NP_施$+VP"句式。毛文通篇语言论述严谨、格调典雅，"$NP_受$+被+$NP_施$+VP"句式跟这种语言风格是一致的。如：

我们的会议之所以称为政治协商会议，是因为三年前我们曾和蒋介石国民党一道开过一次政治协商会议。那次会议的结果被蒋介石国民党及其帮凶们破坏了，但是已在人民中留下了不可磨灭的印象。

周文是在政协礼堂休息室里的一个茶话会上，周总理会见政协委员时的一段谈话。相对来说，场合不正式，较为随便。周文通篇语言亲切自然、幽默风趣，使用S_2和S_3与全文的语言风格是一致的。如：

时间过得很快，开国至今已经十年了，如果不抓紧，有些史料就收集不到了。五四运动距今才四十年，那时候的事情现在的青年们已经不大了解了，对甲午战争、戊戌变法的情况他们就更不熟悉了。

对$NP_施$+VP+$NP_受$及其同义句式的选择也要看交际对象。交际双方的身份、学识制约着对同义句式的选择。如：

原文：真是不幸，大林和小林一定要被魔鬼吃掉了。（张天翼《大林和小林》，见1932年《北斗》第二卷，

第一期）

　　改文：真不幸，大林和小林一定会给怪物吃掉了。
（张天翼《大林和小林》，中国少年儿童出版社 1956 年版）

《大林和小林》是一篇童话，是给少年儿童准备的。少年儿童阅历浅，文化程度低，口语化是童话对语言的要求。作者把"被魔鬼吃掉了"换作"给怪物吃掉了"，为的就是更口语化。这是从接受者一方考虑。从表达者一方考虑，我们也应该做到不同的人说不同的话。

　　口语化句式对任何人都是开放的。但是若要表现某些人的书卷气或"学生腔"，我们则可以采用常用于正式体的句式。

（原载《河南科技大学学报》（社会科学版）2004 年第 2 期）

同义句式的语言研究和言语研究

语言和言语是一对矛盾,彼此对立又紧密相连,语言存在于言语之中。同义句式的研究存在着语言研究和言语研究两个方面。语言研究是对同义句式的静态研究,言语研究是对同义句式的动态研究。对同义句式的研究要将语言研究(即静态研究)同言语研究(即动态研究)相结合。

一 同义句式的界定

要研究"同义句式",首先要了解什么是"句式",进而对"同义句式"进行界定。

对于什么是句式,我国学者历来意见不一,我们这里采用史有为先生的说法。史有为先生认为:"从句法框架角度看,句型和句式都是指同一个概念。如果把层次较低的称作句式,把句型留给层次较高的,那么层次低到什么程度才能叫句式,层次高到什么程度才能叫句型呢?显然,其间很难也没有必要划这条界线。'句型'和'句式'的使用有个人的习惯问题,不必强求一致。不过,如果把'句式'限定为'句法框架'

+'语义框架',倒不失为一种好主意。"① 我们认为"句式"是对句子的分类,它是一种抽象的语义框架(如:施事+动作,施事+动作+受事,等等)和一种抽象的句法框架(如:名词语+动词语,名词语+动词语+名词语,等等)的统一体。如"客人来了。""小王打了小张。"句式分别为"名施+动"和"名施+动+名受"。这两个句式可以码化为"$N_{施}$+VP"和"$N_{施}$+VP+$N_{受}$"。变更语义框架或变更句法框架都会带来句式的变化。

赵金铭先生认为:"一种隐性关系可以用好几种句式来表达,也就是说,一种语义模式,可以用几种不同的句法结构来表示,从而形成同义异构句式。"② 同义异构句式即我们所说的"同义句式"。

"同义句式"的"同义"是指一些抽象的句式所表示的关系意义相同,不是指具体句子意义的相同。即"同义句式"不同于"同义句"。"同义句"是指"句子的语序不同或构造不同而表达的内容基本相同的两组或几组句子"③。同义句应具备的条件是:句子里边所用实词相同;所表达的意思(内容)相同;句子里边各实词之间的语义关系相同。④ 研究同义句式,若仅建立在语义结构关系相同的基础之上,则是对同义句式的静态的语言研究,若要探讨一组同义句式各自在什么样的语用环境中使用,则应选取具体意思相同的同义句式,即同义句来研究。

---

① 史有为:《句型的要素、变体和价值》,载中国社会科学院语言研究所现代汉语研究室《句型和动词》,语文出版社1987年版,第22页。
② 赵金铭:《同义句式说略》,《世界汉语教学》1993年第1期。
③ 参见李临定《语法研究回顾》,《世界汉语教学》1991年第3期。
④ 参见李临定《汉语比较变换语法》,中国社会科学出版社1988年版,第4页。

这是对同义句式的动态的言语研究。这在理论上也是讲得通的。因为"同义句式"的"这种关系意义是从同一句式的无数句子中概括出来的，当然也体现在同一句式的所有句子中"①。

二　同义句式的语言研究

从20世纪20年代至今，学者们对同义句式的语言研究，取得了很大成绩。具体表现在：

（一）变换理论的研究

从刘复开始，经过黎锦熙、王力、吕叔湘、朱德熙、陆俭明、李临定、方经民等一大批学者的不懈努力，已经建立起一套切合汉语实际的变换分析的方法，提出变换分析的四项原则——同一性原则、约束性原则、平行性原则和类推性原则。通过变换分析方法和原则的确立，变换理论研究者们认为，语言的深层与表层、形式与意义、句子的组合与聚合、原式与变式可以组成一个个多向立体网络系统。而变换分析的作用就在于尽可能地在平行的句法结构序列中探求相关的语法意义之间的联系和区别，并且设法寻找各种同义句式的区别性标志和约束性限制。变换理论的深入研究为我们研究同义句式提供了理论上的依据和研究的方法。

---

① 转引自吕宏声《关于变换和变换分析的探讨》，《辽宁大学学报》1995年第3期。

（二）探讨某两组或多组句式之间的变换

1. 立足于一种句式，探讨与其他句式的变换

有的着重探讨变换的条件。如：傅雨贤《被动句式与主动句式的变换问题》，李临定《带"得"字的补语句》，邵敬敏《把字句及其变换句式》等。有的在探讨变换条件的基础上研究句式的语义问题。如：朱德熙《"的"字结构和判断句》，李临定《"被"字句》，沈阳《名词短语的多重移位形式及把字句的构造过程与语义解释》等。有的谈到了句式的语用问题。如：龚千炎《现代汉语里的受事主语句》，王彦杰《"把……给V"句式中助词"给"的使用条件和表达功能》，李宁、王小珊《"把"字句的语用功能调查》，史金生、胡晓萍《动词带"着"的把字结构》，金立鑫《"把"字句的句法、语义、语境特征》，徐枢《从语义、语法和语用角度谈"名（受）+名（施）+动"句式》等。对某种句式的语用研究有较大突破的是（大阪）杉村博文《论现代汉语表"难事实现"的被动句》，张旺熹《"把字结构"的语义及其语用分析》和王彦杰《"把……给V"句式中助词"给"的使用条件和表达功能》。

2. 把句式变换作为手段，研究句式中的动词

如：朱德熙《与动词"给"相关的句法问题》，李临定《动词的动态功能和静态功能》，马庆株《汉语动词和动词性结构》等。

3．把句式变换作为手段，分化、比较句式

如：朱德熙《包含动词"给"的复杂句式》、《汉语句法里的歧义现象》，陆俭明《变换分析在汉语语法研究中的运用》，李临定《动补格句式》、《双宾句类型分析》，邵敬敏《关于"在黑板上写字"句式分化和变换的若干问题》等。

4．归纳汉语几种句式的变换

如傅雨贤《谈谈汉语几种句式的转换》和亢世勇《现代汉语同义句式及其构成的一些特点》，前者是举隅性的归纳，后者归纳较全面。

（三）句型研究

其中有代表性的是李临定《现代汉语句型》和陈建民《现代汉语句型论》两部著作，从多层次、多角度探讨现代汉语句子的分类，并对现代汉语句型进行比较全面而详细的描写。除此以外，范晓主编《汉语的句子类型》在继承前人研究和吸收时贤成果的基础上有所发展，主要特色是采用了"三个平面"的理论和方法。

（四）汉语语序研究

"广义语序通常指各个层面、各种长度的语言单位和成分的排列次序"，① 自然也包括句式中各组成部分的次序。语序的变

---

① 吴为章：《语序重要》，《中国语文》1995 年第 6 期。

化是影响现代汉语句式的一种重要因素。在语序研究中比较有代表性的有：陆俭明《汉语口语句法里的易位现象》，胡附、文炼《汉语语序研究中的几个问题》，张炼强《汉语语序的多面考察》，胡裕树、陆丙甫《关于制约汉语语序的一些因素》，吴为章《语序重要》，沈阳《汉语句法结构中名词短语部分成分移位元现象初探》，李宇明《存现结构中的主宾互易现象研究》，［美］李英哲《汉语语义单位的排列次序》（陆俭明译）等。

三 同义句式的言语研究

我国学者对同义句式的言语研究主要表现在从同义结构出发的句子修辞研究。

句式同义选择的思想，在陈望道《修辞学发凡》中就有所涉及。1959年，高名凯《语言风格学的内容和任务》在我国最早谈到同义学说，提出"平行的同义系列"是风格学研究对象之一。1963年，张弓《现代汉语修辞学》讲到了"同义形式"。20世纪80年代，林兴仁先生再次提起了同义学说，郑远汉、王希杰等先生都发表文章，强调同义结构在汉语修辞学研究中的重要性。以后出版的修辞学著作：倪宝元《修辞》，宋振华、吴士文等《现代汉语修辞学》，程希岚《修辞学新编》，王希杰《汉语修辞学》，郑颐寿《比较修辞》，武延《语言"选美"》等都不同程度地阐述了同义句式选择的问题。从同义结构出发研究句子修辞使句子修辞研究更加深入。

四　同义句式的语言研究和言语研究的结合

我国学者对同义句式的研究主要来自两个方面，一个是语法学界，一个是修辞学界。语法学界"曾对同义异构句的句法结构和语义结构做过深入的研究。但对同义句式的语用研究却一直是个薄弱的环节"[1]。陆俭明先生认为，几个意义相同或相近的句式，要说清楚它们"各自内部的语法构造情况和内部语义结构的关系，都不难办到。可是，要说清楚它们在意义表达上的异同，它们所能出现的语境的异同，就不那么容易了"[2]。因为"语用研究在我国还刚刚起步，尚未清楚研究的门径，更难以从理论上和实践上说清楚怎么跟语法、语义研究相结合"[3]。"因此，我们更要加强对同义句式语用方面的研究。"[4]

我国修辞学界曾在同义句式的选择方面做过积极的探讨。但截至目前，同义句式系统还没有真正建立起来。修辞学界未能提供可供选择的同义句式系统，动态研究也有待深入。诚如郑远汉先生所说："对于同义句式，包括同指异位句，我们还缺乏研究，亟待加强。从修辞的角度研究同指异位句，其任务尤为繁重：除了要研究构成的条件，弄清汉语共时态下的同指异位句的

---

[1] 常敬宇：《谈句子的语用研究》，《汉语学习》2001年第2期。
[2] 陆俭明：《90年代现代汉语语法研究的发展趋势》，《语文研究》1990年第4期。
[3] 同上。
[4] 常敬宇：《谈句子的语用研究》，《汉语学习》2001年第2期。

基本面貌，以及同指异位句之间的种种差异，还必须就语用层面作考察，什么情形下显其异，以求贴切，什么情形下取其同，以表现语言的灵活性和多样性。"①

语言作为社会交际工具，它产生于交际，服务于交际。语言交际最基本的单位是句子，而现代汉语的句式是极其丰富的，其特点是灵活多变的。"因此我们必须多角度、多方位、多层次地研究句子，我们不仅要研究句子的结构和意义，我们更要结合交际研究句式的各种变化和语用功能，这种从语用研究句子是当前语言研究中的一个重要课题。"②"从语用研究句子，就是结合交际和语用对句子进行动态研究。"③ 吕叔湘先生一直特别强调句法的动态研究，他说："我们说的动态研究，指的是句子内部各成分之间的相互制约，一个句子可以怎样不变内容（或基本不变）而改变形式；某一句式适用于哪种环境（上下文及其他），环境有某种变动的时候，要不要随之变化，如此等等。静态的研究当然重要，这是基础，可是语言毕竟是在使用中存在。"④ 所以我们应将静态研究和动态研究相结合研究同义句式。将静态研究和动态研究相结合研究同义句式似可从以下几方面入手：

（一）展示同义句式的基本面貌

对同义句式进行全面、细致的静态研究，探讨同义句式的变

---

① 郑远汉：《同指异位句》，《修辞学习》2001年第5期。
② 常敬宇：《谈句子的语用研究》，《汉语学习》2001年第2期。
③ 同上。
④ 吕叔湘：《给"第二届现代语言学现代汉语语法研讨会"的贺信》，《汉语学习》1990年第4期。

换条件，展示同义句式的基本面貌，为同义句式的动态研究奠定基础。我们以动词句为例。动词句在汉语中具有重要的地位。文炼、胡附早在1984年就指出："名词的位置与动词的性质有关。""逐个地研究动词，加以归类，找出语序安排的规律来，这大概是大有可为的。"① 我们可以参考《现代汉语词典》（1996年修订版）和孟琮等编《动词用法词典》，搜集常用动词，以义项作为测试对象，研究动词与名词之间的排列规律，探讨动词句同义句式变换的条件，从而展示动词句同义句式的基本面貌。

（二）比较同义句式的差异

在同义句式基本面貌的基础上，研究同义句式的差异，力图说明表示同一种语义关系的不同的句式的差异，为同义句式的选择提供依据。

（三）探讨同义句式的选择原则

以同义句式的差异为基础，结合人们的言语活动，从实际的语言材料出发，研究同义句式的语用问题，探讨同义句式的选择原则。

将语言研究（即静态研究）和言语研究（即动态研究）相结合研究同义句式，既可以帮助人们从整体上把握同义句式系统，又可以指导人们根据实际需要恰当地选择同义句式、提高运用语言的能力。这对汉语教学，尤其是对外汉语教学和计算机信息处理都有借鉴意义。

---

① 文炼、胡附：《汉语语序研究中的几个问题》，《中国语文》1984年第3期。

参考文献

郑远汉:《同指异位句》,《修辞学习》2001年第5期。
郑远汉:《关于句子的研究问题》,《语言文字应用》1994年第3期。
冯广艺:《汉语修辞论》,华中师范大学出版社2000年版。

(原载《长江学术》2003年第4辑,后被收入第一届言语与言语学国际学术会议论文集《言语与言语学研究》,崇文书局2005年版)

述宾结构和主谓结构变换略论

述宾结构和主谓结构变换的问题，应是语法研究的一个重要课题，但目前这类文章尚不多见，因而很有探讨的必要。研究这一课题，对提高运用语言的能力，增强语言的表达效果，无疑是有意义的。这里拟就述宾结构和主谓结构变换的条件、变换的结果及变换的作用略论如下：

一 变换的条件

不是任何述宾结构和主谓结构都可以变换，两种结构的变换是有条件的。无论述宾结构变换为主谓结构，还是主谓结构变换为述宾结构都有规律可循。

（一）述宾结构变换为主谓结构的条件

宾语

1. 宾语为施事宾语或者反身宾语，述宾结构一般都可变换为主谓结构。如：

(1) 出现了一个老太太→一个老太太出现了
(2) 来客人了→客人来了
(3) 跑了两个犯人→两个犯人跑了
(4) 张着嘴巴→嘴巴张着
(5) 伸着头→头伸着

施事宾语是指宾语表示可以施行述语行为的客体事物①［如例（1）、（2）、（3）］。反身宾语是指宾语表示人物动作返加自身的某个部位②［如例（4）、（5）］。它们构成的述宾结构一般都可变换为主谓结构。

2. 由工具宾语构成的述宾结构一般不可变换为主谓结构，如"写毛笔"、"照镜子"等。但当述语前面加上状语之后则可能变换为主谓结构。如：

(6) 斜着照镜子→镜子斜着照

述语

1. 趋向动词所带宾语一般为处所宾语，本不可变换为主谓结构；但若带上表示人或物的施事宾语、表示时间的于事宾语，③往往可变换为主谓结构。如：

(7) 进来了两个人→两个人进来了

---

① 邢福义：《汉语语法学》，东北师范大学出版社1996年版，第76页。
② 同上书，第77页。
③ 于事宾语指宾语表示行为发生的位置，一般是方所位置，有时也可以是时间位置。

(8) 下去了三个人→三个人下去了
(9) 过了十五年→十五年过了
(10) 过去了三个月→三个月过去了

趋向动词有的表示单纯趋向，如"上"、"下"、"进"、"出"、"回"、"过"、"开"、"起"等。有的表示复合趋向，如"上来"、"上去"、"下来"、"下去"、"进来"、"进去"、"出来"、"出去"、"回来"、"回去"等。[1] 表示复合趋向的趋向动词一般都是一价动词，它们后面带上表示人或物的施事宾语，可直接变换为主谓结构［如例（7）、（8）］。趋向动词中，只有"过"和"过去"可以带表时间的于事宾语，变换为主谓结构是"表时间的于事宾语＋过"［如例（9）、（10）］。

2. 断事动词带名词宾语。

断事动词指表示是非、有无、像似等意义的动词。[2]

A. 有无类。包括"有"和"没有"。

a. "没有"带名词宾语，若名词为无生命的，一般可变换为主谓结构。如"没有书"可变换为"书没有"，"没有水"可变换为"水没有"。若名词为有生命的，一般不可变换为主谓结构。但在对举的语境中或名词前有限制性定语修饰则可变换为主谓结构。如"钱没有，老婆也没有"，"老婆"是有生命的，与"没有"可构成述宾结构"没有老婆"，上文中有表示对举的主谓结构"钱没有"，"没有老婆"也就可以顺着变换为主谓结构"老婆没有"了。又如述宾结构"没有一个人"可变换为"一个人也没有"。

---

[1] 邢福义：《汉语语法学》，东北师范大学出版社1996年版，第171页。
[2] 同上书，第170页。

b. "有"带名词宾语,要变换为主谓结构,不论名词是无生命的还是有生命的,都需要对举的语境。

如在对举的语境中,"有山有水有花有草"可变换为"山有水有花有草也有"。"有白发的老太婆,有中年妇人们"可变换为"白发的老太婆有,中年妇人们有"(臧克家《拾花女》)。

有无类断事动词为二价动词。动元有两种类型:一种是领有者(记作 $N_{领}$)和被领有者(记作 $N_{属}$),构成基本的"$N_{领} + V + N_{属}$"式,述宾结构则省略了 $N_{领}$,即"$V + N_{属}$",若 $N_{属}$ 为有生名词,极易被误解为"$N_{领} + V$"。如"我有弟弟"中的"有弟弟",变成主谓结构"弟弟有",前后语义不同,不能变换。另一种是处所(记作 $N_{处}$)和某人/某物(记作 $N_{人/物}$),构成基本的"$N_{处} + V + N_{人/物}$"式,述宾结构则省略了 $N_{处}$,即"$V + N_{人/物}$"。要变为主谓结构"$N_{人/物} + V$",若 $N_{人/物}$ 为有生名词,也极易被误解为"$N_{领} + V$"。如"屋里有解放军"中的"有解放军",变成主谓结构是"解放军有",表存现的变成了表领属的,前后语义不同,也不能变换。所以有无类断事动词带有生名词,变换成主谓结构,都需要一定的条件限制。若名词为无生命的,变换则相对容易得多。

B. 是非类和像似类

现代汉语中是非类断事动词只有"是"。像似类包括"像"、"似"、"如"、"好像"、"犹如"、"有如"、"比如"等。① 它们带宾语构成的述宾结构一般不能变换为主谓结构。如:

(11) 是中国人→*中国人是
(12) 是少先队员→*少先队员是

---

① 邢福义:《汉语语法学》,东北师范大学出版社 1996 年版,第 170 页。

(13) 像星星→*星星像

(14) 好像闪着无数的明星→*闪着无数的明星好像

是非类和像似类断事动词都是二价动词，我们把动元记作A、B，则构成"A+是/像+B"。表示"A是/像B"，述宾结构省略了A，即"是/像B"，若变为主谓结构则是"B是/像"，前后语义不相同。

3. 表心理活动的动词。

包括情绪心理动词和感知心理动词两类。前者如"爱"、"恨"、"喜欢"、"讨厌"、"羡慕"、"佩服"等，后者如"猜"、"料"、"感知"、"觉得"、"认为"、"知道"等。情绪心理动词带上宾语之后，一般都不可变换为主谓结构。如"爱小王"和"小王爱"，前后语义不同。感知心理动词带上宾语之后原则上也不可变换为主谓结构，但在现代汉语的实际语料中，也有"这事儿知道"这样的用例，变换成述宾结构是"知道这事儿"。这种述宾结构和主谓的变换在感知心理动词中只限于"知道"一词，并且宾语如果为有生命的就不能变换。

（二）主谓结构变换为述宾结构的条件

1. 主语为受事主语，谓语（中心词）只可能为二价和三价动词，动元之一为受事。要变换为述宾结构，则要求其他动元不出现。即对于二价动词要求施事不出现。对于三价动词，除了施事以外，另外一个动元（一般为与事）也不出现。如：

(15) 一只鸟（被）打死了→*打死了一只鸟

(16) 一只鸟（被）他打死了→*他打死了一只鸟

(17) 书给了→*给了书了
(18) 书我给了→*我给了书了
(19) 书我给他了→*我给他书了

"打"为二价动词,例(15)施事不出现,可变换为述宾结构。例(16)施事出现,变换后仍为主谓结构。"给"是三价动词,例(17)施事、与事都不出现,可变换为述宾结构。例(18)施事出现,例(19)施事、与事出现,变换后仍都为主谓结构。

2. 主语为施事主语,谓语(中心词)可能为一价,也可能为二价或者三价。若为二价或三价,无论其他动元是否省略,都不能变换为述宾结构。如"我打了"、"我打了他"、"我给了"、"我给了书了"、"我给他了"、"我给他书了"都不能变换为与它们语义基本相同的述宾结构。谓语(中心词)若为一价,则有可能变换。

A. 直接变换。如:

(20) 客人来了→来客人了

B. 施事主语前需有数量词修饰。如:

(21) 小鸟飞了→*飞了小鸟
(22) 一只小鸟飞了→飞了一只小鸟

3. 主语为用事主语、断事主语、描事主语,① 一般不可变换为述宾结构。如:

---

① 用事主语即所指事物具有提供使用的内涵。断事主语即所指事物是谓语所断定的对象。描事主语即所指事物是谓语所描写的对象。

(23) 这个盘子装牛肉
(24) 这个盘子是我的
(25) 这个盘子很漂亮

"这个盘子"在例（23）中是用事主语，在例（24）中是断事主语，在例（25）中是描事主语，组成的主谓结构都不能变换成相应的述宾结构。①

二　变换的结果

述宾结构和主谓结构变换，前后语义出现差异。这种差异表现在以下三个方面：

（一）语义重心有所转移

述宾结构和主谓结构的信息焦点是不同的，述宾结构的信

---

① 我们这里讨论的都是现代汉语的规范用法。在一些变异用法中，主语为描事主语的主谓结构有可能变换为述宾结构。如晓荷《春节日记》："花花的衣服笑笑的脸，大街小巷，认识的不认识的人们全都乐融融的，祥和了这片天地。"贾平凹《商州初录》："街房几十房人家，点上一根香烟吸着，从东走到西，从西走到东，可走三个来回，南北二山的沟洼里，稀落着一些人家，都是屋后一片林子，门前一台石磨。"张行健《田野上的教堂》："杜明林心里一惊，仰脸看天，天灰蒙蒙的，透过一层混沌，可看到老天的深处，隐约着一片亮光。"述宾结构"祥和了这片天地"、"稀落着一些人家"、"隐约着一片亮光"是述宾结构的变异用法，一般情况下人们通常是说"这片天地很祥和"、"一些人家稀稀落落的"、"一片亮光隐隐约约的"，都是主谓结构。语言的变异用法，使描事主语主谓结构变换述宾结构成为可能。

息焦点是宾语，主谓结构的信息焦点则是谓语。若两种结构变换，其语义重心必然有所转移。如杜卫东《世纪之泣——艾滋病的现状、未来与思考》："非洲肆虐一时的黄热病，克里米亚战争时的霍乱大流行，都曾迅速死了数以万计的人。"为了说明艾滋病的危害，作者拿黄热病和霍乱进行对照。在这两场瘟疫中，无数的人命丧黄泉。也许动植物死去还不会引起人类足够的重视，但这里死的是"人"，是"数以万计的人"，它是这段文字的信息焦点，故置于宾语的位置。又如谌容《人到中年》："这种快乐再也不会有了！"作者要强调的不是"这种快乐"，而是这种快乐"再也不会有了"，它是信息焦点，故置于谓语的位置。

述宾结构和主谓结构变换，用连线表示即，

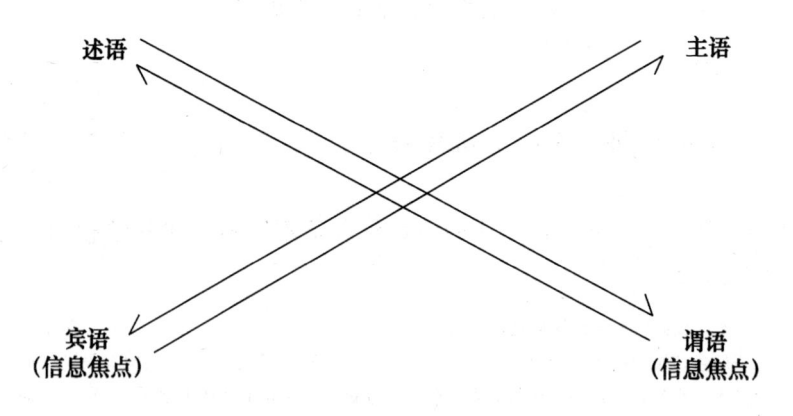

述语　　　　　　　　　　　　　主语

宾语　　　　　　　　　　　　　谓语
（信息焦点）　　　　　　　　　（信息焦点）

显然，变换前的信息焦点在变换后就退居非信息焦点的位置，而变换前的非信息焦点在变换后变成了信息焦点。变换前后信息焦点变化了，语义重心也就随之而转移。①

（二）信息储量多寡不同

1. 增减被动义

在一些述宾结构和主谓结构的变换中，动词前增加或减少表示动作的被动性的"被"类介词，使整个结构增加或减少了表"被动"的信息。如余秋雨《关于善良》："衣服真的被剥掉了，当时围观的有数百名行人，没有人上前阻止。""衣服真的被剥掉了"可变换为"（真的）剥掉了衣服"。介词"被"的增减完成了被动义的增减。

2. 增减强调义

这主要通过增减副词"也"来实现。如陶纯《乡语》："天黑之后，几乎见不到一点光亮。"述宾结构"见不到一点光亮"变换为主谓结构为"一点光亮也见不到"，增加了副词"也"，表示最大程度上的"见不到"，语义得以强调。

3. 增加趋向义

这主要表现在两个方面：第一，述宾结构的动词原无趋向成分，变换成主谓结构后加上趋向成分，形成动趋式谓语。这里又包含两种情况：一是动词本身有多种方向，② 所加的趋向成分将

---

① 应该指出的是，主语是周遍性主语的主谓结构的语义重心。但周遍性主语的主谓结构毕竟为数不多，因而不能否认绝大多数主谓结构和述宾结构变换后语义重心有所转移这一客观事实。

② 孟琮：《动趋式语义举例》，载中国社会科学语言研究所现代汉语研究室《句型和动词》，语文出版社1987年版，第33页。

动词的方向固定下来，明晰了趋向义。二是动词本身包含一种方向性，所加的趋向成分与动词包含的方向一致，使整个动趋式谓语有更加明晰的趋向义。如刘庆邦《春天的仪式》："侧身，转头，提膝，踢腿，……动作整齐划一，甚是喜人。"述宾结构"侧身"、"转头"变换为主谓结构分别为"身侧过来/去"、"头转过来/去"，就增加了"过来/去"的趋向意义。"提"本身包含的方向是向上，"踢"包含的方向是向外，述宾结构"提膝"、"踢腿"，变换为主谓结构"膝提起来"、"腿踢出去"后，趋向意义更加明确。

4. 增加完成义

助词"了"附在动词后表示动作的完成，在述宾结构和主谓结构的变换中，为了变换后的语义贯通顺畅，往往要增加助词"了"，增加助词"了"也就随即增加了"了"所表示的完成义。

变换前后的述宾结构和主谓结构的主要信息是相同的，增减的虽然都是一些附加信息，但信息储量毕竟出现了变化。我们选取140例，对信息储量的变化情况进行统计，列表如下：

变换前＼变换后比例	信息储量相同		信息储量增加		信息储量减少	
	主谓结构	述宾结构	主谓结构	述宾结构	主谓结构	述宾结构
述宾结构（80例）	57.5%	/	42.5%	/	/	/
主谓结构（60例）	/	60%	/	1.7%	/	38.3%

（三）语义关系发生变化

朱德熙先生在《变换分析中的平行性原则》一文中指出："变换前和变换后的句子意义上有密切的联系，因此受到相同的语义上的限制。这种联系的一个重要标志是变换前后句子里组成成分之间的语义关系始终维持不变。""事实上，不变的只是低层次上的语义关系，高层次上的语义关系由于句子的结构不同不可能没有差别。""所谓高层次上的关系指的是与整个句子的语法意义直接相关联因此比较重要的语义关系。"① 本文所要讨论的就是述宾结构和主谓结构变换前后这种高层次的语义关系的变化。

1. 后项是前项支配的对象，② 后项直接承受前项的动作行为→前项是后项陈述的对象，前项承受后项的被动义。这是述宾结构向主谓结构变换中，语义关系最常见的一种变化。如萧红涛《青春浪漫》："错过了季节，也就错过了花期与花事。"述宾结构"错过了季节"的后项"季节"是前项"错过"支配的对象，后项"季节"承受前项"错过"的语义内容。变换为主谓结构是"季节错过了"。原来的前项对后项的支配变为后项对前项的陈述。并且"季节"承受"错过"的被动义，即变换后前后项的语义关系实际上是"季节被错过了"。反过来，主谓结构向述宾结构变换，是前项受后项陈述→前项支配后项，后项由被

---

① 朱德熙：《变换分析中的平行性原则》，载中国社会科学语言研究所现代汉语研究室《句型和动词》，语文出版社1987年版，第5页。
② 这里将述宾结构的述语、主谓结构的主语称为前项，述宾结构的宾语、主谓结构的谓语称为后项。

动义变为主动义。如刘庆邦《春天的仪式》："他们的土地可以被剥夺,但每年的庙会一定要去赶一赶。"主谓结构"他们的土地可以被剥夺"的前项"他们的土地"受后项"可以被剥夺"的陈述,承受后项的被动义。变换为述宾结构是"(可以)剥夺他们的土地",前项直接支配后项,使用主动义。

2. 后项是前项支配的对象,前项表明后项存在的方式,并带有使动的意味→后项是对前项的描写,表明前项的暂时性情态,使动义消失。

这种类型在述宾结构向主谓结构的变换中也占有很大的比重。如刘庆邦《春天的仪式》："他们都红着脸,鼓着腮帮子,……"述宾结构"红着脸"、"鼓着腮帮子"变换为主谓结构分别为"脸红着"、"腮帮子鼓着",原来的支配与被支配的关系变为被描写与描写的关系。反过来,这种类型的主谓结构变换为述宾结构,前项与后项之间又成为支配与被支配的关系。

3. 前项表示后项存在的方式,说明"什么样",后项对前项进行陈述,说明"怎么样"。

如贾平凹《太白山记》:"天明起来,炕上睡着娘,娘把被角搂在怀里。"述宾结构"睡着娘"的前项"睡着"是后项"娘"存在的方式,它由不及物动词"睡"加"着"构成,表明一种状态,即"什么样"。变换为主谓结构为"娘睡着","睡着"表明"娘"怎么样。

4. 后项是前项有关的处所,表明前项的位置方向→后项对前项进行陈述,说明该处所"怎么了"。

如葛均义《旗镇》:"一抬头,竟到了杏花巷。"述宾结构"到了杏花巷",后项"杏花巷"是前项"到"的目的地,表位置。变换为主谓结构是"杏花巷到了",后项对前项进行陈述。

三 变换的作用

述宾结构和主谓结构本无优劣之分，但都要受语境的制约。究竟选择何种句法结构，都要以切合语境为前提。这两种句法结构变换的作用，大致有以下三点：

（一）使语义更为突出

1. 选用述宾结构和主谓结构强调的语义内容不同。

如余秋雨《关于善良》："一见面他就说：'我被震动了。'他说的是胡杨树。""我"与"震动"可以构成述宾结构"震动了我"，也可以构成主谓结构"我被震动了"。这里选用表被动的主谓结构，强调了"被震动"的语义内容，突出了胡杨树的生命力带给人们的震撼力量。若选用述宾结构"震动了我"，语义重心在"我"，这与文章的主旨是不一致的。

2. 上下文中都使用某一种结构（述宾或者主谓），有意在并列的几个句法结构中变换其中的一个，改用另外一种结构，而强调了变换后整个结构的语义内容。

如无名氏《塔里的女人》："我一步一步向前走着，忘记了风，忘记了雪，也忘记了我自己。我只有一个观念没有忘记。""风"、"雪"、"我自己"、"一个观念"都是受事，都可以作"忘记"的受事宾语，构成述宾结构，而无名氏将"忘记"与"风"、"雪"、"我自己"构成三个述宾结构之后，将"一个观念"置于"忘记"的前面，构成主谓结构，在与其他三个述宾结构的对比中强调了"一个观念没有忘记"的语义内容，表现了这个"观念"对"我"的重要,突出了"我"对"女人"的爱的执着。

3. 可变换的述宾结构和主谓结构同时出现,利用它们的同义关系,形成语义上的反复,从而强调了语义内容。

如无绳数字电话广告:"全球通,通全球。"主谓结构"全球通"和述宾结构"通全球"同时出现,语形不同而语义基本相同,强调了无绳数字电话信息联络范围广的优点,起到了很好的广告效果。又如"走自己的路,路自己走"(演讲词),"走自己的路"是述宾结构,"路自己走"是主谓结构。二者是同义形式,在上下文中同时出现,形成了语义上的反复,强调了"自己主宰自己"的语义内容。因为选用的是不同的结构,所以在反复中又蕴含着错综。

(二)使语言更为流畅

叶圣陶《祖母的心》:"戈白萍来过之后,老太太因为他也反对冰囊却热的方法,和对于燃烧果核的方法的赞同,更坚固了她的自信心。"后修改为:"戈白萍来过之后,老太太因为他也反对冰囊却热的方法,赞同燃烧果核的方法,她的自信心更坚固了。"叶老将原文中的述宾结构"(更)坚固了她的自信心"变换为主谓结构"她的自信心更坚固了",两者相比,后者就显得更为流畅一些。

(三)使声律更为和谐

1. 协调韵律

"在上下语句相同的位置上出现相同的韵字,这就是同韵呼应，通常称作叶韵。"① 有的时候将述宾结构变换为主谓结构，或将主谓结构变换为述宾结构主要是为叶韵。如郭沫若《郊原的青草》："你是生命，你也哺育着生命，/你能变化无穷，变成生命的结晶。/你是和平，你也哺育着和平/你使大地绿化，柔和生命的歌声。""柔和生命的歌声"为述宾结构。其实联系上文"你使大地绿化"，这里使用主谓结构"生命的歌声柔和"衔接要顺畅一些。但句尾"和"字，与前几句不叶韵，故使用述宾结构。"命"、"晶"、"平"、"声"一韵到底，这就形成了诗歌的韵律美。又如"一个老爷爷他姓顾（u），上街去买醋（u）……飞了鹰，跑了兔（u），打翻了醋（u）。"（儿歌）"跑了"与"兔"之间，"打翻了"与"醋"之间既可以构成述宾结构"跑了兔"、"打翻了醋"，也可以构成主谓结构"兔跑了"、"醋打翻了"。这里选用述宾结构，将"兔"与"醋"位于分句的末尾，与前面的"顾"、"醋"都押u韵，读来琅琅上口，符合儿歌的特点。

2．调配平仄

韵文一般都注意上下句末尾字的平仄，利用结构变换，我们可以做到平仄调配适当。

（1）仄起平收

如老舍《英雄赞》："有些个青年心高傲，/不甘去作小事情。/殊不知，工作本来无高下，/缺一块砖瓦，房子就盖不成。""傲"、"下"仄起，"情"、"成"平收，平仄相对，呈现出声浪高低短长错落起伏之势。述宾结构"（不甘去）作小事情"可变换为主谓结构"小事情（不甘去）作"，主谓结构

---

① 张静、郑远汉：《修辞学教程》，河南教育出版社1989年版，第65页。

"房子就盖不成"可变换为述宾结构"（就）盖不成房子"。这段唱词之所以不选用变换式，可能就是考虑到了调配平仄的需要。

（2）仄声韵

如琼瑶《我心已许》："犹记小桥初见面，/柳丝正长，桃花正艳，/你我相知情无限，/云也淡淡，风也倦倦。""面"、"艳"、"限"、"倦"都是仄声，并且叶韵，构成仄声韵。其中"小桥初见面"与"犹记"既可以构成述宾结构"（犹）记小桥初见面"，也可以构成主谓结构"小桥初见面犹记着"。这里选用述宾结构，仄声字"面"位于句尾，与其他几句以仄声字作句尾保持一致。

参考文献

邢福义：《汉语语法学》，东北师范大学出版社1996年版。

范晓：《动词价分类》，载《语法研究和探索》（五），语文出版社1991年版。

孟琮：《动趋式语义举例》，载中国社会科学语言研究所现代汉语研究室《句型和动词》，语文出版社1987年版。

朱德熙：《变换分析中的平行性原则》，载中国社会科学语言研究所现代汉语研究室《句型和动词》，语文出版社1987年版。

张静、郑远汉：《修辞学教程》，河南教育出版社1989年版。

（原载《武汉大学学报》（人文科学版）2001年第6期）

论动宾结构和主谓结构变换的语用价值

动宾结构和主谓结构之间具有变换关系。本文拟结合具体的言语材料，探讨动宾结构和主谓结构变换的语用价值。

一 受上下文制约，适应不同的配置环境

（一）选用某种结构，与上下文句法结构协调一致

如：

（1）人类确实有能力轻易地戕害自然，使它遍体鳞伤，气候变得恶劣，环境变得肮脏，一种又一种致命的病毒出现了，物种大量绝灭，灾难接踵而来。

（叶楠《危机迫在眉睫》）

"气候变得恶劣，环境变得肮脏，一种又一种致命的病毒出现了，物种大量绝灭，灾难接踵而来"是由五个主谓结构并列而成的，从气候、环境、病毒、物种、灾难五个方面说明人类戕害自然的严重后果。其中主谓结构"一种又一种致命的病毒出

现了"可以变换为动宾结构"出现了一种又一种致命的病毒"。但这样变换之后就与其他四个并列成分的结构不一致了,并且原文五个方面主谓结构的铺排减弱为四个,中间夹杂一个动宾结构,显得突兀,所以不变换为好。

(2) 翻过了大架子山,刚一进二道沟岔,就被胡子绑了。

(葛均义《旗镇》)

这里有三个小句,省略了一个共同的主语,按时间顺序顺承排列。前两个都是动宾结构,其中动宾结构"翻过了大架子山"可以变换为主谓结构"大架子山翻过了"。而这样一来,就变成了对大架子山的陈述,而后面的动宾结构(还有一个状中结构)是对省略的主语的陈述,语流难以衔接。

在多个主谓结构或动宾结构并列使用的情况下,我们不能随便地变换其中一个而要考虑到上下文的句法结构,尽量协调一致,以求整个语流自然顺畅。

当然,并列的几个结构也许都能进行变换,这时若变换其中一个可能带动其他的一起变换。如:

(3) 不改造经济组织,单求改造人类精神,必致没有效果;不改造人类精神,单求改造经济组织,也怕不能成功。

(《李大钊选集》)[①]

[①] 转引自喻本伐、熊贤君《中国教育发展史》,华中师范大学出版社1991年版,第56页。

这里有两个"改造经济组织"、两个"改造人类精神"，都是动宾结构。第一个"改造经济组织"和"改造人类精神"前都有一个"不"，构成状动宾形式，可以变换为主谓结构"经济组织不改造"、"人类精神不改造"。这样，第二个"改造经济组织"、"改造人类精神"就不宜仍用动宾结构，可将它们也变换为主谓结构或者将它们变换为偏正结构。整个一句话即成为："经济组织不改造，单求人类精神的改造，必致没有效果；人类精神不改造，单求经济组织的改造，也怕不能成功。"

进入言语交际以后，结构的变换与否就不完全取决于结构本身。我们要结合上下文，使每种结构都适应它的配置环境。

（二）追求结构平衡，避免头重脚轻

动宾结构和主谓结构是可能变换的，但有些孤立地看可以变换的动宾结构或主谓结构进入言语交际以后就有可能使语句头重脚轻。为了追求语句结构平衡，我们往往选取一种而舍弃另一种。如：

（4）有了这些不朽，才有了这不朽的日月，不朽的土地，不朽的时光，不朽的思想……

（谭延同《刹那》）

"有了什么"和"什么有了"是一对可以变换的动宾结构和主谓结构。本例中两个动宾结构都可以变换，但第二个动宾结构的宾语太长，若将其变换为主谓结构，则头重脚轻。所以采用例

(4) 的说法用两个动宾结构为好。

又如：

(5) 许许多多年后，却发现老是有一片阳光在透明的草叶间闪闪烁烁。

(冬雪《一路唱着歌》)

(6) 我们跟随着他们，踩着他们的鼓点，看他们色彩斑斓的货架。看他们立在空地上与女人与娃儿间倚着扁担吸着旱烟的样子。看他们打开玻璃窗从货架上出示货物或者找钱时粗糙而指甲长长的手指。看他们挖着鼻孔或剔着指甲的样子。看他们卑小的生命电流般闪烁在这些细小琐碎的动作之中。

(江子《货郎》)

同样的，动宾结构"发现老是有一片阳光在透明的草叶间闪闪烁烁"若变换为主谓结构"老是有一片阳光在透明的草叶间闪闪烁烁被发现了"，也会使语句头重脚轻。至于例(6)中选用五个由"看"作述语构成的动宾结构而不选用主谓结构，原因就更为明显了。

(三) 受上下文主语的限制

1. 有的时候在上文中已有被陈述的对象，整个动宾结构受其限制不能变换为主谓结构。

如：

(7) 午时的太阳/是中了酒毒的眼/放射着混沌的愤怒/

和混沌的悲哀

（艾青《马赛》）

动宾结构"放射着混沌的愤怒和混沌的悲哀"可以变换为主谓结构"混沌的愤怒和混沌的悲哀被放射着"。但是在这里，前面已经有了被陈述的对象"午时的太阳"，若将动宾结构变换为主谓结构，整个语流语义不连贯。

又如：

(8) 我只凭着亲人们的资助和自己的薪水，从1986年开始了断断续续的艰难旅行。

（铁穆尔《苍狼大地》）

同样的，动宾结构"开始了断断续续的艰难旅行"若变换为主谓结构"断断续续的艰难旅行开始了"，与前文也不能联系在一起。所以选用动宾结构更好。

2. 被陈述的话题在下文，为与其保持一致，动宾结构不能变换为主谓结构。如：

(9) 没有"苦行僧"的功夫，我该怎样熬下去！

（李存葆《高山下的花环》）

动宾结构"没有'苦行僧'的功夫"是用来陈述下文的"我"的，即"我如果没有'苦行僧'的功夫"，它的话题是"我"。若将"没有'苦行僧'的功夫"变换为主谓结构"'苦行僧'的功夫没有了"，话题就由"我"变为"'苦行僧'的功夫"。从上下文的衔接和整个语句的语义重心来看，这里以

"我"为话题,动宾结构不变换为好。

(四) 引出下文

一般情况下,动宾结构的信息焦点是宾语,主谓结构的信息焦点是谓语。两种结构语义最终的落脚点不同会引出不同的下文。如:

(10) 发生过这么一件事,一位师傅和他的徒弟碰上沙暴,大半个车身被埋,怎么也开不动了,他们明知道飞机和救援者难以发现他们,可还是等待着。

(雷达《乘沙漠车记》)

动宾结构"发生过这么一件事",语义重心是"这么一件事",就很自然地引出下文,陈述是怎么一件事。若变换为主谓结构"这么一件事发生过",与下文的衔接就显得生硬、呆板。又如:

(11) 这里还活动着一些卖唱的艺人,挨摊子唱去,赚些食品或零钱儿。

(刘庆邦《春天的仪式》)

同样,动宾结构"活动着一些卖唱的艺人"语义落脚点在"一些卖唱的艺人",下文接着说明这些卖唱的艺人在干什么,自然顺畅。若变换为主谓结构"一些卖唱的艺人活动着",与下文就无法衔接了。

二 追求语义凝练,强调语义,反映深刻的语义内容

(一) 追求语义凝练

在动宾结构和主谓结构的变换中,经常要使用到虚词"被"、"都"、"也",等等。虚词的加入有可能带来一些附加的意义。在有些时候使语义得到了强调(如"什么也不会"强调最大限度的不会。"敌人被打死"强调动作的被动义)。但同时也增长了语流片断,使节奏不够明朗,语义不够简练。在需要语义简练,尤其是在选用文章题目或者文章统括句的时候,人们常会去掉虚词,凝练语言,明了语义。如《散文选刊》1998年第9期有一篇《审视》的文章,文章开篇第一句就是"审视自己"。"审视"与"自己"直接组合构成四字格的动宾结构,节奏感强,语义凝练。若变换为主谓结构就是"自己被审视",不如动宾结构来得直接简单,节奏感也削弱了许多。

这是就两种结构相比较而言。

另外还有一种情况是:为了配合上下文使语言凝练而选用不同的结构。如叶圣陶在《祖母的心》一文中有这样一段话:

(12) 戈白萍来过之后,老太太因为他对于冰囊却热的方法的反对,和对于燃烧果核的方法的赞同,更坚固了她的自信心。

整个语段读来不顺畅,语言显得啰唆。后来叶圣陶先生做了修改:

戈白萍来过之后,老太太因为他也反对用冰囊却热的方法,赞同燃烧果核的方法,她的自信心更坚固了。①

与修改前的文字进行比较,修改后语言自然而凝练。动宾结构"(更)坚固了她的自信心"也随之变换为主谓结构"她的自信心更坚固了"。

(二) 形成语义对照,反映深刻的语义内容

1. 相同结构之间的语义对照。如:

(13) 九岁的赵㬎,堪称是元人手里那种不带引号的王牌。这位南宋的小恭帝,国隆的日子没有赶上,国破的日子似乎也不觉得太痛苦。

(卞毓方《文天祥千秋祭》)

"国隆的日子"、"国破的日子"做主语,"没有赶上"和"似乎也不觉得太痛苦"分别对它们进行陈述,构成主谓结构,形成语义对照,在对照中表现小皇帝无所谓的态度,反衬文天祥的爱国热忱。

---

① 朱泳燚:《叶圣陶的语言修改艺术》,宁夏人民出版社1982年版,第39—40页。

2. 不同结构之间的语义对照。如：

（14）我们这个民族讲究人情，有些上级总是下意识地把下级视作自己的晚辈——至少也是兄弟。受着伺候，又都觉出这伺候不能白受。

（铁凝《小郑在大楼里》）

"受"与"伺候"之间的关系在同一个语流里由动宾变为主谓。"受着伺候"是下级对上级的客观态度——下级伺候上级。"这伺候不能白受"是上级自己的主观感受——要为下级做点什么。简单的结构变换反映了中国人际关系中的某些阴暗面：上下级之间互相利用，牟取私利。

三 协调韵律

有的时候将动宾结构变换为主谓结构，或将主谓结构变换为动宾结构是为了上下文的押韵，协调韵律。如：

（15）阴雨飘飘的时候，
屋檐边不见水滴，
庄稼人闷在屋里
村子一片沉寂，
……

（廖公弦《晴后的诗绪》）

"见"与"水滴"之间构成动宾结构，"滴"能与"里"、"寂"

叶韵。若使用主谓结构"水滴不见了",就没有这种效果。又如:

(16) 只想只想在你耳边唱,唱出心中对你的向往。
(林依伦《透过开满鲜花的月亮》)

这句话也可以这样说:只想只想在你耳边唱,心中对你的向往要唱出来。动宾结构"唱出心中对你的向往"变换为主谓结构"心中对你的向往要唱出来"后,韵律就不协调了。在很多时候,人们为了协调韵律,故意将主谓结构的主语和谓语易序变位变换为动宾结构。如:

(17) 满天乌云风吹散,哎咳哎咳哎咳哟,毛主席来了晴了天,哎咳哎咳哟。
(《山丹丹花开红艳艳》)

一般的,人们习惯上说"天晴了",不说"晴了天",这里选用后者,协调了韵律,并且以"an"韵收尾声音高亢,显出人们翻身得解放的兴奋感激之情。这种为协调韵律而进行结构变换的现象,在诗歌和一些歌词中经常可以见到。

四 动宾结构和主谓结构交替使用,显示出语言的灵活多变、丰富多彩

如:

(18) 再说你离了也不见得就是什么好事过了三十又离

过婚的女人再结婚哪儿有什么真的幸福你看你不是黄着脸干着嘴脖子上起着皱褶么。

（铁凝《遭遇礼拜八》）

在写"脸"、"嘴"、"脖子"的时候用了两个动宾结构"黄着脸"、"干着嘴"，一个主谓结构"脖子上起着皱褶"。其实前两个动宾结构可以变换为主谓结构"脸黄着"、"嘴干着"，这里选用动宾结构，与后面的主谓结构"脖子上起着皱褶"交替使用，表现了汉语的灵活，突出了说话人思维敏捷的特点。又如：人们常说到的"（四川人）不怕辣，（江西人）怕不辣，（湖南人）辣不怕"，"不"、"怕"、"辣"三个字的灵活易序变位形成了不同的结构形式（"怕不辣"是动宾，"辣不怕"是主谓），而又表达出基本相同的语义内容，言语显得生动活泼又自然。

（原载《湖北师范学院学报》（哲学社会科学版）1999年第2期，收入本书时有删节）

科学体与艺术体状中结构的比较

现代汉语的科学体、艺术体、谈话体各自有一套足以相互区别的言语特点。本文拟对科学体与艺术体状中结构进行比较，从语形、语义、修辞功能等方面分析状中结构在这两种不同语体中的特色。

一　语形

（一）状语与中心语的位置关系

状中结构由状语和中心语两部分构成，如"很漂亮"、"非常高兴"、"痛痛快快地哭"、"认真贯彻"等。在科学体中，状语一般位于中心语的前面，位置关系较固定。如：

（1）毕业生就业部门和广大应届毕业生［已经能够十分冷静地］面对这一困境与现实。①

（《光明日报》1998年3月4日）

---

① 状语用［　］标明，全文同。

（2）改革开放以来，语言文字学和其他学术领域一样，迎来了"百花齐放、百家争鸣"的大好时机，［在研究、教学、评论、交流等方面都］取得了长足进步与发展，但［同时也］产生与滋长了一些不良的学风与文风。

（《语文建设》1997 年第 12 期）

（3）乡苏维埃下许多委员会的组织及其领导成为乡苏工作的重要一部分，［在才溪乡再一次］证明了。

（《毛泽东文集》第一卷，第 328 页，人民出版社 1993 年版）

在艺术体中，状语和中心语的位置关系比较灵活。状语可以位于中心语前，如：

（4）我接过她的手帕，自己［雄赳赳地］擦了擦。

（荆歌《革命家庭》）

（5）父亲［灿烂地］笑了。

（肖克凡《最后一座工厂》）

（6）她的姑妈［老泪纵横地］抚摸着她那清瘦苍白、挂了不少皱纹的脸，泣不成声。

（《故事会》1997 年第 11 期）

状语也可以位于中心语后，状语与中心语之间用逗号隔开。如：

（7）许秀秀点了点头，［木木地］。

（《警坛风云》1997 年第 7 期）

（8）李泉到任之后，立即与大家一起投入工作，［夜以继日]。

（肖克凡《最后一座工厂》）

（9）萧芒的确开始了她的又一次感情，［在遥远的西藏］。

（蒋子丹《桑烟为谁升起》）

例（7）状语"木木地"，例（8）状语"夜以继日"，例（9）状语"在遥远的西藏"都位于各自的中心语的后面。

（二）多层状语的排列顺序

当有多个状语（即多层状语）修饰同一个中心语时，科学体一般按照条件、时间、处所、语气、范围、否定、程度、情态、对象的顺序排列状语。如：

（10）许多代表［昨天］［在休息室里］［都］［热情地］［同他］交谈。

状语"昨天"表时间，"在休息室里"表处所，"都"表范围，"热情地"表情态，"同他"表对象。

（11）邓小平同志指出，我国的文化是社会主义文化，它必须［在马克思主义、毛泽东思想指导下］，［为广大人民］服务，［为社会主义事业］服务。

（邢贲思《邓小平论社会主义精神文明》，《新华文摘》1996年第7期）

介词短语"在马克思列宁主义、毛泽东思想指导下"指明条件,"为广大人民"、"为社会主义事业"指明范围。

而艺术体中的多层状语没有严格的顺序。如:

(12) 她[把青春][慷慨地]奉献给一堂接着一堂的课程,一次接着一次的考试。

(谌容《人到中年》)

(13) 焦副部长[不耐烦地][把身子]在沙发上挪动了一下,朝秦波那边扭过头去。

(谌容《人到中年》)

例(12)中,表对象的状语"把青春"位于表情态的状语"慷慨地"前面。而在例(13)中,表对象的状语"把身子"位于表情态的状语"不耐烦地"后面。

(14) 一缕缕的凉风和着被雨点击碎的土气[从窗缝][潜潜的]吹进来。

(老舍《老张的哲学》)

(15) 孩子安宁地睡在床上,母亲[静静地][在灯下]工作,劳累了一天的人们都甜蜜地休息了。

(巴金《我们会见了彭德怀司令员》)

类似的,例(14)中介词短语排在前面,例(15)中介词短语排在了后面。

（三）状中结构中的状语

1. 科学体中状语多介词短语，艺术体中状语多比况短语。先看科学体：

（16）在现阶段，我们就是要［在党的领导下］，［为完成建设有中国特色社会主义的各项任务］而共同奋斗。

（邢贲思《邓小平论社会主义精神文明》，《新华文摘》1996年第7期）

状语"在党的领导下"、"为……任务"都是介词短语。

（17）社会主义精神文明建设必须重视，同时［对社会主义精神文明建设在建设有中国特色社会主义的整体布局中占有什么地位］必须明确。

（邢贲思《邓小平论社会主义精神文明》，《新华文摘》1996年第7期）

句中的状语"对……地位"比较长，仍是一个介词短语。再看艺术体：

（18）他想起自己听说报社的名额被别人占了，就那么灰心，［像个落汤鸡一样］湿淋淋地在校园里到处游荡。

（阿宁《道路通向麦田》）

（19）只要报晓的钟声一响/神话般的奇迹/就［像彩霞似地］出现在天边。

（郭小川《向困难进军》）

（20）几十年来，人们大上大下，大起大落，［走马灯似地］让人眼花缭乱。

（张洁《祖母绿》）

（21）她的头发又长又直，用一副丝帕绑在脑后，或者［如溪水般］顺畅地披散在肩头。

（蒋子丹《桑烟为谁升起》）

例中做了标记的状语都是比况短语。

2. 从词类上讲，科学体中状语多能愿动词，艺术体中状语多拟声词。

如科学体：

（22）在社会主义国家，一个真正的马克思主义政党在执政之后，一定［要］致力发展生产力，并在这个基础上逐步提高人民的生活水平。

（邓小平语）

能愿动词"要"做"致力"的状语。类似的：

（23）他们制造这样的舆论是别有用心的，我们的同志［要］警惕，不［要］上当。

（江泽民《关于讲政治》）

（24）他［应该］把这些工作或问题时常地想一想，看这些工作在各个村里怎么样做的，哪一村的工作比较落后，［要］加紧对哪个村里突击和帮助。

（《毛泽东文集》第一卷，第345页，人民出版社1993年版）

例中做标记的状语都是能愿动词。再如艺术体：

（25）一队队汽车奔驰过去了，一辆辆兽力车［呀呀地］拉过去了。

（秦牧《古战场春晓》）

（26）灶膛里的柴［哔哔剥剥地］腾起火苗，锅里的水［咕咕嘟嘟地］开着滚。

（电影文学《野山》）

（27）陆建设又阴阳怪气地［嘎嘎］笑。

（池莉《你以为你是谁》）

"呀呀"、"哔哔剥剥"、"咕咕嘟嘟"、"嘎嘎"都是拟声词，在句中作状中结构的状语。

3. 科学体中作状语的没有重叠词，而在艺术体中却有大量的重叠词充当状中结构中的状语。

如艺术体：

（28）树，依然是那样［悠悠地］摇，竹，照样是那样［轻轻地］摆。

（《警坛风云》1997年第7期）

（29）要在往年，早已［圆圆满满］［顺顺当当地］交罢了公粮，［喜喜欢欢地］开始作务秋庄稼咧。

（张行健《田野上的教堂》）

（30）江有礼［干巴巴］一笑："我父亲就是石棉厂的工人，名叫江树贵……"

（肖克凡《最后一座工厂》）

(31) 小梅把会计叫来，［一宗一宗］把所筹积的车款退还了。

（贾平凹《古堡》）

例中作状语的"悠悠"、"轻轻"、"圆圆满满"、"顺顺当当"、"喜喜欢欢"、"干巴巴"、"一宗一宗"都是重叠词。这是艺术体中大量存在而科学体中没有的。

（四）一个状中结构与多个状中结构

当多个状语与一个中心语或者一个状语与多个中心语具有状中关系时，科学体一般用一个状中结构来表示，艺术体一般用多个状中结构来表示，并且将这些状中结构工整地排列在一起。如科学体：

(32) ［有计划］、［有组织］、［有目的地］培养发展和完善毕业就业市场是当前毕业生就业改革制度的一项长期任务。

（《光明日报》1998年3月4日）

"有计划"、"有组织"、"有目的"能够分别与"培养发展和完善"构成状中结构，成为"有计划有组织有目的地培养"、"有计划有组织有目的地发展"、"有计划有组织有目的地完善"。而例中只用一个状中结构来表示。再看艺术体：

(33) 他倘若能走出这暗洞，重新活一次，他一定要［正正派派地］活，［像模像样地］活，［诚诚实实地］活，真正活得像个人。

（《警坛风云》1997年第7期）

"正正派派地"、"诚诚实实地"、"像模像样地"都能够修饰"活"，这里用三个状中结构表示。

（34）而我，是世上最呆的人，喜欢［静静地］坐地，［静静地］思想，［静静地］作文。

（贾平凹《静虚村记》）

"静静地"能够修饰"坐"、"思想"、"作文"，同一个状语修饰三个不同的中心语，这里也用了三个状中结构。类似的：

（35）那动作，那姿势，那神态，实在［太］美妙，［太］动人。

（《警坛风云》1997年第7期）

（36）你可以［放心地］睡一个早觉，［放心地］穿上不常穿的鞋袜，喝足水，养足神，远离工地上的紧张，到静静的荒坡上去，［慢慢地］挖坑，［慢慢地］下土，垫着耙子坐到一身汗凉也不打紧。

（韩少功《蓝盖子》）

科学体将能够分开的状中结构"合并"了，艺术体则常将合并的状中结构分开。

（五）特殊的状中结构：副+名

艺术体中还有一种特殊的状中结构：副+名，即状语是副词，中心语是名词。这在科学体中是不存在的。如：

（37）一番话，感觉她跟书里的倪萍一样，［很］人情，并没有一般人言传的那些名人味。

（《艺术家》1998年第1期）

（38）这是个金钱万能的时代，有钱就是大爷，大爷愿意掏钱，捧这个老同志，老革命的书法，不比捧个女戏子，女歌星，女作家，［更］精神文明一些？

（李国文《缘分》）

（39）黄大发说他以前是不错，可自打办了个皮包公司有了钱［就］日本鬼子的口头语——坏了坏了的，人这东西真让鲁迅先生看透了：一阔脸就变。

（张继《黄坡秋景》）

例（37）中的"很"、例（38）中的"更"、例（39）中的"就"都是副词，在状中结构中作状语，而它们修饰的中心语"人情"、"精神文明"、"口头语"都是名词。

二 语义

（一）整个结构的语义凸显

我们知道，状中结构属于偏正结构，中心语与状语之间存在着主次关系，这是任一语体状中结构的共性。但细分起来，这种"主与次"之间的关系是有差别的。科学体中的状语是从不同的方面，如时间、处所、范围、对象、目的等去限制中心语，整个状中结构的语义凸显是一个"准"字。而艺术体中的状语多为描摹大自然的声音、人和动物的情态动作等,其语义凸显是一个"异"字。前面我们举的例子,无论是科学体的,还是艺术体的,都反映了各自的语义凸显:科学体的"准",艺术体的"异"。再举两个例子说明:

(40)身体[正]直,两脚[并步]站立。左手[反]握剑柄[直]立于身体左侧,右手握成剑指垂于身体右侧,两肘[略向前]牵引,剑身[垂]直,剑指屈腕向左。目[向左][平]视。

(《初级剑术》)④

这是科学体中的一段例子。要向人们讲解"初级剑术",需对动作进行准确的限制,不能只靠"意会"。"准确"是科学体的语义宗旨。

(41)老海碰子[在旁边]看得清楚,他[小心地]摸过去[一猛子]扎近鳝鱼,[把所有的力量][都]运到攥着鱼叉的手臂上,等到挨近鳝鱼的跟前,[出其不意],[猛地][一叉]下去。那狼牙鳝[欲]发怒为时已晚,锋利的钢刃[早已]刺透它的脖子,[把它][紧紧]按在沙地上。但狼牙鳝[并不]认输,它[疯狂地]卷动一阵,尖削的尾巴打得泥沙翻腾,老海碰子[尽力]憋住气,[死]按着鱼叉[不]动,[但]等那鳝鱼缠着他。果然,狼牙鳝那蛇一样的身子[顺着鱼叉][一直][狠狠地]缠到他的胳膊上,而那鱼头[也][强力地]扭过来咬老海碰子的手,因脖子[被鱼叉]扳住,咬不着,[更]凶了,张着嘴，［咯嚓咯嚓地］咬起鱼叉来。［这时］，老海碰子［就势］托起这条凶狠的鳝鱼，腾跃而起，浮出水面。他［哗哗地］踩着水，擎鱼的手［高高］举着，另一只手抽出鱼刀，［用刀背］［朝鱼］［猛］击几下，那狼牙鳝［才］［慢慢］耷拉下脑袋。

（邓刚《迷人的海》）

这是艺术体的一个例子，通过23个状中结构的描摹，我们的眼前被勾勒出一副老海碰子机智勇敢地与狼牙鳝搏斗的画面。在表义准确的基础上，状中结构凸显的是一个"异"字，是具体的"这一个"：这一个老海碰子，这一只狼牙鳝，这一片大海……

（二）结构内部的语义组合

科学体中的状语与中心语都是一般的普遍的用法，从语义讲是能够搭配的，如"坚决打击"、"认真贯彻"、"非常鲜明"、"具体负责"、"向大家说明"等。而艺术体中状语与中心语的关系往往突破一般用法，结构内部的语义组合特殊。如：

（42）在城里，高楼大厦看得多了，也便腻了，陡然到了这里，便［活泼泼地］觉得新鲜。

（贾平凹《静虚村记》）

（43）老去的女人持之以恒地思考着"谁杀死了他们"的问题，继续［英勇地］衰老下去，终于找到一个答非所问的答案：没有预兆。

（蒋子丹《劫后》）

(44) 当时传媒正报道有关"克隆羊"的消息,那个青年不无感慨地说:"世界之大,无奇不有。怕是李道武[被]'克隆'了吧?"

(《警笛》1997年第12期)

例(42)中的"活泼泼地觉得",例(43)中的"英勇地衰老"和例(44)中的"被'克隆'"都是超常搭配。"活泼泼"修饰"觉得",突出表现了人物内心的快乐和新奇。"英勇地衰老"则表现了女人的顽固不化,语言生动俏皮。"被"与"克隆"搭配,是说"李道武'被复制'了",而又比直接说出来新颖别致。可见,艺术体的状中结构有一部分是超常搭配。

(三) 本义和转义

科学体中无论是状语还是中心语都基本上使用本义,而在艺术体中状语或中心语常有转义。如:

(45) 清华大学与北京市的这一重要举措,不仅引起全国众媒体的[广泛]关注,也受到社会各界有识之士的[高度]评价。

(《光明日报》1998年3月4日)

(46) 中央[一再]强调,全党同志首先是各级领导干部,[必须][坚持不懈地]学习马列主义、毛泽东思想,特别是邓小平同志建设有中国特色社会主义理论,就是为了使大家提高政治水平、理论水平,[全面地][正确地][积极地]贯彻党的基本路线。

(江泽民《关于讲政治》)

这是科学体的例子，各状中结构的前后项都使用本义。

(47) 女人转身看到她脚边有一只精致的薄胎瓷碗，[很克制地] 分裂成三片，宛如凋零颓败的叶玉兰，等待她去收拾。

（蒋子丹《劫后》）

这是艺术体的例子，"很克制地分裂"是一个状中结构，其中状语经过了"最少限度—很抑制—很克制"的语义转换。

(48) 天空里早起了黑云，漏出疏疏几颗星，风浪像饕餮吞吃的声音，白天的汪洋大海，这时候 [全] 消化在更大的昏夜里。

（钱钟书《围城》）

这是艺术体状中结构的中心语语义多层转换的例子。"消化"的语义转换脉络是"消失—逐渐减少—消化"。

(四) 状语与状语之间

科学体中多层状语一般是从不同方面限定中心语，状语与状语之间语义是一致的，如例（32）中的"有计划、有组织、有目的地"、例（46）中的"全面地正确地积极地"。而在艺术体中存在状语之间语义不一致，甚至相互矛盾的现象。如：

(49) 罗厚看了她半天，［似信不信地］说："行吗？你们骗谁？骗自己？"

（杨绛《洗澡》）

　　(50) 雨琳［很不合逻辑又很合逻辑地］说："感情是不能勉强的，我并不强求……"

（杨绛《洗澡》）

"似信不信"语义不一致，"很不合逻辑又很合逻辑"前后矛盾。

三　修辞功能

　　科学体中状中结构无论是从语形上还是从语义上讲大都符合常规，属于规范性修辞。艺术体中的状中结构存在大量的变异性修辞。

　　艺术体状中结构的变异色彩一方面体现在非常规的词序上，通过状语后置（状语位于中心语后）起到突出强调和协调韵律的作用。① 另一方面也突出表现在超常搭配上。

　　属于超常搭配的状中结构有些是不含"地"的，如"被'克隆'"，状语和中心语的语义都基本没什么变化，但组合后语义特别，具有变异色彩。另外一些则是含"地"的，状语语义在组合中发生变化，从而使整个状中结构呈现出变异特征。② 对含"地"的超常式搭配，我们试着分为七类，分别

---

① 冯广艺：《变异修辞学》，湖北教育出版社1992年版，第169—172页。
② 冯广艺：《超常搭配》，宁夏人民出版社1997年版，第130—146页。

举例说明。

（一）比喻式

即"地"前面的状语是通过比喻手法实现语义的变化的。如：

（51）房间里已经暗得不辨西东，只有墙角那盘燃着的蚊香，[信号灯似的]亮着暗红色的光。

（张洁《祖母绿》）

（52）队长在太婆家闷着头抽了几口烟，劣质的烟[游丝一般地]在屋里走动。

（王海玲《鸭婆村回眸》）

例（51）中的"信号灯"已不是原来意义上的"一种指示灯"了，它与前面的主语"蚊香"构成比喻关系，形容光亮的微弱暗淡。例（52）中的"游丝"也是与主语"烟"构成比喻，形容烟的状态。两个状语都通过比喻实现了语义的变化。

（二）比拟式

状语通过比拟手法实现语义的变化。如：

（53）日头在天空划了一个浓烈的半圆之后，十分[倦怠地]坐在西山了。

(张行健《田野上的教堂》)

(54) 她肤色晦暗干涩，嘴唇瘪了下去，唇周的皱纹［深刻而仇恨地］放射出来。

(池莉《你以为你是谁》)

例 (53) 中的"倦怠"、例 (54) 中的"深刻"、"仇恨"一般用来描写人，这里将"日头"、"皱纹"人格化，状语通过比拟实现语义的变化。

(三) 相悖式

一种是通过状语和中心语在语义上的互相抵牾而使状语语义变化。⑦另一种是通过状语本身互相矛盾而使整个状中结构语义特别。如例 (50) 中的"很不合逻辑地说"，状语语义在组合中也发生了变化，我们已不能按一般的意义去理解"不合逻辑"与"合逻辑"了。

(四) 形同式

即状语是通过与中心语形式基本相同而使语义发生变化的。如：

(55) 丑恶［和没有意思一样地］没有意思。

(张辛欣《女为悦己者容》)

状语是修饰限制中心语的，二者语形应该不同，而这里却反其道而行之，中心语是"没有意思"，状语也是"没有意思",突出强调了"无聊又无奈"的意思,状语语义有变化。

(五) 摹拟式

"即通过对人或事物、形体、色彩的摹拟,使状中搭配超常,语义别异。"⑧如:

(56) 白色的雾沿着垄畦流行,[丝丝缕缕地]在麦穗周围缠绕。

(阿宁《道路通向麦田》)

状语"**丝丝缕缕**"是对雾的摹拟。

(六) 描绘式

"即状语通过描绘功能与中心语组合,形成变异。"① 如:

(57) 静杨一低头就看见牵斗花[逶迤地]开放在他们行走的小径旁,一朵攀援一朵地向后山的高处开去。

(王海玲《鸭婆村回眸》)

状语"**逶迤**"描绘"开放",利用了词语的描绘功能。

---

① 参阅冯广艺《超常搭配》,宁夏人民出版社1997年版,第138页。

（七）词性变异式

"即通过状语的词性变化而与中心语组合。"① 如：

（58）他［很儿童地］望着星月消失的天空幻想着：这要是一个大隧道并且可以沿着它走进去——一直走到另外世界该有多过瘾。

（方方《埋伏》）

"儿童"本是名词，这里用作形容词，用"很"修饰，进而与中心语组合。

四 交叉渗透现象

语体是语言的功能变体，不同的语体具有不同的言语特点，不同的语体要求采用不同的表达方式，言语必须适应语体。前面我们从语形、语义和修辞功能三方面分析了科学体和艺术体状中结构的不同特点。在具体的言语表达中，科学体和艺术体状中结构也有交叉渗透现象。

---

① 参阅冯广艺《超常搭配》，宁夏人民出版社1997年版，第138页。

（一）科学体向艺术体渗透

（59）他看东西的时候表情格外丰富，一会儿惊讶，一会儿扫兴，一会儿又哀怨，［（看见睡衣的时候）］一会儿又是愤怒（他不满意我把布娃掖在里面，认为这是要闷死的）。

（迟子建《朋友们来看雪吧》）

这是艺术体中的一段例子，描写"他"的不同表情。其中，"看见睡衣的时候"是时间状语，修饰中心语"哀怨"，构成状中结构。该例将后置的状语"看见睡衣的时候"用小括号括起来，表示一种补充说明，是科学体中常用的形式。这是科学体状中结构形式向艺术体的渗透。

（二）艺术体向科学体渗透

（60）［以科学的理论］武装人，［以正确的舆论］引导人，［以高尚的情操］塑造人，［以优秀的作品］鼓舞人。

（江泽民语）

这是科学体中的一段例子，其中的状语都是介词短语，属于科学体状语常用的形式，而前后四个状中结构工整排列，构成排比，排比辞格是艺术体中常用的。这是艺术体状中结构的形式向科学体渗透的例子。

（原载《毕节师范高等专科学校学报》1998年第4期）

论超常搭配的变换及语用价值[①]

超常搭配是艺术语体的语言特征之一。它在主谓、偏正、动宾、补充、并列这五种基本句法结构中都有分配。[②] 本文拟讨论属于动宾结构和主谓结构的超常搭配,研究它们具有怎样的变换关系,探讨变换的语用价值。

一 动宾结构向主谓结构的变换

(一) 超常的动宾结构变换为超常的主谓结构

大多数超常的动宾结构都能变换为超常的主谓结构。如:

(1) 雾,隐没了界碑
　　友情与爱情的边缘上
　　迷路了一颗心

（程宝林《初恋》）

---

① 与冯广艺先生合作完成。
② 冯广艺:《超常搭配》,宁夏人民出版社1993年版,第23、17页。

"迷路"是指迷失道路，可以用来比喻失却了正确的方向。这里与"一颗心"构成动宾结构，显然是超常搭配。将其变换为主谓结构是"一颗心迷路了"，用"迷路"来陈述"一颗心"，也是超常搭配。

（2）装过了多少希望，装过了多少惆怅，像一张岁月的邮票把自己寄给明天，背着旧愁新情不断的寻找。

（苏有朋《背包》）

"希望"、"惆怅"是不能"装"的，"旧愁新情"也是无法背的。动宾结构"装过了多少希望"、"装过了多少惆怅"、"背着旧愁新情"都是超常搭配，可以分别变换为主谓结构"多少希望装过了"、"多少惆怅装过了"、"旧愁新情背着"，仍为超常搭配。

（二）超常的动宾结构变换为正常的主谓结构

有些超常的动宾结构，将其变换为主谓结构后成为正常的搭配。这突出表现在形容词带宾语的情况。

1. 形容词＋了＋宾语

《现代汉语虚词例释》指出："形容词带'了'表示性质变化的实现，后边往往跟数量词宾语。"[①] 而在近几年的一些文学

[①] 北京大学中文系1955、1957级语言班：《现代汉语虚词例释》，商务印书馆1982年版，第311页。

作品中，我们经常可以见到形容词带"了"，后边接其他宾语的情况。如：

(3) 雪堆里僵硬了她的尸体
雪全化了水
水又结了冰
她封在冰里的一具"化石"

（贾平凹《一个老女人的故事》）

助词"了"用在形容词"僵硬"的后面，使它变异为动词，后面带上名词性短语，构成超常搭配。我们可以把形容词"僵硬"易序变位到"她的尸体"的后面，恢复形容词作谓语的常规用法，将超常的动宾结构变换为正常的主谓结构，即"她的尸体僵硬了"。又如：

(4) 茫茫的衣服笑笑的脸，大街小巷，认识的不认识的人们全都乐融融的，祥和了这片天地。

（晓荷《春节日记》）

同样的，动宾结构"祥和了这片天地"也是超常搭配，把它变换为主谓结构应为"这片天地祥和了"。

2. 形容词 + 着 + 宾语

助词"着"可以黏附在形容词之后，一般用法是"形容词

+着+呢（哩）"，表示肯定一种情况，往往带有夸张的意味。①而在实际的语言运用中，助词"着"存在着大量的变异用法。② 如：

（5）南北二山的沟洼里，稀落着一些人家，都是屋后一片林子，门前一台石磨。

（贾平凹《商州初录》）

助词"着"用在形容词"稀落"之后，使它变异为动词，从而接宾语后构成超常的动宾结构。我们可以把它变换为主谓结构"一些人家稀落"。为了结构的匀称，可以用"稀落"的重叠形式"稀稀落落"，即"一些人家稀稀落落的"。这是正常的主谓结构。

3. 形容词+宾语

除了"形容词+着/了+宾语"构成超常的动宾结构之外，还存在形容词直接接宾语的动宾结构。如：

（6）曾经想起在这样的夜里，依然清晰雨中的我和你。

（齐秦《无情的雨无情的你》）

一般的，我们说"……清晰"，而不说"清晰……"这里，"清晰雨中的我和你"是形容词接宾语构成的超常的动宾结构。

---

① 北京大学中文系1955、1957级语言班：《现代汉语虚词例释》，商务印书馆1982年版，第542页。

② 冯广艺、马晓红：《"着"的变异用法》，《修辞学习》1998年第5期。

我们可以将其变换为主谓结构"雨中的我和你(依然)清晰",这是正常搭配。

二 主谓结构向动宾结构的变换

(一)超常的主谓结构变换为超常的动宾结构

(7)这一条小街,窄着。

(葛均义《旗镇》)

助词"着"用在形容词"窄"之后,使之异化为动词,从而使整个主谓结构"这一条小街,窄着"成为超常搭配。可以变换为动宾结构"窄着这一条小街"。由前文的分析我们知道,这也是一个超常搭配。

(二)超常的主谓结构不能变换为动宾结构

有些超常的主谓结构由于自身的原因不能变换为动宾结构。如:

(8)鸿渐两天没剃胡子梳头,昨天给雨淋透了头发,东结一团,西刺一尖,一个个崇山峻岭,西装湿了,身上穿件他父亲的旧夹袍。

(钱钟书《围城》)

主谓结构"一个个崇山峻岭"的谓语是一个名词性的成语。

它不能变换为动宾结构。

(三) 正常的主谓结构变换为超常的动宾结构

我们知道,形容词一般都能对名词进行描写,构成正常的主谓结构,如"面孔慈善"、"肌肉紧张"等。在言语活动中,我们可以把这类主谓结构的主语谓语易序换位,借助于助词"着",使形容词异化为动词,从而把正常的主谓结构变换为超常的动宾结构。如:

(9) 他们像一对恩爱的夫妻慈善着面孔望了很远很远。

(方方《风景》)

(10) 我紧张着屁股坐在与他对着面的那张豪华的沙发上。

(莫言《酩酊国》)

动宾结构"慈善着面孔"、"紧张着屁股"都是超常搭配。它们都是由正常的主谓结构"面孔慈善"、"屁股紧张"变换而来的。

三 变换的语用价值

(一) 语体制约

超常搭配主要运用于艺术语体,我们研究超常搭配的变换主要是就艺术语体而言的,在其他语体,尤其是科学语体中,一般不使用超常搭配。

1. 超常搭配具有特殊的语用价值。

在艺术语体中,我们可以通过结构变换的方式变正常为超常,追求语言的新奇别致。如:

(11) 天上稀落着几颗小星,哆哆嗦嗦地抖着。

(葛均义《旗镇》)

动宾结构"稀落着几颗小星"是"形容词+着+宾语"构成的超常搭配。它一反普通的形容词作谓语构成正常的主谓结构,而借助于助词"着"将形容词变异为动词,变正常为超常,给人以耳目一新之感,增强了语言的变异美。又如:

(12) 矮个子战士接过酒瓶,仰脖喝了一口,迷离着眼睛,极端幸福的样子……

(莫言《酩酊国》)

同样的,动宾结构"迷离着眼睛"也是超常搭配,它们也是从正常的主谓结构"眼睛迷离"变换而来的,适用于艺术语体。在艺术语体中,获取超常搭配有多种途径,结构变换是其中的一种。

2. 在科学语体中,我们也可以通过结构变换的方式化"超常"为正常,追求语言的准确严谨。

科学语体讲究语言的准确严密,适用于艺术语体的超常搭配显然不能用于科学语体。如上文中提到的"形容词+着"变异为动词构成的超常的动宾结构,若将同样的意思用于科学语体,则必须使用形容词作谓语的一般用法。看下面的一个例子:

（13）预备式身体正直，两脚并步站着。左手反握剑柄直立于身体左侧，右手握成剑指垂于身体右侧，两肘略向身前牵引，剑身垂直，剑指屈腕向左。眼向左平视。①

主谓结构"身体正直"、"剑身垂直"是正常搭配，可以分别变换为超常的动宾结构"正直着身体"、"垂直着剑身"。但是，若将这些"超常搭配"用于属于科学语体的这段说明文字中，不仅收不到"超常"的应用的表达效果，而且不符合科学语体的言语规范。我们对超常搭配进行结构变换，要充分考虑到语体因素。艺术语体的变正常为超常，科学语体的化"超常"为正常，都是由它们各自的语体决定的。

（二）语义制约

对"正常"和"超常"的选用，应具有语体意识。超常搭配相对于正常搭配来说都能给人以新奇，在艺术语体中备受青睐。那么，都是超常搭配，是选用动宾结构，还是选用主谓结构呢？这就要从动宾结构和主谓结构这两种结构本身来找答案。

能够变换的动宾结构和主谓结构能够表达基本相同的意思，但它们的信息焦点不同。动宾结构的信息焦点在宾语，主谓结构的信息焦点在谓语。动宾结构变换为主谓结构之后，动词和宾语分别变换为谓语和主语。原来的信息焦点变换为非信息焦点，原来的非信息焦点变换为信息焦点。随着信息焦点的变化，语义重

---

① 此例转自张静、郑远汉《修辞学教程》，河南教育出版社、香港文化教育出版社1989年版，第30页。

心出现了游移。这自然就会影响到对动宾结构和主谓结构的选用。看下面几个动宾结构和主谓结构超常搭配变换的例子：

(14)"非人磨墨墨磨人"，是啊，磨来磨去，磨出了一个很道地的中国传统文人。

（余秋雨《笔墨祭》）

"磨"是指用磨料磨物体使光滑、锋利或达到其他目的。这里与"文人"构成动宾结构，显然是超常搭配。变换为主谓结构是"一个很道地的中国传统文人磨出来了"，也是超常搭配。比较这两种结构，不难发现，动宾结构"磨出一个很道地的中国传统文人"语义重心是"一个很道地的中国传统文人"，主谓结构"一个很道地的中国传统文人磨出来了"则强调的是"磨出来了"。这种语义上的差别是在选择的时候必须考虑到的。根据文章，要强调的是"人"，所以这里选择动宾结构。

艺术语体中经常要用到超常搭配，对于能够变换的动宾结构和主谓结构，我们应充分认识到它们这种语义的差别，在语言运用中对它们进行恰当的选择。

（三）上下文制约

(15) 喜鹊的啼鸣像无数把锋利的剪刀，裁割着迟钝、甜蜜的寂静。

（格非《半夜鸡叫》）

动宾结构"裁割着迟钝、甜蜜的寂静"是超常搭配，可以变换为超常的主谓结构"迟钝、甜蜜的寂静被裁割着"，但由于

上文中已经有了话题"喜鹊的啼鸣",所以动宾结构"裁割着迟钝、甜蜜的寂静"应当变换为主谓结构。又如:

（16）柔嘉等丈夫来讲和,等好半天他不来,收拾起怨气睡了。

（钱钟书《围城》）

超常的动宾结构"收拾起怨气"也可以变换为超常的主谓结构"怨气收拾起来"。但上文中同样有话题"柔嘉",并且下文又有与"收拾"顺承的动作"睡",所以这里不变换成主谓结构为好。

以上我们以动宾结构和主谓结构为例讨论了超常搭配的变换及语用价值。对能够互相变换的两种结构的超常搭配的研究,有助于我们在言语活动中对它们进行恰当的选择。

（原载《平顶山师专学报》1999年第3期）

《围城》述补式超常搭配小议

"变异,是文学语言的实质,没有变异就没有文学语言。"① 钱钟书《围城》从诸多方面为我们提供了文学语言的范例,本文拟从句法结构入手,探讨《围城》述补式超常搭配的特色。

一 述补式超常搭配多为补语超常

"超常搭配是词语与词语之间的特殊组合,一般都是由前后两部分组合起来,构成句法结构上的各种关系的。"②《围城》述补式超常搭配一般表现为补语超常,如:

(1) 孙小姐给她的旅伴们恭维得<脸像东方初出的太阳>。

(2) 她看得<心溶化成苦水>。

以上两例的补语"脸像东方初出的太阳"和"心溶化成苦

---

① 冯广艺、冯学锋:《文学语言学》,中国三峡出版社1994年版,第2页。
② 冯广艺:《超常搭配》,宁夏人民出版社1993年版,第28页。

水"分别用作比喻和夸张,从而由补语超常构成述补式超常搭配。

二 述语与补语语形搭配超常

《围城》述补式超常搭配也有的表现为述语与补语语形搭配超常。如:

(3) 假使"中心为忠"那句唐宋相传的定义没有错,李妈忠得＜不忠＞。

(4) 已经简陋得＜无可简陋＞了。

人们在使用语言的时候,一般不将肯定式与否定式搭配构成述补式,而例(3)"不忠"是对"忠"的否定,例(4)"无可简陋"是对"简陋"的否定,在补语与述语的对立统一中突出了补语[例(3)]和述语[例(4)],从而形成述语与补语语形搭配超常。

三 述语与补语语义搭配超常

《围城》述补式超常搭配也有的表现为述语与补语语义搭配超常:如:

(5) 她妩媚得＜不稳固＞,妩媚得＜勉强＞,不是真实的美丽。

(6) 索性让运气坏得＜它一个无微不至＞。

"稳固"指"安稳而巩固",一般用来形容基础、地位,而这里作"妩媚"的补语,语义搭配超常。"无微不至"一般用来形容待人非常细心周到,而这里用来作"坏"的补语,语义搭配也超常。

四 述补式超常搭配多能产生幽默、讽刺的效果

如:

(7) 鸿渐研究出西洋人丑得跟中国人不同:中国人丑得像造物主偷工减料的结果,潦草塞责的丑;西洋人丑像造物主恶意的表现,存心跟脸上五官开玩笑,所以丑得＜有计划、有作用＞。

(8) 外国哲学家是知识分子里最牢骚不平的人,专门的权威没有科学家那样高,通俗的名气没有文学家那样大,忽然几万里外有人写信恭维,不用说高兴得＜险的忘掉了哲学＞。

例(7)"有计划、有作用"一般用于科学语体,常用来评判某项工作或某项举措,这里作"丑"的补语,说明西洋人丑得有条不紊,像是造物主存心计划过,并且产生了作用,读来让人捧腹。例(8)外国哲学家,这些"知识分子里最牢骚不平的人",在收到中国人的来信恭维后,高兴得差点忘掉了看家的哲

学，一个简单的述补式就将外国哲学家们的沽名钓誉讽刺得入木三分。

钱钟书是文学大师，也是语言大师，他在《围城》中表现出来的对语言娴熟的驾驭能力，是值得我们很好地学习和借鉴的。

（原载《修辞学习》2003年第2期）

第三编

应用研究

"从小"语义指向的计算机识别

在中文信息处理中,当前迫切需要解决的问题是句处理的问题。要让计算机正确处理、理解自然语言中句子的意义,生成符合自然语言规则的句子。这是句处理的目标。要实现这样的目标,必须解决好词本身的意义以及词与词之间的关系义,其中包括具体词语的语义指向。本文探讨"从小"句式中"从小"的语义指向,以期对中文信息处理提供帮助。

一 句式构成和语义指向

"从小"在现代汉语中通常被看作一个能作状语的复合词,常用来表示动作、行为、性状的时间,语义指向某动作、行为或性状,即谓词性成分。"从小"的意思是"年纪小的时候"[①],所以它也必定同时指向具有〔+动物〕特征的某体词性成分。"从小"指向的谓词性成分往往紧随其后,很容易识别,而体词性成分则位置不固定情况较复杂。如:

---

① 中国科学院语言研究所:《现代汉语词典》,商务印书馆1996年版,第211页。

（1）他从小就爱运动。(《现代汉语词典》)

（2）我希望每个人从小就开始懂得，学好祖国的语言是我们肩负的历史使命。(初中语文课本第3册)

（3）父亲从小就教育我要做个诚实的人，要对得起自己的良心。(中央电视台《演艺竞技场》)

以上三例"从小"指向的体词性成分分别是"他"、"每个人"、"我"，在句中做主语、小主语和兼语，有的位于"从小"前，有的位于"从小"后。

"从小"在现代汉语中可构成以下十五种句式，根据句式之间可能的相互变换关系，可将其分成六组。①

（一）S_1：NP+从小+就+V ←→ S_2：从小+NP+就+V。

如：我弟弟从小就捣乱。从小我弟弟就捣乱。"从小"语义指向"弟弟"。

（二）S_3：NP+从小+就+V+了 ←→ S_4：从小+NP+就+V+了。

如：张海迪从小就瘫了。从小张海迪就瘫了。"从小"语义指向"张海迪"。

（三）S_5：NP_1+从小+就+V+了+NP_2 ←→ S_6：从小+NP_1+就+V+了+NP_2 ←→ S_7：NP_1+NP_2+从小+就+V+了 ←→ S_8：从小+NP_1+NP_2+就+V+了。

如：奶奶从小就瞎了眼睛。从小奶奶就瞎了眼睛。奶奶眼睛从小就瞎了。从小奶奶眼睛就瞎了。"从小"语义指向

---

① 各组的变换条件与语义指向没有必然联系，本文不作讨论，将它们分成六组只是为了行文方便。

"奶奶"。

（四）S_9：$NP_1 + 从小 + 就 + V + NP_2 \longleftrightarrow S_{10}$：$从小 + NP_1 + 就 + V + NP_2 \longleftrightarrow S_{11}$：$NP_2 + NP_1 + 从小 + 就 + V \longleftrightarrow S_{12}$：$NP_2 + 从小 + NP_1 + 就 + V$。

如：她从小就喜欢花。从小她就喜欢花。花她从小就喜欢。花从小她就喜欢。"从小"语义指向"她"。

（五）S_{13}：$NP_1 + 从小 + 就 + V_1 + NP_2 + VP_2 \longleftrightarrow S_{14}$：$从小 + NP_1 + 就 + V_1 + NP_2 + VP_2$。

如：弟弟从小就帮我砍柴。从小弟弟就帮我砍柴。"从小"语义指向"弟弟"。

（六）S_{15}：$NP_1 + V_1 + NP_2 + 从小 + 就 + VP_2$。

如：父亲教育我们从小就要好好学习。"从小"语义指向"我们"。

二 语义指向的计算机识别

从"从小"可构成的句式可以看出，跟"从小"组合的体词性成分有两种：一种是只有一个体词性成分（NP），另一种是有多个体词性成分（NP_1、NP_2）。NP、NP_1和NP_2都可能是由多个具有［+动物］特征的名词或代词构成，它们之间具有某种结构关系或语义关系。这就使得"从小"语义指向的计算机识别虽然复杂但有章可循。冯志伟先生指出："计算机对自然语言的处理，最根本、最关键的问题，是要指出各种语言形式出现和变换的条件。"具体到"从小"的语义指向，就是在什么条件下指向哪一个具体的名词或代词的问题。计算机识别就是要找出NP中具体的某一个词。"从小"从语义上讲必定要和［+动物名词或代词相匹配,所以,计算机首先要排除［-动物］成分的干扰,识别［+动物］成分,然后再根据语义指向的具体条件进行正确识别。为了行文的方便,我们将具有［+动物］特征的名词或代词直接记为［+动物］。

从理论上讲,"从小"句式中的［+动物］可以有很多个,我们先考察"从小"句式中［+动物］不超过三个的情况。

(一)全句只有一个［+动物］,则指向该［+动物］。① 如例(1)。

(二)全句有二个［+动物］。找标志词。在"从小"出现的句式中一般都会出现副词"就",我们可以用"就"为标志词。识别这两个［+动物］的具体位置。

1。两个［+动物］都在"就"前,则它们可能构成某种结构关系。

构成并列或同位关系,"从小"语义指向这两个［+动物］。如:我和小王从小就爱唱歌。构成其他关系:第一种定中关系,指向中心语,如:我弟弟从小就捣乱;第二种分别是某一动词的宾语和主语,指向宾语,如:父亲教育我们从小就要好好学习;第三种不在同一个结构层次上,指向较低层次上的［+动物］,如例(2)。它们共同的特点是都指向全句第两个［+动物］。

2。一个在"就"前,一个在"就"后。这两个［+动物］可能具有某种语义关系。

"从小"含有明显的"从小到大"的意思。与语义指向有关的就是这两个［+动物］的辈分关系。"就"前［+动物］辈分高于"就"后［+动物］,指向"就"后［+动物］,如例

---

① 计算机识别应是完全句,若是省略句则应补足后再进行识别。

(3)。"就"前［+动物］是"就"后［+动物］的同辈、小辈或辈分不明，指向"就"前［+动物］，如：弟弟从小就帮我/王大爷/王三砍柴。

（三）全句有三个［+动物］。找标志词"就"。

1. "就"前只有1个［+动物］。

识别"就"前［+动物］与"就"后两个［+动物］的辈分关系。"就"前［+动物］是"就"后两个［+动物］的同辈、小辈或辈分不明，指向"就"前［+动物］。如：弟弟从小就帮我和王三砍柴。"就"前［+动物］辈分高于"就"后［+动物］，识别"就"后［+动物］的结构关系。构成并列或同位，指向这两个［+动物］。如：父亲从小就教育我和弟弟要好好学习。构成定中，则指向中心语，即全句第三个［+动物］。如：父亲从小就教育我弟弟要好好学习。其他关系，则指向"就"后第一个即全句第二个［+动物］。如：父亲从小就教育我要好好孝敬长辈。

2. "就"前有两个［+动物］。

识别"就"前两个［+动物］与"就"后［+动物］的辈分关系。前者是后者的小辈、同辈或辈分不明，识别前者的结构关系：构成并列或同位，指向前两个［+动物］；构成其他关系，指向全句第二个［+动物］。前者辈分高于后者，指向后者，即全句第三个［+动物］。

3. "就"前有三个［+动物］。

识别"就"前［+动物］的结构关系：构成并列或同位，则指向这三个［+动物］；构成其他关系，则指向全句第三个［+动物］。

从以上的分析可以看出，无论全句有多少个［+动物］，按位于"就"前、"就"后只有两种情况：都在"就"前，和有的在"就"前,有的在"就"后。都在"就"前则识别"就"前[+动物]的结构关系。有的在"就"前,有的在"就"后,则识别"就"前[+动物]和"就"后[+动物]的辈分关系、"就"前[+动物]的结构关系、"就"后[+动物]的结构关系。我们把"从小"句式中出现的[+动物]总个数记作 a,"就"前[+动物]个数记作 b,则 a≥b≥1。[+动物]都在"就"前,则 a = b;有的在"就"前,有的在"就"后,则 a > b。

(一) a = b

识别"就"前 b 个[+动物]的结构关系:并列或同位,指向该 b 个[+动物];① 其他关系,指向第 b 个[+动物]。

(二) a > b

识别"就"前 b 个[+动物]与"就"后(a—b)个[+动物]的辈分关系。

1. 前者是后者的同辈、小辈或辈分不明。

"就"前[+动物]之间构成并列或同位关系,指向该 b 个[+动物],其他关系指向第 b 个[+动物]。

2. 前者辈分高于后者。

"就"后[+动物]之间构成并列或同位关系,指向该(a—b)个[+动物];构成定中关系,指向第 a 个[+动物];其他关系指向第(b+1)个[+动物]。

由此我们得出计算机识别"从小"语义指向的流程图(以下 Y 代表"是",N 代表"否"):

("从小"语义指向流程图)

---

① a = b = 1,指向全句唯一的[+动物]。

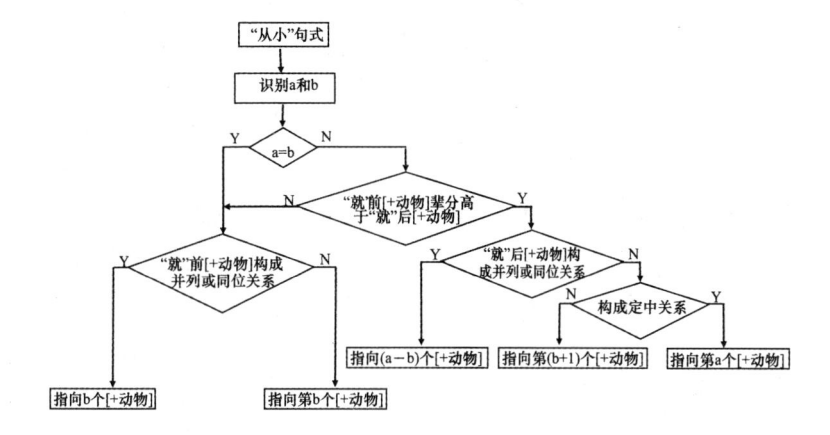

```
                    ┌─────────┐
                    │"从小"句式│
                    └────┬────┘
                    ┌────┴────┐
                    │识别a和b │
                    └────┬────┘
                     Y ◇a=b◇ N
                   ┌───┘   └────────────┐
                                  ◇"就"前[+动物]辈分高◇
                                  ◇ 于"就"后[+动物]  ◇
                                     N │        │ Y
       ◇"就"前[+动物]构成◇          ◇"就"后[+动物]构◇
       ◇ 并列或同位关系 ◇          ◇成并列或同位关系◇
        Y │        │ N            Y │        │ N
                                              ◇构成定中关系◇
                                                Y │     │
   ┌──────────┐ ┌──────────┐ ┌──────────┐ ┌──────────┐ ┌──────────┐
   │指向b个   │ │指向第b个 │ │指向(a-b)个│ │指向第(b+1)│ │指向第a个 │
   │[+动物]   │ │[+动物]   │ │[+动物]   │ │个[+动物] │ │[+动物]   │
   └──────────┘ └──────────┘ └──────────┘ └──────────┘ └──────────┘
```

三 结语

本文从中文信息处理的角度，探讨了"从小"各种语义指向的条件，得到了"从小"语义指向的流程图。这将使计算机有可能根据有关的条件，执行相应的动作，从而使整个系统成为一个可以动态地执行的过程。然而，自然语言是人类历史长期发展而约定俗成的产物。它带着几千年人类历史的发展痕迹，比人工语言要复杂得多，因而用计算机处理起来相当困难。人工智能目前面临许多重大难题，而"从小"语义指向的计算机识别又将许多具体问题凸显出来。

（一）计算机要正确识别"从小"句式，必须要把"从小"的一般句式同以下句式区分开：

（4）他从小王那里借了五万块钱就走了。
（5）你要是听从小队长的建议就好了。

以上两例"从小"都不成词。但形式上都构成"……从小……就……"汉语书面形式实行连续书写，词与词之间没有必然的界限，要实现"从小"语义指向的计算机识别，必须首先解决"从小"切分问题。

（二）"从小"句式中往往有多个动词，构成复杂的连动式或兼语式。由于若干个动词或动词词组相互连接时没有明显的形式标志，主要动词淹没在一大堆动词之中，计算机往往难以确定其中的主要动词，而如果主要动词的判定有误，整个结构的分析必定失败。"从小"句式中的多个名词可能构成定中、同位或并列等多种关系，不同的关系制约着"从小"的语义指向。所以必须对不同的结构关系进行形式化（linguistic formalism）的区分，使之能以一定的数学形式，严密而规整地表示出来。

（三）汉语是一种分析型语言，语义分析在汉语研究中起着举足轻重的作用。一个句子，只要把词的意义和意义之间的关系弄清楚了，整个句子的含义也就十分清楚了。但是，目前我国对于汉语的语义研究还很不够，汉语义素分析法和汉语语义网络的研究才刚刚起步，汉语的自然语言理解方面还没有十分成熟的理论和方法。这也限制了语义指向的计算机识别。因为在"从小"句式中，"从小"前后名词性成分的辈分关系应能够进行形式化的描述。义素分析法在汉语分析亲属词、军衔词等方面获得相当可观的成绩，其应用范围正在扩大，然而，迄今为止，还没有见到应用义素分析法来分析某一语言整个词汇系统的成果。

（四）汉语中常常出现一些省略现象，"从小"句式中的NP、NP_1、NP_2都有可能省略，要进行推理和判断才能理解。加上代词的所指和照应以及知识背景等语用学方面的问题，都对计算机的正确识别造成了较大的困难。

所以，计算机识别问题是不可能一蹴而就的，给出流程图仅仅是迈出了一小步,需要进一步研究的问题还很多。总的来说,要最终解决"从小"语义指向的计算机识别问题,还要完成以下的前期工作:第一,"从小"及"从小"前后的词的切分问题;第二,"从小"前后名词性成分辈分关系的形式化描写;第三,定中、同位和并列等结构关系的形式化描写;第四,句子成分省略问题的识别。另外,要使计算机能够真正运作起来,还需根据流程图编写程序,使之在计算机上加以实现(computer implementation)。这有待今后进一步地研究和探讨。

参考文献

陆俭明:《关于句处理所要考虑的语义问题》,人大复印资料《语言文字学》2001年第6期。

陆俭明:《关于语义指向分析》,《中国语言学论丛》1997年第1期。

冯志伟:《自然语言的计算机处理》,上海教育出版社1996年版。

(原载《华中科技大学学报》(社会科学版)2004年第4期,人大复印资料《语言文字学》2005年第1期全文转载,后被收入《词汇学理论与应用》(三),商务印书馆2006年版)

"别"语义指向及其计算机识别研究[①]

自从20世纪80年代语义指向分析兴起以来,我国语法学者从不同角度对语义指向问题进行了研究。总的来说,主要包括两个方面:其一,运用语义指向分析法对语言事实做具体的分析,探寻其句法和语义上的对应规律。有的着眼于句子成分,考察了补语、状语、定语等句法成分的语义指向问题,有的从词类出发,考察了副词、形容词、代词、名词、动词以及介词结构等的语义指向问题。其二,从理论上对语义指向本身进行探讨,说明其产生的背景、性质、内涵、范围、表现形式以及在语法分析中的作用等。[②] 总的来看,语义指向研究的立足点大都不在于应用,没有为计算机处理语义指向储备好充足的知识,所取得的成果与语言信息处理的要求之间存在着很大的距离。要想实现计算机对语义指向的自动识别,还有大量工作要做。

研究副词语义指向的计算机识别是从语义入手探索句处理的一种尝试。本文从努力实现语义指向的计算机自动识别这一目标

[①] 本文由笔者与吴迪合作完成。
[②] 税昌锡:《语义指向分析的发展历程与研究展望》,《语言教学与研究》2004年第1期,第23—27页。

出发，着重探讨副词"别"的句法环境和语义指向，寻找其规律，进而提出计算机对其语义指向进行自动识别的策略，建构自动识别的流程模型。

一 "别"出现的句法格式及其语义指向

为了弄清副词"别"语义指向的全面情况，我们利用北京大学现代汉语语料库和大量的生语料，详尽考察了"别"的句法环境。总的来说，"别"后面可以出现动词性成分、形容词性成分、名词性成分、小句和特殊格式等五种情况。在不同的格式中，"别"的语义指向有不同的表现。①

（一）"别" +动词性成分

1. 别+V②

此格式的意义比较单一，"别"表示说话人主观上不愿意对方做某事，其预设是听话人准备或正有意识地做某事，或将要无意中发出某个动作行为。说话人用"别+V"正是为了劝阻这个有意识的行为，或提醒听话人注意避免这个无意中可能发出的行

---

① 我们在北京大学现代汉语语料库中输入关键词"别"，得到语料约5万条，人工删除不合格语料，获得副词"别"的用例约5000条。考察其上下文，确定其语义指向，探索其语义指向的条件和标记，然后将这些条件和标记系统化，抽象其规律。

② 本文中的动词并不一定是光杆动词，有时可以带有主语、状语、补语和宾语等。但是带"了"的格式会由于动词宾语的位置不同而显示出不同的性质，所以在后文讨论带"了"格式时会根据宾语位置的不同而分别进行讨论。

为。例如：

(1)"别动！"茶馆掌柜的有经验，拦住了大家。(老舍《骆驼祥子》)

在"别+V"格式中，"别"指向V，也就是其后的所有成分。

2．别+V+着①

此格式里的"着"又分为两个：一个是"表示行为动作状态持续"的"着"，我们将其标为"着1"，另一个是"着(zhao35)"的变体，② 我们将其标为"着2"。该格式分化为两个小类："别+V+着1"和"别+V+着2"。

"别+V+着1"表示说话人要求听话人结束某个已经持续的状态，此状态在此话语发出前已经存在。例如：

(2) 别站着！

由于"着"总是直接附着在动词上的，因此我们认为"别+V+着1"是"V+着1"加"别"组合而成的，此格式的内部层次为"别(V+着1)"。"别"指向其后(V+着1)，即"别"之后的全部成分。

"别+V+着2"表示说话人提醒听话人不要发出某一动作，

---

① "V着"后还可带宾语。例如："别噘着嘴！"(老舍《骆驼祥子》)
② 陆俭明：《"着(zhe)"字补议》，《中国语文》1999年第5期，第400—403页。

而使自己受损。V 所代表的动作在此话语发出前还未出现。例如：

(3) 别伤着！

同样，此格式的内部层次为"别（V 着 2）"。"别"指向其后（V 着 2），也是"别"之后的全部成分。

3．别＋V＋了

"别＋V＋了"是一个包含歧义的同形句式，可以分化为两个词类和层次都不同的单义句式——"别＋V＋了1"和"别＋V＋了2"。①

"别＋V＋了1"表示说话人要求听话人放弃做某事的打算，其预设是：听话人准备或可能做某事。例如：

(4) 有用，别扔了！（《现代汉语八百词》例）

"别扔了1"表示说话人要求听话人不使"扔"这个行为得以实现，即放弃实现"扔"这个行为的打算。"实现"这种语法意义是由动词后缀"了1"来表示的，"了1"与 V 先结合成一

---

① 关于"别＋V＋了"的层次划分和"了"的分化前人已多有研究。其中达成共识的结论为此格式可以分化为"别＋V＋了1"和"别＋V＋了2"。对于是否存在"别＋V＋了3"学界尚有争议。由于"了1"和"了3"的区分，对于"别"的语义指向没有影响，为了使研究简化，我们也不再进一步区分。参见吕叔湘《疑问否定肯定》，《中国语文》1985 年第 4 期，第 321—325 页。吕叔湘《现代汉语八百词》，商务印书馆 1996 年版。彭可君《副词"别"在祈使句里的用法》，《汉语学习》1990 年第 2 期，第 4—9 页。

个整体,再被"别"否定,此格式的层次为"别+(V+了1)"。"别"指向"V+了1"。

"别+V+了2"表示说话人要求听话人停止其正在进行的动作、行为。其预设是:听话人正在进行某个动作、行为。例如:

(5) 扔够了,别扔了!

"别扔了2"表示说话人要求听话人发生从"扔"到"不扔"的变化。"变化"这种语法意义是靠语气词"了2"来表达的。此格式中,"别"和V首先组合成"别+V",然后再和"了2"结合,层次为"(别+V)+了2"。"别"指向单个动词V。①

要想分化"别+V+了"至少需要从三个方面进行考察:一是重音所在,二是语境,三是其中V的语义特征。例(4)、例(5)中的动词完全相同,之所以能把它们分化开,就是因为它们在相应的语境中表达了不同的意义。

4. 别+V+N+了

"别+V+N+了"表示说话人要求听话人停止预定事件的发生。例如:

(6) 别做饭了!

---

① 参见吕叔湘《疑问否定肯定》,《中国语文》1985年第4期,第321—325页。

N 在这里做 V 的宾语，"了"在宾语后，所以这里的"了"是"了2"。由于表达新事件实现的"了2"是附着于整句之后的，所以在短语"V+N"被否定之后，"了2"仍然是附着于句尾，因此其内部结构为"（别+V+N）+了2"。"别"指向 VN，也就是除"了2"之外的成分。

5. 别 + V + 了 + N

此格式主要是提醒或劝阻听话人不要实施"V+了+N"的行为，以免引起不好的结果。这里的动词后可以跟结果补语。例如：

(7) 你可别走错了门！

N 在这里做 V 的宾语，"了"在宾语前，所以这里的"了"是"了1"。"V+了1+N"结合成一个整体，再被"别"否定，内部结构为"别+（V+了1+N）"。"别"指向"V+了1+N"，也是其后的所有成分。

6. 别 + V1 + V2

"别+V1+V2"是说话人要听话人不要对方做某事，某事由"V1+V2"表示。例如：

(8) 万一有个动静，你别去开门！ （老舍《骆驼祥子》）

在此格式中，V1、V2 可以分别被"别"否定，例如"你别去开门"可以拆分成"你别去"和"你别开门"，意义都没有发生变化。所以"别"指向其后的全部成分。

(二)"别"+形容词性成分

1. 别+A[①]

"别+A"为说话人要求听话人不表现出某种性状,此性状由该形容词表示。例如:

(9) 别紧张

除了单个形容词外,"别"后还可以跟"ABB式形容词+的"、"A里AB"式形容词和"四字格+的"的形容词性词语。例如:

(10) a 别颤巍巍的
(10) b 别糊里糊涂
(10) c 别你们你们的,国民党就是国民党,我也不是国民党。(王朔《一点正经也没有》)

在"别+A"格式中,不管"别"后的形容词以什么形式出现,它们仍然是一个整体,因此"别"的语义只能指向这一整体,即"别"指向其后的全部成分。

[①] 此格式中的单个形容词前面还可以带上副词"太"、"不"或指示代词"这么"、"那么",这些词的有无不影响"别"的语义指向,本文因篇幅所限,故不在此详细讨论。

2. 别+A+了

"别+A+了"也是一个有歧义的同形句式，可以分化为两个单义句式——"别+A+了1"、"别+A+了2"。"别+A+了1"是说话人要求听话人不要造成A结果，其预设是：听话人可能做某事而形成A结果。例如：

(11) 好吧，先吃去吧，别凉了！（王安忆《长恨歌》）

此格式的重音在A上，这里的形容词表示偏离了规定的尺度。形容词首先和A结合成一个整体，再被"别"否定。"别+A+了"实际切分是"别+（A+了1）"。"别"指向"A+了1"。"别+A+了2"是说话人要求听话人停止A这种状态，其预设是：听话人已经是A这种状态。例如：

(12) 别得意了！

此格式的重音在"别"上。这里的"别"和A首先结合为一个整体，再与"了2"组合。"别+A+了2"切分成"（别+A）+了2"。"别"指向A。

分化"别+A+了"也至少要从两方面考察：一是重音所在。二是其中A的语义特征。

(三) "别" + 名词性成分

1. 别+N

"别+N"为说话人要求听话人不表现出某种情状，此情状由该体词性成分表示。"别"经常和其后的体词性成分构成"别+修饰语+N"格式，例如：

(13) 别一副软骨头的样子。

（王朔《你不是一个俗人》）

在"别+N"中，"修饰语+N"构成一个整体，一起被"别"否定，因此"别"指向其后的全部成分。

2. 别+代词

"别"后代词出现频率较高的主要是"这样"、"那样"，代指某种动作或情况。例如：

(14) 千万别这样，朗朗见了，就完了。

（方方《风景》）

在此格式中，"别"后只有代词这一个成分，"别"语义指向它，也是指向其后的全部成分。

3. 别+N+了

"别+N+了"表示说话人要听话人停止某种状态，这种状态由N表示。例如：

(15) 别流氓了。你等一下，我穿上衣服。

（陈染《无处告别》）

这里的N可以看成前面省略了谓词，如上例可能省略了

"要",我们将这些被省略的动词记作 V_0,"别 + N + 了"可改写为"别 + V_0 + N + 了",因此 N 就是动词 V_0 的宾语。在动词有宾语的情况下,"了 1"用在宾语前,"了 2"用在宾语后[①];此格式中的"了"用在宾语后,所以这里的"了"是"了 2",整个格式应切分成"(别 + N) + 了 2"。

4. 别 + 代词 + 了

"别 + 代词 + 了"表示说话人要求听话人停止由代词表示的那种状态。例如:

(16)别这样了

"别 + 代词 + 了"格式的重音一般落在"别"上,这与"别 + V + 了 2"、"别 + A + 了 2"两格式的情况相似。并且该格式里的代词主要代指某种动作或情况,并且这种动作或情况应该是听话人认为已经出现了的。这也与"别 + V + 了 2"、"别 + A + 了 2"的情况相似。根据这两点,我们认为"别 + 代词 + 了"中的"了"应该为"了 2",此格式应切分成"(别 + 代词) + 了 2"。"别"指向代词。

(四)别 + 小句

(17)别瞧谁老实就欺侮谁,招急了我把你们全踢出去!

(老舍《骆驼祥子》)

---

① 吕叔湘:《现代汉语八百词》,商务印书馆 1996 年版。

出现在此格式里的小句常带有熟语性。小句作为一个整体被"别"否定,"别"还是指向其后的全部成分。

(五)"别"出现的两种特殊格式

1．"别……就得了"
例如：

(18) 你们长大成人别忘了我就得了。

在这种格式中,"就得了"显然不是"别"否定的对象,因此"别"指向"别"与"就得了"之间的成分。

2．"别……行不行"
例如：

(19) "别嚷行不行？"祥子躲开她一步。

(老舍《骆驼祥子》)

这种格式一般以问句的形式出现。"行不行"显然也不是"别"否定的对象,"别"指向"别"与"行不行"之间的成分。

综上所述,我们将"别"出现的句法格式及相应的语义指向列表如下：

"别"出现的句法格式		"别"的语义指向
a. 别 + V		A：指向其后全部成分
b. 别 + A		A：指向其后全部成分
c. 别 + N		A：指向其后全部成分
d. 别 + 代词		A：指向其后全部成分
e. 别 + 小句		A：指向其后全部成分
别 + V + 着	f. 别 + V + 着1	A：指向其后全部成分
	g. 别 + V + 着2	A：指向其后全部成分
别 + V + 了	h. 别 + V + 了1	A：指向其后全部成分
	i. 别 + V + 了2	B：指向其后除"了2"外的全部成分
别 + A + 了	j. 别 + A + 了1	A：指向其后全部成分
	k. 别 + A + 了2	B：指向其后除"了2"外的全部成分
l. 别 + N + 了2		B：指向其后除"了2"外的全部成分
m. 别 + 代 + 了2		B：指向其后除"了2"外的全部成分
n. 别 + V1 + V2		A：指向其后全部成分
o. 别 + V + 了1 + N		A：指向其后全部成分
p. 别 + V + N + 了2		B：指向其后除"了2"外的全部成分
q. 别……就得了		C：指向"别"与"就得了"之间的成分
r. 别……行不行		D：指向"别"与"行不行"之间的成分

二 "别"的语义指向计算机识别的策略与流程

从以上的分析我们可以看出,"别"一般情况下指向其后的全部成分，但格式中若出现了"了"，或在特殊的格式中，"别"的语义指向会发生变化。所以，"别"的语义指向跟"了"出现与否、是否是特殊格式有着非常密切的联系。"了"和特殊格式就成为计算机识别"别"语义指向的关键所在。

"了1"是动态助词，"了2"是语气词，两词词性不同。如果所识别的语料是经过词性标注处理的，那么词性相异的"了1"和"了2"已被分别标出，在此基础之上，"别"语义指向的计算机识别就相对简单些。

但是，"了1"、"了2"的区分一直是汉语学界的老大难问题，所识别的语料在很多情况下没有将"了1"、"了2"标出来，甚至是生语料，因此"别"语义指向的计算机识别可分为两种情况来处理。

（一）所识别语料已标出"了1"和"了2"

已经标出了"了1"和"了2"，就要先看是不是特殊格式，"别"的语义指向识别流程如下：

步骤一：识别"别"后是否为"就得了"或"行不行"。若为"就得了"，语义指向为C类；若为"行不行"，语义指向为D类；若无，则进入步骤二。

步骤二：识别"别"后是否有"了"。若有，进入步骤三；若无，则可能是上表所列的a、b、c、d、e、f、g、n八个句式。在这八个句式中，"别"的语义指向都为A类，即指向其后全部成分。

步骤三：识别"别"后"了"是"了1"还是"了2"。若为"了1"，则可能是上表所列h、j、o三个句式，"别"语义指向为A类；若为"了2"，则可能是上表i、k、l、m、p句式，

"别"语义指向为 B 类。

这样我们就得到了计算机识别"别"语义指向的流程图：

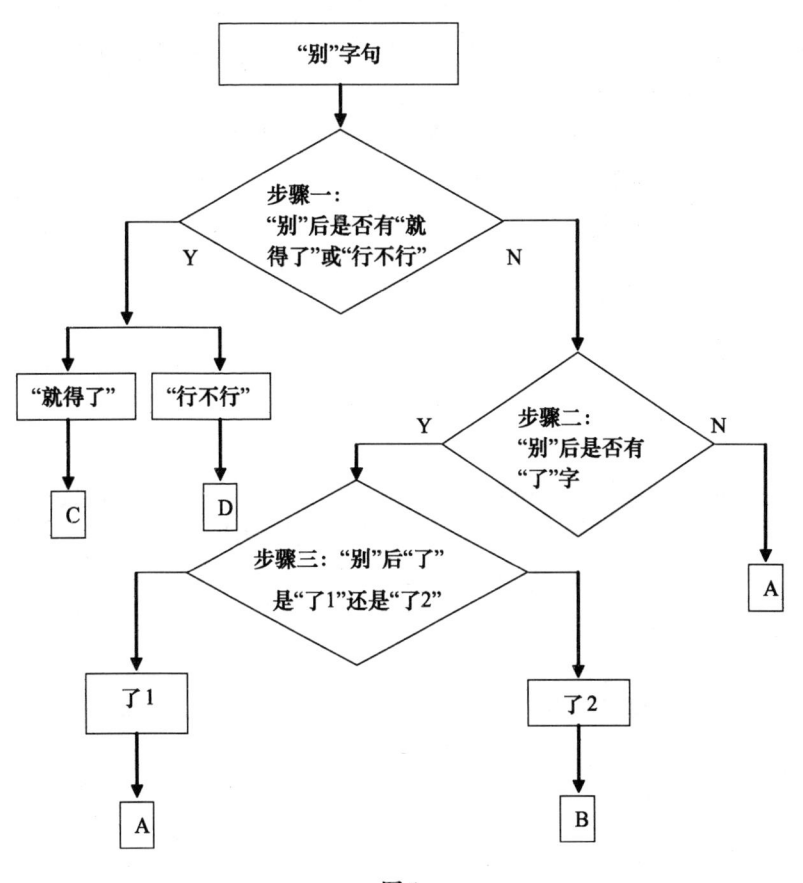

```
                    ┌─────────┐
                    │ "别"字句 │
                    └────┬────┘
                         │
                    ╱─────────╲
              ╱ 步骤一：        ╲
         Y  ╱  "别"后是否有"就    ╲  N
         ┌─╲  得了"或"行不行"   ╱─┐
         │   ╲                 ╱  │
         │     ╲─────────────╱    │
    ┌────┴────┐                   │
    │         │                   │
┌───┴──┐ ┌────┴───┐          ╱─────────╲
│就得了│ │ 行不行 │     Y  ╱ 步骤二：    ╲ N
└───┬──┘ └────┬───┘    ┌─╲ "别"后是否有ー┐
    │        │         │   ╲  "了"字   ╱ │
  ┌─┴─┐   ┌──┴┐        │     ╲──────╱   │
  │ C │   │ D │        │                │
  └───┘   └───┘    ╱─────────╲       ┌──┴┐
                ╱ 步骤三："别"后"了"╲   │ A │
                ╲ 是"了1"还是"了2" ╱   └───┘
                  ╲─────────────╱
                    │        │
                 ┌──┴─┐   ┌──┴─┐
                 │ 了1 │   │ 了2 │
                 └──┬─┘   └──┬─┘
                 ┌──┴┐    ┌──┴┐
                 │ A │    │ B │
                 └───┘    └───┘
```

图 1

（二）所识别语料未标出"了1"和"了2"

识别步骤一、步骤二与图 1 相同，从步骤三开始有所改变。这里从步骤三开始。

步骤三：识别"别"后是否有代词。若有，则是上表中的 m 句式，"别"语义指向为 B 类；若无，则进入步骤四。

步骤四：识别"别"后是否有 N，若有，则是上表中的 o 句式，"别"语义指向为 A 类；若无，则进入步骤五。

步骤五：识别"别"前是否有 N，若有，则可以是上表中的 l 和 p 句式，"别"语义指向都为 B 类；若无，则可能是"别 + V + 了"或"别 + A + 了"格式。

流程图如下所示：

这样，在所识别语料未标出"了1"和"了2"的情况下，我们识别了除"别 + V + 了"、"别 + A + 了"外其他句式中"别"的语义指向。上文已经分析过，"别 + V + 了"、"别 + A + 了"格式的分化需要对重音、语境和其中动词、形容词语义特征进行全面考察，而这些因素，尤其是语境因素，目前还没有可行的形式化描写方法，这是现阶段进行计算机识别的新问题，有待以后进一步探讨。

三　结语

现代汉语副词"别"语义指向的计算机识别研究，还可为我们提供一个新的视角来反观现代汉语中的一些语言现象。所以本文的研究成果可以直接用于语言学领域，可以利用副词语义指

```
       步骤三:
   Y  "别"后是否有代  N
       词
   ┌─┐              │
   │B│        Y  步骤四:   N
   └─┘      ┌─ "了"后是否有N词 ─┐
            │                    │
           ┌─┐     Y  步骤五:   N
           │A│    ┌─ "了"前是否有N词 ─┐
           └─┘    │                    │
                 ┌─┐              ┌──────┐
                 │B│              │"别+V+了"│
                 └─┘              │"别+A+了"│
                                  └──────┘
```

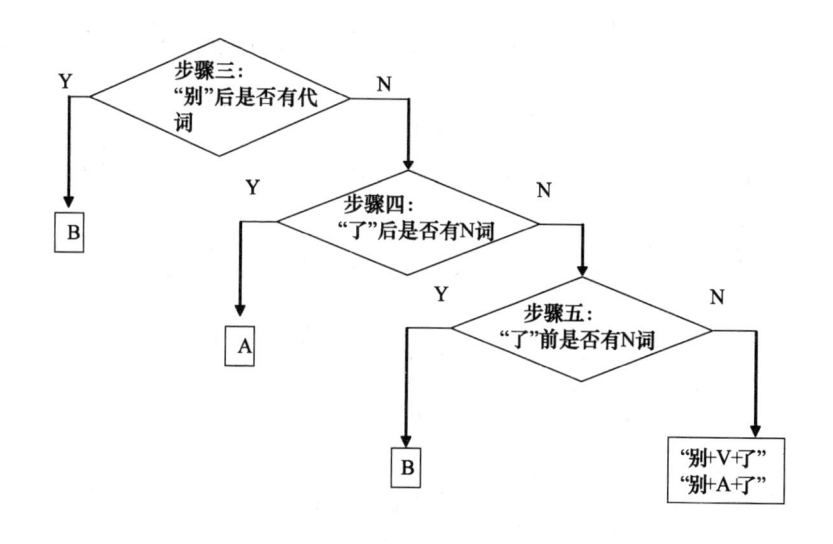

图 2

向的研究思路和方法来研究其他词类,从计算机识别这一新的角度重新探讨各种词类的语义指向,从而对语义指向的性质、内涵、对象和范围等有一个全新的思考和定位。同时,我们的研究成果也可以直接用于语言信息处理领域,计算机工程技术人员可以将我们研究出来的规律和条件表示为算法,使之在计算上形式化,根据我们编制的流程图编写程序,从而解决副词"别"的语义指向的计算机识别问题,并进而把这种方法模式化,用来解决其他词类的语义指向自动识别问题。

参考文献

税昌锡:《语义指向分析的发展历程与研究展望》,《语言教学与研究》2004 年第 1 期,第 23—27 页。

陆俭明:《"着(zhe)"字补议》,《中国语文》1999 年第 5 期,第

400—403页。

吕叔湘:《疑问否定肯定》,《中国语文》1985年第4期,第321—325页。

吕叔湘:《现代汉语八百词》,商务印书馆1996年版。

彭可君:《副词"别"在祈使句里的用法》,《汉语学习》1990年第2期,第4—9页。

宋春阳、李琳:《"别+V+了+NP"句式及相关问题》,《汉语学习》2003年第3期,第121—124页。

王红旗:《"别V了"的意义是什么——兼论句子格式意义的概括》,《汉语学习》1996年第4期,第14—19页。

袁毓林:《祈使句式和形容词的类》,载《袁毓林自选集》,广西师范大学出版社1999年版。

赵微:《两类祈使句的体特征及其对否定的影响》,《南京师范大学学报》(社会科学版)2005年第3期,第151—155页。

[英文稿发表于新加坡亚洲语言处理国际会议论文集 International Conference on Asian Language Processing (IALP) 2009, IEEE Computer Society, USA, 2009年,被EI和CPCI检索]

"就"语义指向及其计算机识别研究[①]

随着中文信息处理技术的发展，语义问题已成为制约中文信息处理水平的至关重要的因素，当前语义研究的重点和难点在于如何让计算机识别不同语境下成分与成分之间的语义关系，而语义指向正是研究句中某个成分与其他成分的直接相关关系。语义指向的研究成果如果应用于中文信息处理领域，使计算机能够识别句子某个成分的语义指向，进而识别句子不同成分之间的语义关系，那么语义指向的计算机识别就可以成为中文信息处理中语义研究的一个突破口，并为以后的语义研究指明方向。

研究副词语义指向的计算机识别是从语义入手探索句处理的一条新路。本文从努力实现语义指向的计算机自动识别这一目标出发，选取现代汉语中使用频率颇高的副词"就"为研究对象，利用大型语料库查找"就"的全部用例，总结副词"就"能够组成的句式，详尽考察其在不同句式中的语义指向及其在相同句式中出现不同语义指向的约束条件，探索"就"语义指向规律，寻找语义指向的形式标记，并在此基础上探讨语义指向的计算机识别策略，构建"就"语义指向的计算机识别流程模型。

[①] 与吴佳琴合作完成。

一　副词"就"的句式构成及其语义指向规律

带有副词"就"的句子（以下简称"就"字句）句式构成多种多样，这些句式具备不同的表义功能，而句义的表达常常与"就"的语义指向有一定的关系。所以，我们总结副词"就"可以组成的句式，通过分析剖解其句法结构来揭示隐藏在表层句式结构中的深层语义指向关系，进而总结"就"语义指向规律。

总的来说，"就"字句按"就"前后的成分，大致可以分为"就+体词性成分"、"就+动词性成分"、"就+形容词性成分"、"X就X"和"数量短语+就+V+数量短语"五种类型。

（一）就+体词性成分

"就"后的体词性成分表示"就"前动词动作的某个程度、范围、数量、时间等。在这种句式中，"就"用于限定后面的体词性成分（用NP表示）。如：

　　他呀，就家里那点底儿。

"就"语义指向其后的NP。

（二）就+动词性成分

这是现代汉语中最常见的"就"字句形式，又可以分为以下 11 类，我们将分开论述，并具体考察它们的语义指向情况。

1. NP + 就 + V

（1）于是一个毫不谦虚的发言就开始了。
（2）（昨天大家都没去植物园?）不，小王就去了。
（3）这么简单的事儿派这么多人去干什么？一个班就搞定了。

（1）句中的"就"语义指向 V，（2）句指向"小王"，（3）句指向"一个班"。同样是"体词性成分 + 就 + V"结构，为什么语义指向会有差别呢？通过对语料库中这个句式的分析我们发现，凡是"就"前的句子或小句里有否定词或疑问代词，或者"就"前 NP 是数量短语的，"就"的语义指向对象就是其前的 NP。

2. 才 + X + 就 + Y

这个句式中 X 可以是动词性成分，也可以是体词性成分。
X 是动词性成分：才 + VP1 + 就 + VP2

陶杰才这么想，就见尤美丽活泼地急步走上前去。
（梁凤仪《弄雪》）

这个句式常用来表示两个动作在时间上的紧密接替性，刚完成动作 V1，紧接着就发生了动作 V2（V1≠V2）。说话人主观上认为动作 V2 应该在另一个稍晚的时间发生，而 V2 实际发生的时间点却早于说话人预计的时间点。"才 + VP1"共同修饰

"就",表明"就"后 VP2 发生的时间点紧接 VP1,早于说话人的预期。这个句式中的 VP1 受"才"和"就"的双重限制,"就"语义指向 VP1。

X 是体词性成分:才 + NP + 就 + VP

这才几年,就混成大名人了。

这个句式与上个句式有相似之处,"才"后 NP 受"才"和"就"的双重语义限制,表示 NP 的数量或程度小于或低于说话人预期值。这个句式中的 NP 是"就"的语义指向对象。

综合以上分析,可以得出以下结论:"才 + X + 就 + Y"中"就"在语义上指向 X。

3. 一/刚/刚刚 + X + 就 + VP

这个句式常用来表示"就"后的动作或状态与"一/刚/刚刚"之后的动作或状态在时间先后上有紧密的承接关系。这里的 X 可以由动词性成分、形容词性成分构成,"刚/刚刚"后的 X 也可以是名词性成分。如:

(1) 我一听他说话就上火。
(2) 那会儿我刚十八岁,就到工厂上班去了。

X 与"就"后 VP 的动作在时间上都是承接关系,如例(1)中的"上火"是在"听他说话"之后发生的,而且是紧接着"听他说话"发生的。这个句式中的"就"语义指向 X。

4. 就 + V + NP

三个海碗的席吃着，就出一毛钱的人情？

（老舍《骆驼祥子》）

动词性成分 V 和体词性成分 NP 构成动宾关系，作为宾语的 NP 比较复杂，可以是单个名词，也可以是名词性短语。"就"在句法上修饰限制 V，在语义上却与动词的宾语相关，用以限制宾语。所以，这类句式中的"就"指向动词的宾语，即 V 后的 NP。

5. 就 + V + NP1 + NP2

他说，不要看我头发白就称我老头，我还有一颗儿童的心。以后我就称呼他"百岁儿童臧克家"。

如果不考虑语境的话，"就"的语义指向有两种可能：指向 NP1 或指向 NP2。以上句为例，"就"指向 NP1 时：
以后我就称呼他"百岁儿童臧克家"。

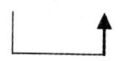

语义是：我不称呼别人"百岁儿童臧克家"，只称呼他为"百岁儿童臧克家"。

"就"指向 NP2 时：
以后我就称呼他"百岁儿童臧克家"。

语义是：我不称呼他别的名字或者名号，只称他为"百岁儿童臧克家"。

但这个"就"字句前有具体语境的限制——"不要看我头发白就称我老头，我还有一颗儿童的心"，这就限制了这个"就"只能指向NP2"百岁儿童臧克家"。但在一些特定语境中，"就+VP+NP1+NP2"这个句式的语义可有多种指向可能，根据我们对语料库中此句式语料文本的考察，"就"指向NP2的概率更高一些。汉语及汉语句法的灵活性决定了语义指向的不定性，单纯根据句法无法十分准确地判断语义指向的时候，还需依赖语境。然而语境的计算机识别目前还存在着很多无法克服的问题，有待进一步研究，此处我们不做深入讨论。

6. 状语+就+VP

(1) 沈冬梅1994年就开始了对《茶经》的研究。

该句中，"就"强调的是时间早。这个句式中"就"都指向其前的状语。也有状语提前至主语前的情况，即出现"状语+NP+就+VP"句式，如：

(2) 早在念初中时，我就读过由欧文·斯通撰写的《凡·高传》。

在这个句式中，虽然NP和状语在句中的位置发生了改变，但在"状语+NP+就+VP"句式中，"就"的语义指向同样是状语。可见，当"就"前有状语时，"就"通常是指向状语的。

7. 就+状语（+VP）

就+状语+VP

于是电神就很自然地演化为雷公的配偶神。

当VP有状语修饰时，"就"通常用来限制动作的时间、范围或状态，在语义上指向状语。例句中的"就"指向"很自然地"。

就+状语

这个句式中状语后不再接任何成分，而是放在句子前面修饰整个句子。如：

就从这个地方，每天都有大量的皮夹克流向北京市场。

"就"也指向其后的状语。

可见，"就"后接状语的时候，不论其后有没有出现V/VP，"就"都指向状语。

8. 状语1+就+状语2+VP

很久以前就从媒体上看到贵州气候宜人，来了以后感觉果真名不虚传。

（中广网《到贵州清凉一"夏"》）

两个状语同时出现时，哪一个是"就"的语义指向对象呢？我们采用删除法来验证。"就"前的状语删掉之后，句子的语义

就可能改变,甚至整个句子都会站不住脚。如上面的例句删除状语1、状语2之后,变成:

(1) *就从媒体上看到贵州气候宜人,来了以后感觉果真名不虚传。
(2) 很久以前就看到贵州气候宜人,来了以后感觉果真名不虚传。

删除状语1后,例句就都站不住脚了,而删去状语2之后语义虽然相对不完整,但是句子还是可以成立的。可见,状语1才是句子的强调成分,从某种程度上说,它的存在是"就"后的动作存在和发生的条件,"就"在语义上是优先指向状语1的。

9. 就+V+状语

传说中的特洛伊战争就发生在迈锡尼文明时期。

"就"后的动词后有时会出现状语,说明动词的方式、状态、时间、范围、条件,等等。这种句式中,"就"的语义指向也是这个状语。

10. 就+VP1+VP2

(1) 实在累得不行,就和衣躺一会儿然后继续工作。
(2) 我就披衣准备下楼。

这个句式中的"就"的语义指向因其后的动词性成分之间

的关系不同而各不相同。具体来说：当"就"后出现的两个或两个以上的动词性成分在句法上是并列关系时，"就"指向这些并列的动词性成分，如例（1）中"就"指向并列成分"和衣躺一会儿"，"和衣"是表示"躺"的状态，"躺"的时候"和衣"这个动作是同时发生的，两个动作之间是并列关系。当"就"后出现的两个或两个以上的动词性成分是连谓关系时，"就"指向位置靠近"就"的那个动词性成分，即 VP1。

当"就"后的两个动词性成分构成连谓结构时，我们认为，在时间的线性序列上，VP1 先于 VP2 发生，所以 VP1 应优先成为"就"的语义指向对象。如例（2）中的"就"指向"披衣"。若有特殊情况，则需要根据具体语境等信息来判断。为了便于计算机识别，我们把这个句式中的语义指向规律简化为："就 + VP1 + VP2"句式中的"就"指向 VP1。

11. 说/想 + VP + 就 + VP

这个句式在现代汉语中使用频率很高，如：

（1）乐团正常排练，队员想来就来，想走就走，排练自然受影响。

这个句式中的"就"指向 VP。"就"与 VP 之间有时还能加入能愿动词"能"、"能够"、"可以"等，如：

（2）不是你想回来就能回来的。
（3）真是说搞就能搞起来。

这两个句式中的"就"的语义指向仍然是 VP。

(三) 就 + 形容词性成分

这类句式中的形容词性成分可以是单个的形容词，也可以是形容词性短语。

1. NP + 就 + AP

(1) 新剧演出之意义就非常清楚了。
(2) 气体通过这些隔板或者网状物后，速度降低，压力减少，声音自然就小多了。
(3) 这个花色就好。(《现代汉语八百词》)

例（1）"就"指向 AP。可以看到，例（2）有明显的比较意义，是通过隔板或者网状物之前与之后的比较，"小"的补语是这个句子的语义焦点，因此"就"在语义上指向补语。例（3）"就"前都有定指代词、人名或者其他表示定指的成分，有一个［+排他］的语义特征在里头。这样，我们可以把"就 + AP"的语义指向规律总结为：当"就"前的 NP 有［+排他］的语义特征时，"就"指向 NP；A 后有补语时，一般指向补语；其他时候，"就"都指向 AP。

2. VP + 就 + AP

听完穆青就傻了。

吕叔湘认为，这个句式中"就"后的 AP 表示的是"就"前动作的结果。① 我们赞成这种说法。例句中"傻"是"听完"的结果，"就"在 VP 和 AP 间起衔接作用，形式上受"就"前 VP 的限制，语义上则指向 AP。

综合以上分析，基本可以得出以下结论：在"就 + AP"句式中，当"就"前有状语时，指向状语；"就"前有 NP，而且 NP 中有代词、人名或者表示定指的成分，具备［+排他］的语义特征时，"就"指向 NP；A 后有补语时，指向补语；其余情况，"就"指向 AP。

（四）X 就 X

这种句式中的 X 可以是动词性成分，也可以是体词性成分，还可以是形容词性成分。如：

(1) "走就走呗！"他声调不高，但语气很硬。一边嘟哝着，一边往台阶下走。
(2) 脑袋大点就大点吧。

这个句式中 X1 = X2，"就"同时指向 X1 和 X2。

（五）数量短语 + 就 + V + 数量短语

我们用 QP 表示数量短语，那么"数量短语 + 就 + V + 数量短语"这个句式可以用符号表示为：QP1 + 就 + V + QP2。这

---

① 吕叔湘：《现代汉语八百词》，商务印书馆 1996 年版，第 320 页。

个句式中,句重音落在哪个部分,"就"则指向哪个部分。如:

　　一个人就吃两碗饭。

　　该句中的"就"的语义指向有多种可能,具体分析如下图所示:

　　一个人就吃两碗饭。
　　　↑━━━┘

语义蕴含是光是一个人就能吃两碗饭,吃得太多。

　　一个人就吃两碗饭。
　　　　└━━━↑

语义蕴含是一个人才吃了两碗饭,吃得太少了。

　　一个人就吃两碗饭。
　　　　　└━━↑

语义蕴含是只吃了饭,没有吃别的食物。
　　当这些歧义句出现在具体语境中时,由于语境的限制,它们的歧义可以随之消失。因为句子总是在具体语境中使用的。同样,这里不讨论语境的识别。
　　综上,"QP1 + 就 + V + QP2"这类句式中"就"的语义有时指向 QP1,有时指向 QP2,到底是哪种指向,需要根据具体的语境和说话人的主观意志寻找语义焦点进行判断。

二　副词"就"语义指向的计算机识别策略及流程

在识别语义指向之前，我们需要综合利用"就"的语义指向规律，总结出计算机识别的原则，设计识别步骤。

（一）计算机识别原则

通过前一部分的考察，我们已经总结出了副词"就"的语义指向规律。根据这些规律，我们发现在处理副词"就"语义指向的问题时，需要遵循两条基本原则。

1. 状语优先原则

从前面的分析可以看出，凡是状语紧邻"就"前后出现时，"就"都是指向状语的。因此，在计算机识别过程中，可以优先把状语作为"就"的语义指向对象。例如：

我们很快就成了朋友。

例句中"就"可以指向状语"很快"，也可以指向宾语"朋友"。根据状语优先原则，选择状语"自古以来"作为语义指向对象，表示事情发生得早。

2. 近指原则

从认知角度看，在语言表达时，有密切关系的语言概念通常

出现在邻近的位置。副词"就"前后有多个句法成分或是比较复杂的结构成分的时候,"就"往往优先指向与它邻近的成分。如:

我就一个人静静地坐在小桌前读书。

例句中"就"后的"一个人"和"静静"都符合"就"语义指向的条件,"就"可以指向这两个成分中的任何一个,但是,在实际交际中,说话人表达的意思只能有一个。当计算机面对这个问题时,我们可以根据近指原则,优先选择"一个人"作为"就"的语义指向对象。

(二) 识别策略和流程

1. 识别方式
语义指向类别

综合以上研究我们发现:"就"的语义可以前指,也可以后指,具体说来,语义指向的类别有:

类别A:指向体词性成分

类别B:指向动词性成分

类别C:指向形容词性成分

类别D:指向状语

类别E:指向补语

类别F:语境识别

计算机识别步骤

从以上的分析我们可以看出,"就"在不同的句式中语义指向不同,因此,句式特点就成为我们识别"就"语义指向的重要形式标记。根据各个句式的特点和不同句式"就"的语义指向，我们设计出副词"就"语义指向的计算机识别步骤如下：

Step1：识别有无"才 X 就 Y"，若有，进入 step7；若无，进入 Step2。

Step2：识别有无"一/刚/刚刚 X 就 Y"，若有，进入 Step7；若无，进入 Step3。

Step3：识别有无"说/想 X 就 X"，若有，进入 Step4；若无，进入 Step5。

Step4：识别"就"后有无能愿动词，若有，进入 Step7；若无，进入 Step6。

Step5：识别"就"前后紧邻成分是否相同，若是，进入 Step7；若否，进入 Step6。

Step6：识别"就"前是否有句法成分，若有，进入 Step10；若无，进入 Step7。

Step7：识别 X 是否为 TP，若是，则指向类别 A；若否，则进入 Step8。

Step8：识别 X 是否为 V/VP，若是，则指向类别 B；若否，进入 Step9。

Step9：识别 X 是否为 A/AP，若是，则指向类别 C。

Step10：识别"就"前后是否存在状语，若有，则指向类别 D；若无，进入 Step11。

Step11：识别"就"前是否有 TP，若有，进入 Step12；若无，进入 Step14。

Step12：识别 TP 是否为 QP，若是，则指向类别 A；若否，进入 Step13。

Step13：识别"就"前句子是否有否定词或疑问代词，若有，则指向类别 A；若无，进入 Step14。

Step14：识别"就"前 TP 有无［＋排他］语义特征，若有，指向类别 A；若无，进入 Step15。

Step15：识别"就"后是否有 V/VP，若有，进入 Step16；若无，进入 Step17。

Step16：识别 V/VP 后有无 TP 成分，若有，则指向类别 A；若无，进入 Step19。

Step17：识别"就"后是否有 A/AP，若有，进入 Step18；若无，进入 Step20。

Step18：识别 A/AP 后有无补语，若有，则指向类别 E；若无，指向类别 C。

Step19：识别 V/VP 后有无介宾短语，若有，则指向类别 D；若无，进入 Step20。

Step20：识别"就"后有无 TP，若有，则指向类别 A；若无，进入 Step21。

Step21：识别"就"后有无状语，若有，则指向类别 D；若无，则进入 Step22。

Step22：语境识别。

2. 识别流程图

根据以上流程，制成副词"就"语义指向流程图，如下图所示：

Diagram 1

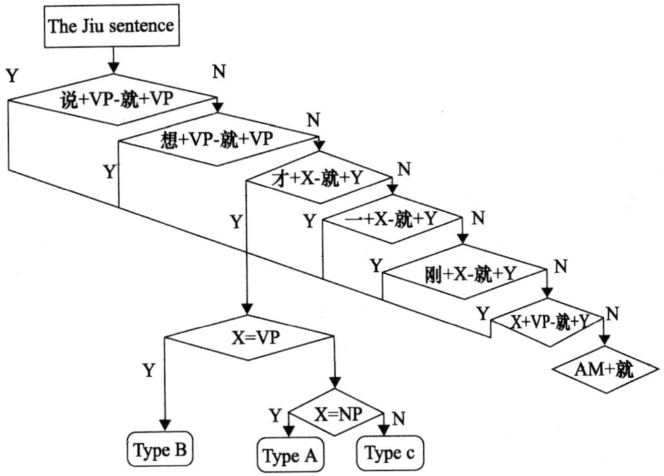

```
                The Jiu sentence
               Y /           \ N
         说+VP-就+VP         想+VP-就+VP
                          Y /        \ N
                                    才+X-就+Y
                                   Y /     \ N
                                          一+X-就+Y
                                         Y /     \ N
                                                刚+X-就+Y
                                               Y /     \ N
                                                     X+VP-就+Y
                                                    Y /     \ N
                                                          AM+就
              X=VP
           Y /    \ N
                  X=NP
                Y /   \ N
        Type B  Type A  Type c
```

Diagram 2

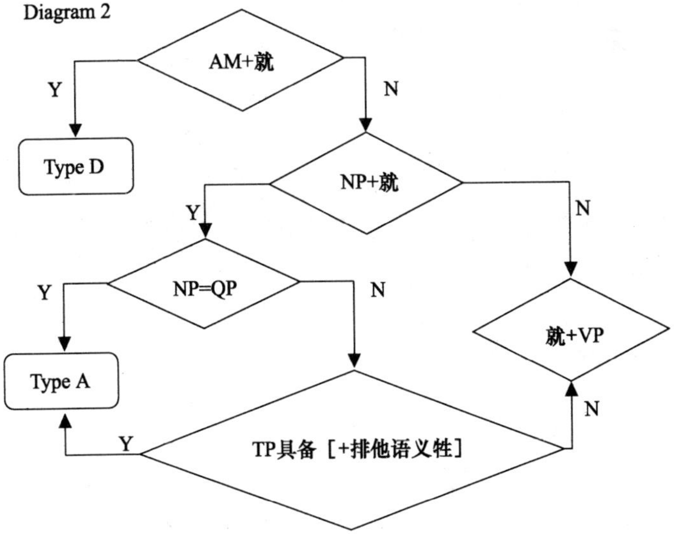

```
                AM+就
             Y /    \ N
          Type D    NP+就
                  Y /   \ N
               NP=QP    就+VP
             Y /   \ N    |
         Type A    TP具备[+排他语义性]
                  Y /  \ N
```

Diagram 3

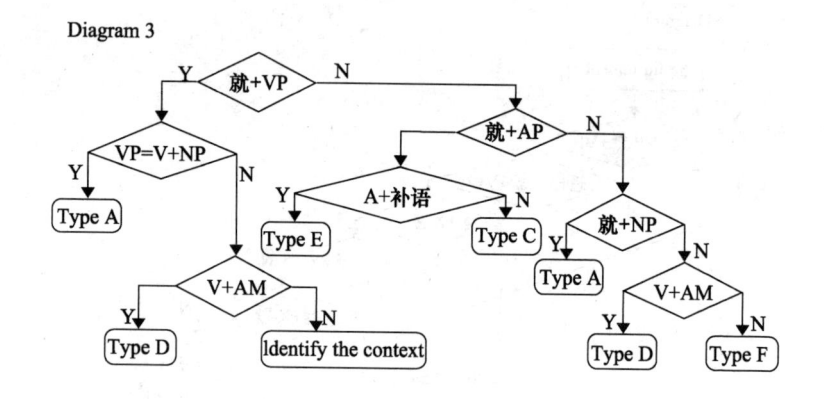

```
                        就+VP
                    Y ╱      ╲ N
              VP=V+NP          就+AP
            Y ╱    ╲ N      Y ╱    ╲ N
        Type A    ╱    A+补语      就+NP
               V+AM  Y ╱  ╲ N   Y ╱  ╲ N
              Y ╱ ╲ N Type E Type C Type A  V+AM
           Type D  Identify                Y ╱ ╲ N
                   the context           Type D Type F
```

三 结语

本文是句法成分的语义指向研究和语义的计算机识别研究的结合,是语义识别道路上一个非常有意义的探索。但是相对于汉语的语义识别而言,本文的研究还只是杯水车薪,要想实现语义指向的计算机自动识别,乃至语义的计算机识别,我们还有很长的路要走。

参考文献

赫琳:《现代汉语副词语义指向及其计算机识别研究》,中国社会科学出版社 2009 年版。

赫琳、吴迪:《副词语义指向自动识别的路径探讨和个案分析》,《武汉大学学报》(人文科学版)2009 年第 4 期。

赫琳:《"从小"语义指向的计算机识别》,《华中科技大学学报》(社会科学版)2004 年第 4 期。

邵敬敏:《副词在句法结构中的语义指向初探》,载邵敬敏《著名中年语言学家自选集·邵敬敏卷》,安徽教育出版社2002年版。

肖奚强:《范围副词的再分类及其句法语义分析》,《安徽师范大学学报》(人文社会科学版) 2003年第5期。

(英文稿发表于International Conference on Asian Language Processing 2010, IEEE Computer Society, USA. 2010, 被EI检索)

副词"才"的语义指向及其计算机识别研究[①]

中文信息处理要用计算机对汉语的形、音、义等信息进行处理和加工,最终建立起能够表示汉语语言能力和应用能力的模型,是自然语言信息处理的一个分支。它的实现有赖于多方面知识的支持,其中语言知识是关键性的。[②] 就目前来看,语义的理解与计算问题已成为当前中文信息处理所面临的最大挑战。自然语言的语义如何表示?语义是否可计算?如何计算?这些问题仍没有答案。[③]

汉语语义指向分析,作为分析句子语义结构、分化歧义句式的重要手段,可以在一定程度上推动中文信息处理工作。语义指向研究的深入势必会给计算机信息处理和人工智能研究带来一定程度的启示。[④]

"才"是现代汉语中使用频率较高的一个副词,在《现代汉

[①] 与张榴琳合作完成。
[②] 陆俭明:《现代汉语语法研究教程》,北京大学出版社 2003 年版,第 57 页。
[③] 宗成庆、曹右琦、俞士汶:《中文信息处理 60 年》,《语言文字应用》2009 年第 4 期,第 53 页。
[④] 税昌锡:《语义指向分析纵横谈》,《外国语言文学研究》2009 年第 3 期。

语词典》中,"才"共有六个义项:

①表示以前不久:~五点我们就要起床干活。

②表示事情发生得晚或结束得晚:这部电影原定七月上映的,可最终到了九月~上映。

③表示只有在某种场合条件下然后怎样(前面常常用"只有"、"必须"或含有这类意思):想必只有细致如你,~能胜任这个工作。

④表示发生新情况,本来并不如此:经他解释之后,我~明白是怎么回事。

⑤对比起来表示数量小,次数少,能力差,程度低等:试验小班里一个班~十几个学生,我们这有多少?

⑥表示强调所说的事(句尾常用"呢"字):麦子长得~好呢!

上述六个义项所蕴含的情感色彩,可以根据现实情况与心理预设的关系,分为三大类:①和⑤表示实际情况没有达到预设的条件,其中①强调在没有达到预设条件时某情况提前发生,预设值本身没有在句中出现;⑤强调的是对比关系,预设值出现在句中。②、③、④则表示现实条件达到或超过了心理预设,可以体现为为时已晚,条件具备,时机已成熟等。而⑥与心理预设没有明显关系,大致只是表达了强调语气。而"才"在表达这三类含义时,语义指向具有不同的特点,下面我们就借助北京大学语料库和一些材料,分别讨论在这三种情况下,"才"的语义指向及其计算机识别。

一 "才"表示未达到心理预设时的语义指向及其计算机识别

(一)"才 X 就 VP"及其变式的语义指向

"才"表达现实情况未达到心理预设时有一种典型格式"才 X 就 Y",表示在 X 情况下发生了 Y,可是 X 并没有达到说话人预设的 Y 发生的条件,或者说为时尚早,例如:

(1) 你这才回来了两天就又要走了吗?
(2) a. 电影才开始,女主角就死了?

在这一格式中,"才"的语义指向比较容易确认,通常就是"才"所在小句的其后所有成分,该分句的句末有时会出现语气词"呢"或"呀",需要剔除。在少数情况下,句子中没有出现"就"而出现了"已(经)",情感色彩没有明显区别,这时"才"的语义指向同上述情况相同,例如:

(2) b. 宝宝才多大呀,就能懂这些?

另外在一些情况下,"才"后并没有"就"或者"已(经)",可是仍然表示现实未达到心理预设,例如:

(3) a. 张爱玲发表第一部小说的时候才十九岁。
b. 他出发的时候才刚五点。

事实上，(3)可以分别转化成"才……就……"的基式，如：

(3) a' 张爱玲才十九岁就发表了第一部小说。
(3) b' 才刚五点，他就出发了。

这种变形可以概括为："才 X 就 Y" ⇔ "Y 的时候才 X"，这时"才"依然指向"X"，在未出现"就"的句子中也就是"才"后全部成分。

(二)"才"表示对比时的语义指向

在"才 X 就 VP"和"VP 的时候才 X"的格式中，说话人的心理预设事实上被隐含了，表达出来的只有尚未达到预设的现实情况；但是"才"在表示对比时句子却往往有明确的参照值作为对比焦点，那么"才"的语义指向，也应该与体现为对比焦点的心理预设相对应，例如：

(4) 我们学校才十年历史，十中已经有一百多年了。

对比焦点是"一百多年（历史）"，"才"的语义指向没有达到参照值的"十年（历史）"。可是这里又出现了一个问题，就是"才"所指向的成分，究竟包不包括"历史"，也就是数量短语修饰的名词？在这里我们注意到，"才"后毗邻成分，与对比焦点的形式未必是一致的，例如：

(5) 古奇在武汉已经开了好几家旗舰店了,范思哲才一个专柜。

很明显,(5)中"才"的语义分别指向"一个专柜",也就是"才"所在小句的其后所有成分。那么为了方便计算机的自动识别,我们不妨将例(4)中"才"的语义指向也认定为其所在小句的其后所有成分,句末语气词"呢/呀/……"除外。

二 "才"表示达到或超过心理预设时的语义指向及其计算机识别

表示条件达到或者超过心理预设,是"才"的用法中出现频率最高的情况,这时"才"后毗邻的成分(通常为动词或动词短语),表示在一种充分,甚至是过度充分的条件下所发生或者可能催生的情况。有的"才"也可以传达一种情感:事件发生的条件很难达到,因此能够实现实属不易。例如:

(6) a.《步步惊心》原定5月首播的,可是因为种种原因,直到10月才与观众见面。
b. 恐怕只有请导师帮帮忙,才能解决这个问题了。
c. 她一边流着眼泪,支支吾吾说了半天,我才大概听明白是怎么回事。

虽然在这三句话中,"才"的意义并不完全相同,但是其语义皆指向其后所有成分。通过对大型语料库的检索我们发现,只有在"才"后出现助词"的"时,会有不同情况。

(7) 经历了这么多事,张无忌才明白自己最爱的人是赵敏。
(8) 大宋的江山,是无数的英雄豪杰抛头颅洒热血才守住的。
(9) 是他先给我留了言,我才去找的他。
(10) 这花是姑娘悉心浇灌才能开这么美的。
(11) 梵高把自己花了三个日夜才画出来的画稿撕得粉碎。
(12) 我们走的是一条经过几代共产党人不懈努力才探索出来的道路。

(7) 中"的"没有影响"才"的语义指向——"才"仍旧指向所在小句的其后所有成分。(8)、(9)、(10) 和 (12) 都是"是……的"句式,表示肯定语气。[①] 而 (8)、(9)、(10) 和 (12) 中"才"都出现在了"是"和"的"之间,可以分别还原成:

(8') 无数的英雄豪杰抛头颅洒热血才守住了大宋的江山。("才"语义指向"守住了大宋的江山")
(9') 他先给我留了言,我才去找了他。("才"语义指向"找了他")
(10') 姑娘细心灌溉,这花才能开这么美。("才"语义指向"能开这么美")

[①] 吕叔湘:《现代汉语八百词》,商务印书馆1996年版,第27页。

（12'）我们走了一条经过几代共产党人不懈努力才探索出来的道路。（"才"语义指向"探索出来"）

（8）、（9）、（10）中"是……的"之间是句子的主要成分（述语），去掉之后根本不能表达完整的句义；但（12）中"是……的"之间是句子的附加成分（定语），去掉之后句子仍然成立，"我们走（了）道路"依旧是个完整的句子。所以我们应该将（11）和（12）归为一类，"才"出现在定语成分中，语义指向"才"和"的"之间的定语成分；而例（8）、（9）、（10）虽然都用"是……的"强调肯定语气，识别过程中都要把"才V的……"结构还原成"V了……"但是（8）和（10）中还出现了成分移位的情况，必须先将移位成分还原再进行识别。我们将"才"后毗邻的谓语动词记为V，例（8）中，V前主语的位置存在一个空语类；例（10）中，V后宾语的位置存在一个空语类：

（8）[大宋的江山$_i$是（无数英雄豪杰抛头颅洒热血)$_i$才守住的 t_j。]

（10）[这花$_i$是（姑娘细心灌溉)$_i$$t_j$才能开这么美的。]

所以如果V所支配的成分中存在移位的情况，必须先做出语迹标记再进行识别。具体来说，针对"X是……才Y的Z"的格式，如果Z是空值，那么就有可能存在成分移位情况。其中，如果X可以充任Y的宾语，那么通常在"的"后就有一个空语类，如例（8），这时"才"的语义指向"Y了X"；如果X无法充任Y的宾语，那么通常在"才"前就存在一个空语类，如例（10），这时"才"的语义指向"Y了"。而如果Z不是空值，那

么基本就可以排除成分移位的情况，"才"的语义指向"Y了Z"。

三 "才"表示强调时的语义指向及其计算机识别

之所以把"才"表示强调的情况单列出来，是因为这种意义透露的情感色彩同心理预设无关，不过事实上表达这种含义时也存在不同的形式，主要包括单句强调和对比强调：

(13) a. 才不是你想的那样。
b. 麦哲伦才实现了环游地球，哥伦布没有。

a 表示单句强调，b 表示对比强调，虽然形式不同，但是"才"的语义皆指向其所在小句的其后所有成分（剔除"呢"、"呀"等句末语气词），通过对语料库的检索我们没有发现例外。

四 "才"语义指向计算机识别流程

依据上文的分析，我们发现在大多数情况下，"才"的语义指向所在小句的其后所有成分，只有在后面出现"就/已（经）"或者"的"时存在例外，而如果后面出现"的"，又有两种情况："才"出现在定语成分中，"才"出现在"是……的"句式中。可是在计算机识别过程中，如果仅以"就/已（经）"、"的"、"是"作为识别标志词，会遇到一些问题，以下我们逐一分析：

（一）"才"后出现"就是"

(14) 他才七岁就是名人了。
(15) 我才发现他就是我要找的人。

例（14）中"才"表示情况在未达到预设条件时提前发生，属于之前讨论过的"才……就"格式，"才"的语义指向"才"和"就"之间的成分；但是例（15）虽然也出现了"才"和"就"，但"才"所表示的含义却是条件已经超过了心理预设，"才"的语义指向其后所有成分。考察它们之间的差别，我们发现如果"才"后毗邻的动词是"发觉、发现、知道、了解、得知、获悉、明白、想到"等"了解"义动词（我们将这些词表示为[＋了解]），那么这一结构就直接对"才"的语义作出了选择，"才"只能表示条件已经超过了心理预设，[＋了解]发生的时间晚于预期，同时"才"的语义指向其后所有成分。

（二）"才"后同时出现"就/已（经）"和"的"

(16) 依萍才来两个月就是我们"大上海"的台柱了。
(17) 才切的猪肉就已经馊了。

从例（16）和（17）可以看到，如果"才"后同时出现"就/已（经）"和"的"，那么"才"的语义指向取决于这两个标志词中哪一个与之前的"才"距离更近。如果"才"和

"就"的距离更近，那么"才"的语义就指向"才"和"就"之间的成分；如果"才"和"的"的距离更近，那就意味着"才"出现在了定语成分中，其语义指向"才"和"的"之间的成分。

（三）"才"出现在定语成分中的确认方式

根据上面的分析，如果"才"存在于定语成分中，那么其语义指向"才"和"的"之间的成分。但是在很多时候，即使"才"后出现了"的"，同时前面也没有"是"，也未必可以保证它出现在了定语成分中，例如：

（18）这样的地方，才能产生这样的好文章。
（19）这时又来了个披着长发的男孩，一介绍原来他才是女孩的男朋友。

我们发现，在"X 才 Y 的 Z"格式中，如果 X 和 Z 中都不包含谓语动词，那么说明整个句子的主要谓语动词就在"才"和"的"之间，"才"也就不可能位于定语成分中；而如果 X 或 Z 中有谓语动词，这时就需要判断 Z 是否为 Y 的配价成分，如果不是，就说明"才 Y"并不是修饰 Z 的定语。在上述两种情况中，"才"的语义皆指向其后所有成分。而唯有同时满足 X 和 Z 都不包含谓语动词，以及 Z 是 Y 的配价成分两个条件，才能断定"才"出现在了定语成分中，语义指向"才"和"的"之间成分。

（四）副词"才"语义指向识别流程

根据上述分析，副词"才"的语义指向类别主要有六种情况：

类别 A：指向"才"所在小句的其后所有成分。
类别 B：指向"才"和"就/已（经）"之间成分。
类别 C：指向"才"和"的"之间成分。
类别 D：指向"Y 了 X"。
类别 E：指向"Y 了"。
类别 F：指向"Y 了 Z"。

所以，计算机在识别副词"才"的语义指向时，应该按照如下步骤进行：

步骤 1：识别"才"后是否存在"的"，组成"X 才 Y 的 Z"形式。若有，则进入步骤 4；若无，则进入步骤 2。

步骤 2：识别"才"后是否存在"就/已（经）"。若有，则进入步骤 3；若无，则符合语义指向类别 A。

步骤 3：识别"才"和"就"中间是否包含一个［+了解］动词，构成"……才［+了解］……就是……"格式。若是，则符合语义指向类别 A；若否，则符合语义指向类别 B。

步骤 4：识别 Y 中是否包含副词"就"。若是，则符合语义指向类别 B；若否，则进入步骤 5。

步骤 5：X 中是否存在一个"是"，构成"X'是……才 Y 的 Z"形式。若有，则进入步骤 8，若无，则进入步骤 6。

步骤 6：识别 X 或 Z 中是否包含动词成分。若有，则定义 Z_n 为 Z 中第一个名词，同时进入步骤 7；若无，则符合语义指向类别 A。

步骤7：识别是否存在"Y 了 Z_n"或者"Z_n Y 了"的匹配项。若存在，则符合语义指向类别 C；若不存在，则符合语义指向类别 A。

步骤8：识别 X'或 Z 中是否包含动词成分。若有，则符合语义指向类别 C；若无，则进入步骤9。

步骤9：识别 Z 是否为空值。若是，则进入步骤10；若否，则符合语义指向类别 F。

步骤10：在语料库中检索是否存在"Y 了 X'"的匹配项。若存在，则符合语义指向类别 D；若不存在，则符合语义指向类别 E。

由此我们可以得出计算机自动识别副词"才"语义指向的流程图（以下 Y 代表"是"，N 代表"否"）：

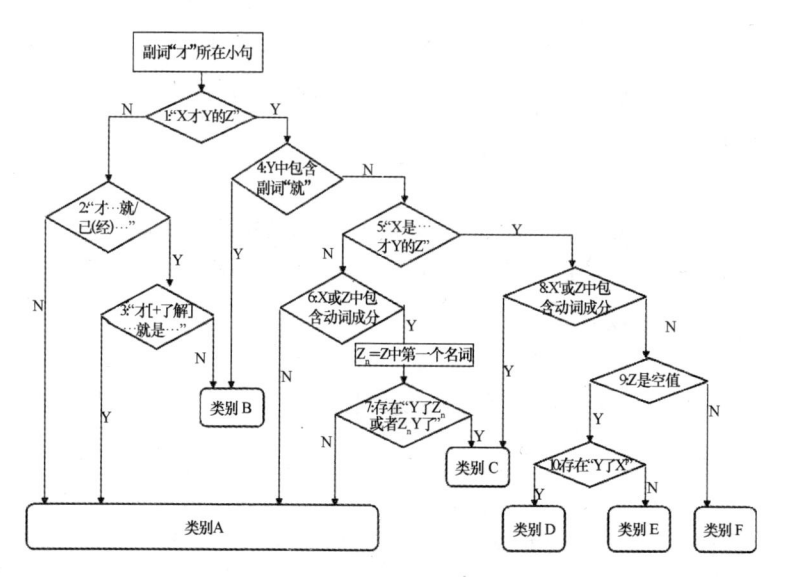

图1 "才"语义指向自动识别流程图

五　遗留问题

（一）流程本身潜在的偶然因素

图1所展示的程序流程图本身还存在一些尚需解决的问题，尤其是确认定语成分所采用的方法以及移位成分的还原，可能会受到不确定因素的影响。以定语的确认为例，我们认定当"才"出现在定语成分中：1. 整个句子的述语不可能落在"才"和"的"之间；2. "的"后的中心语必须是定语中的谓语动词的配价成分。但是这两个条件计算机操作起来都有一定难度，因此我们只能够借助一些模糊的手段：确认小句中存在标志词"才"和"的"之后，根据"X才Y的Z"的格式分别对X、Y、Z赋值，分别扫描X和Z中是否存在动词成分，如果不存在动词，说明Y不可能是定语；如果存在动词，那么再提取Z的第一个名词，定义为Z_n，在大型语料库中检索"Y了Z_n"或"Z_nY了"是否存在匹配项，由此说明Z_n是否是Y的配价成分，这种方法本身存在一定的偶然性。要排除这种偶然性，我们必须首先研究出确认定语成分的更有效手段。

（二）词的分化和词类确认

在对副词"才"进行语义指向识别以前，我们首先要将不是副词的"才"过滤掉，其中"才能"的情况比较复杂，既可能为一个词，表示才智和能力，也可能是副词"才"加上了动词"能"，需要特别重视。另外，"就"作为识别的标志词之一，也存在多种意义和用法，尤其是"就（是）"作为语助词或者插入语时，对于识别会产生一定程度的干扰，需要另外加以分化。事实上，只要排除"才"和"就"的交集型歧义和组合型歧义，通过图1的流程就可以基本做到准确识别了。

此外，准确确定词类是该流程若干步骤的前提条件。而目前中文信息处理中，自动分词的准确率可以达到95%，但是词类的确认却还存在一些差距。

（三）小句的确认方法

从形式上，我们似乎只能利用标点符号来切分长句，识别小句，但是在很多情况下这是不完全可靠的，例如：

（20）毛主席来了，才，把我们妇女解放出来了。

依据识别流程，"才"没有指向任何成分，这显然不符合语言实际。所以，我们还需要研究更有效的识别小句的方法。

（四）句末语气词的处理

与"才"字共现率较高的句末语气词有"呢"、"呀"等，针对A类识别结果，如果在末尾扫描到"呢"或"呀"，就应该自动剔除掉。可是在少数情况下，句末语气词也有一定的语法功能，如：

（21）一直看到了半夜，才冲出去买了布给包喽，才埋了。

第二个小句末尾的"喽",在功能上相当于"了",可以看作"了"和"哦"的合音词,作为"才"语义所指向的成分不能够剔除掉。那么句末语气词究竟哪些应该剔除,哪些应该保留?这还需要进一步研究。

(五) 句子存在空语类时的处理

空语类是指在语句中的某些句法成分位置上没有出现的一些词和词组,换句话说就是这些句法成分的位置是"空"的,汉语"空语类"有"语迹 t"、"省略 e"和"隐含 p"三种情况。[①] 利用上述识别流程,我们已经解决了部分存在语迹 t 的情况,在试验中,存在隐含 p 和省略 e 的句子也大都得到了正确的识别结果,可是如果"才"字本身移到了句末,利用图 1 的流程就没有办法解决了。所以我们觉得,还是需要专门针对存在空语类的句子做系统的讨论。

六 结语

我们从"才"的意义出发,确认不同功能下"才"的语义指向,同时探索影响其语义指向的形式标记,并据此编制了识别流程图。但是也遇到了不少问题,接下来还有大量工作要做。

[①] 陆俭明:《汉语和汉语研究十五讲》,北京大学出版社 2003 年版,第 151、182 页。

参考文献

陆俭明：《现代汉语语法研究教程》，北京大学出版社 2003 年版，第 57 页。

宗成庆、曹右琦、俞士汶：《中文信息处理 60 年》，《语言文字应用》2009 年第 4 期。

税昌锡：《语义指向分析纵横谈》，《外国语言文学研究》2009 年第 3 期。

吕叔湘：《现代汉语八百词》，商务印书馆 2009 年版。

陆俭明：《汉语和汉语研究十五讲》，北京大学出版社 2003 年版。

（原载《长江学术》2012 年第 1 期）

"没(有)"语义指向的自动识别

关于否定词"没(有)"的词性问题,学界尚有争议,归纳起来主要有三种观点:一是认为动词或形容词前的"没(有)"是副词,名词前的"没(有)"是动词。① 二是认为动、形、名词前的"没(有)"都是动词。② 三是认为不论是什么词类前的"没(有)"都是一个,尽管在不同的词类前被否定词语的具体含义不同,"没(有)"始终没有变,即都是对有界性成分的否定。③ 我们也认为,不管它出现在什么位置上,计算机识别的时候,"没(有)"始终只有一个,所以我们在这里不探讨它的词性问题。

本文从努力实现语义指向的计算机自动识别这一目标出发,着重探讨否定词"没(有)"的句法环境和语义指向,寻找其规律,并提出计算机对其语义指向进行自动识别的策略和规律。

---

① 吕叔湘:《现代汉语八百词》,商务印书馆 2006 年版。
② 朱德熙:《语法讲义》,商务印书馆 2003 年版。
③ 石毓智:《肯定和否定的对称与不对称》,北京语言文化大学出版社 2001 年版。

一 "没(有)"出现的句法格式

(一)"没(有)" + NP

NP可为单个名词、单个代词、定中短语、并列短语或同位短语。例如:

我没有时间。
这次的出国名单里没有他。
我们没有绝对的证据。
没有大棚以前,冬天的水果店里没有西瓜和荔枝。
王琦瑶的心里根本就没有他这个人。

石毓智指出,当NP为单个名词时,此名词必须具有有界的性质,其语法特征为能自由地用数量词语称数。例如"草、笔、时间、纸张、学问、可读性"等。这类词中有的情况较特殊,如集合名词"纸张",另有"学问"、"可读性"等,它们只能被表示约数的数量词"有点、许多、很大"修饰。尽管如此,其中量性成分"多、点、大"已经显示出被修饰的词在量上具有界限分明的特征,因此可以用"没(有)"否定。不能自由用数量词语称数的名词,就不具备有界性。这又表现为两种情况,一是只能被某一个或几个特定的数量词语修饰,例如"怒火"只能用"一腔"或"满腔"修饰,而不能使用别的数量词。另一种情况是,完全不能被任何数量词语称数,这类词如"景况、伦常、海量、心灵"等。我们不能说"一些景况""很多伦常/

海量/心灵"。这类词都不能被"没(有)"否定。

当 NP 为单个代词时，此代词也必须具有有界的性质。由于代词本身不能用数量词称数，它们的有界性完全是由所替代的对象决定的。

指代人、事物、处所、时间、数量的代词，都具有有界性，因为这些对象也都是有界的，譬如"谁、什么、哪、我、你、他、我们、你们、它们、几个、多少、这些、那么些"等。

指代时间的代词中，只有替代或询问时间长短的代词都具有有界性，可用"没有"否定，例如"多长时间、几天、那么长（时间）"等，这类词所指代的是诸如两星期、十天、三个月等，显然，"两星期"等也是有界量，可用"没（有）否定"。

指代性质、状态、方式、程度的代词，大都具有有界和无界两种性质，因此它们既可以用有界否定词"没（有）"否定，也可以用无界否定词"不"否定，如"怎样、怎么样、这样、那样、这么样、那么样"等。这些代词所替代的词类一般是动词或形容词，因此它们兼有这两类词的数量性质。

NP 为定中短语时，定语可为名词、代词、数量词、形容词、动词。名词、代词、形容词、动词都是对中心语的性质进行说明的，只有数量词中的量词对整个定中短语的数量特征有影响。因此我们只需考察其中的量词是否具有有界性。有界性量词的语法特征为，其前的数字可以自由替换，如"个、张、条"等，可用"没（有）否定"；其前只限于用某一个或几个特殊数字的，如"码、阵、番"等，不具备有界性特征，因此不能用"没（有）"否定。[①]

[①] 石毓智：《肯定和否定的对称与不对称》，北京语言文化大学出版社 2001 年版。

并列短语和同位短语可看作单个名词、代词和定中短语的排列组合，其实质并未发生变化，因此其中出现的名词、代词、量词也都应满足上述的有界性条件。

（二）"没（有）" +VP

此格式中的 VP 可以为动词加上动态助词、结果补语、数量词、介词短语、时间词或动量词。如下例所示：

1. 动态助词

房子没塌。①
他没看过《红楼梦》。
橘子没红②

2. 结果补语

那个古董没有打破。
我没搞懂这道题。

3. 数量词

他没吃几个汤圆。

---

① 此句相应的肯定形式应为"房子塌了"。根据石毓智的研究，"没（有）"否定单个动词时，实际上是对"动+了"的否定，即"没+动"的肯定式是"动+了"。
② 因为形容词也属谓词，因此本文将它和动词归为一类。

她没学几首新诗。

4. 介词短语

他没把书放在书架上。
妈妈没把饭搁到冰箱里。

5. 时间词

昨天晚上我没学两个小时。
今天早上他没跑很长时间。

6. 动量词

海鲜大餐我没尝几次。
这篇课文他没有看三遍。

上述动词成分的共同之处在于，带有可以使动词有界化的量性成分，即可以指出动作的终点。

动态助词"了"能使无自然终止点的动作变为有自然终止点或使动作的自然终止点变为实际终止点。[①] 动态助词"过"[②]表示动作完毕，也就意味着这个动作是有终点的。

动结式和动趋式也含有完结的意思，这两类补语称为有结果

[①] 沈家煊：《"有界"与"无界"》，《中国语文》1995年第5期。
[②] 这里的"过"是"表示动作完毕"的"过"。

意义的补语。①"V + 结果意义补语"和"V + 了"一样,有一个内在的自然终止点。

数量词指明了动作所带的宾语的数量,同时指明了动词是有终点的。如"吃几个汤圆",当这"几个汤圆"吃完的时候,"吃"这个动作自然也就结束了。

指明动作到达处所的介词短语也可以使动作有界化,如"放在书架上","书"到了架子上,"放"这个动作自然也就结束了。

时间词直接指出了动作的持续时间。持续时间结束,动作也就结束了。

动量词表明了动作或变化的次数,也就是说次数结束动作也就结束了。

(三)"没有" + NP + VP

例如:

> 我们没有事情做
> 你没有理由不去
> 没有任何人知道这件事

从表面上看,上述结构形式基本相同,都是"没有 + NP + VP",但实际上是有区别的。它们可分为四类。②

---

① 吕叔湘:《疑问否定肯定》,《中国语文》1985 年第 4 期。
② 朱德熙先生曾将"有 + N + V"格式分为六类进行描写,这六类中有四类可以转化为"没有 + NP + VP"形式。

第一类：此类的特点是能转换成"没有 + VP 的 + NP"，例如：

  没有可能来——没有来的可能
  没有理由不去——没有不去的理由
  没有办法解决——没有解决的办法
  没有勇气承认——没有承认的勇气

这类句子里的动词如果是及物的，都可以带宾语。带宾语的时候，上面的变换关系仍然成立。例如：

  没有条件上大学——没有上大学的条件
  没有机会说英语——没有说英语的机会
  没有责任抚养孩子——没有抚养孩子的责任

NP 既可指具体事物，也可为抽象名词。例如：

  没有钱买书——没有买书的钱
  没有人帮忙——没有帮忙的人
  没有必要参加——没有参加的必要
  没有希望治好——没有治好的希望

第二类：此类格式里的 NP 在意念上是 VP 的受事，因此这一类格式里的 VP 后头不能再带宾语。例如：

  没有饭吃/没有衣穿/没有钱花/没有话说/没有路走/没有房子住

第三类：此类里的 VP 是形容词。这一类句式都是表示"度量"的。例如：

没有三尺长／没有两斤重／没有一米宽

这里的 NP 既可以为上面所列的数量词，又可以是单独的名词或代词，此时是以名词或代词的所指作为量度的标准。例如：

没有筷子（那么）长
没有碗口（那么）粗

第四类：此格式一般表完全否定。例如：

这里没有一个人会开车

是说所有的人都不会开车。并且 NP 经常包括"一＋量词"成分。① 例如：

这里没有一个人会开车。
没有一个人知道这件事。
没有一件产品符合规格。

---

① 自然语言否定词的含义都是"不够""不及"，由此可以推出否定的范围是等于和大于所否定的量。由此可以推知，在给定的范围内，对其中最小一个量级的否定等于对于整个范围的否定。"1"是自然数中最小的一个，所以常常借用它与适当的量词相配表示完全否定。

但名词"人"是例外，它前面可不用"一个"，例如：

没有人丢了钱包

疑问代词"谁、怎么、什么、任何"等可以表示遍指。当其用于否定句时，可以替换"一＋量"短语。例如上面例句可改为：

这里没有一个人会开车。——这里没什么人会开车。
没有一个人知道这件事。——没有任何人知道这件事。
没有一件产品符合规格。——没有什么产品符合规格。

（四）"没（有）"之后有"是"、"之"、"的"等

例如：

这个东西蛮有趣味，没有写是一个遗憾。
在复式簿记没有广泛使用之前，此情形也曾出现于西方。
没有实现的梦想往往最美丽。

二 "没（有）"的语义指向

关于"没（有）"的语义指向，在其指向的方向性问题上，

学界已基本达成共识，即"没（有）"指向其后的成分。①但究竟指向其后的什么成分看法不一。其实，它指向的对象并不是单一的，我们根据对"没（有）"出现的句法格式的描写，可以梳理出"没（有）"在不同格式里的具体语义指向：

在"没（有）+NP"中，因"没（有）"后只有一个NP，所以"没（有）"指向NP，也就是其后所有成分。

同理，在"没（有）+VP"中，因"没（有）"后只有一个VP，所以"没（有）"指向VP，即其后所有成分。

在格式"没（有）+NP+VP"中，我们认为"没（有）"指向"有+NP+VP"。这是基于两点考虑：一是"NP+VP"作为单独的语言成分无法成立，例如我们不能说"理由去"、"钱花"；二是"有+NP+VP"是连谓结构之一，可以单独成立。②所以我们认为这里"没"指向"有"及其后成分。

在第四大类格式中，"没（有）"之后的"是"、"之"、"的"等具有截断"没（有）"的否定分子延续活动的作用，因此在这类格式中，"没（有）"指向"没（有）"和"是"、"之"、"的"之间的成分，也就是"没（有）"的毗邻成分。③

综上所述，"没（有）"的语义指向共有三类：

A类：指向其后所有成分。

B类：指向"有"及其后成分。

---

① 吕叔湘认为在句子里"不"或"没"的否定范围是"不"或"没"后的全部词语。沈家煊也有类似的表述："一般而言，句子中被否定的成分总是出现在否定词的后面，如果出现在否定词的前面，那就要加标记，例如加特殊重音。"袁毓林也认为"在无标记的情况下，否定的辖域一定是否定词之后的成分。"

② 朱德熙：《语法讲义》，商务印书馆2003年版。

③ 钱敏汝：《否定载体"不"的语义——语法考察》，《中国语文》1990年第1期。

C 类：指向毗邻成分。

三 "没（有）"的语义指向计算机识别的策略与流程

考虑到本文的最终目的是要实现计算机对"没（有）"语义指向的识别，而最方便计算机识别的就是形式化的符号，又加之计算机识别的是经过分词和词形标注处理的语料，因此我们有必要对上文的 NP、VP 的组成部分的词性进行更加细致的研究。为了方便研究，我们拟对 NP、VP 进行一定的简化。NP 都为不带定语的[①]。VP 都不带"状语"，且"V+过""V+结果补语"也都看作一个动词性成分。[②] 由此，我们将上述四大类格式改写为：

1. "没（有）" + NP

"没（有）" + 名词/代词

2. "没（有）" + VP

（1）a. "没（有）" + 动词

b. "没（有）" + 形容词

（2）"没（有）" + 动词 + 数词 + 量词

（3）"没（有）" + 动词 + 介词短语（其末位成分为方位词）

（4）"没（有）" + 动词 + 名词/代词

（5）"没（有）" + 动词 + 数量词 + 名词/代词

3. "没（有）" + NP + VP

（1）a. 没（有） + 名词 + 动词

---

① 定语为"谁、怎么、什么、任何"等表周遍意义的成分，不在此列。
② 因为能充当定语、状语、结果补语的成分太过繁杂，拟以后专文进行讨论。

b. 没（有）＋名词＋动词＋名词/代词

（2）没（有）＋名词＋动词

（3）没（有）＋数量词/名词＋形容词

（4）没（有）＋"人""一""任何"等＋动词

4. 此类中的"是"、"之"、"的"等成分计算机已可识别。

改写后格式"没（有）"的语义指向的类型不变。1、2为A类，3为B类，4为C类。

观察改写后的格式，我们发现可以通过对结构中成分的词性，尤其是末位成分的词性的判别来确定该结构中"没（有）"的语义指向。例如，让计算机首先识别出末位为动词的结构，2（1），3（1）b，3（2）符合条件。再让计算机识别该动词前是否有名词，如果没有，则为2（1）类；如果有，则为3（1）b，3（2）类。2（1）中"没（有）"的语义指向为A类。3（1）b，3（2）中"没（有）"的语义指向为B类。这样就完成了末位为动词的句子的识别。其余词类同理。

现在我们就以此来编制计算机识别的流程。①

计算机识别的对象为带有"没（有）"的句子，称为"'没（有）'字句"。

步骤一：识别"没（有）"后是否有"是"字。若有，进入步骤二。若无，进入步骤三。

步骤二：识别"是"前的成分是否为名词。若为名词，则该句属3（1）b类句，"没（有）"的语义指向为B类；若不为

---

① 需要说明的是，我们优先处理4类句和3（4）类情况。因为此类中的动词形式太过复杂，不能依靠句末成分的词性来处理，但可以依靠计算机可识别的词语来识别。比如，让计算机直接识别"没（有）"后是否有"的"或"之"，若有，则该句属于4类句，"没（有）"的语义指向为C类。

名词,则该句属4类句,"没(有)"的语义指向为C类。

步骤三:识别"没(有)"后是否有"的"或"之",若无,进入步骤四。若有,则该句属4类句,"(没)有"的语义指向为C类。

步骤四:识别"(没)有"后第一成分是否为"人""一个"或"谁、怎么、什么、任何"成分。若是,进入步骤五。若不是,进入步骤六。

步骤五:识别步骤四中识别的成分之后是否有动词。若有,则此句属3(4)类句,"没(有)"的语义指向为B类。若无,则此句属1类,"没(有)"语义指向为A类。

步骤六:识别句末成分的词性

若为方位词,则属2(3),"没(有)"语义指向为A类。

若为量词,则属2(2),"没(有)"语义指向为A类。

若为动词,则进入步骤七。

若为名词或代词,则进入步骤八。

若为形容词,则进入步骤十。

步骤七:识别动词前是否有名词。若有,则属3(1)a和3(2)类,"没(有)"语义指向为B类。若无,则属2(1)a,"没(有)"语义指向为A类。

步骤八:识别名词或代词前是否有动词。若有,进入步骤九。若无,则属1类,"没(有)"语义指向为A类。

步骤九:识别动词前是否有名词。若有,则属3(1)b,"没(有)"语义指向为B类。若无,则属2(4)或2(5),"没(有)"语义指向为A类。

步骤十:识别形容词前是否有数词或名词。若有,则属3(3),"没(有)"语义指向为B类。若无,则属2(1)b,"没(有)"语义指向为A类。

至此，识别完毕。

识别流程图如下：

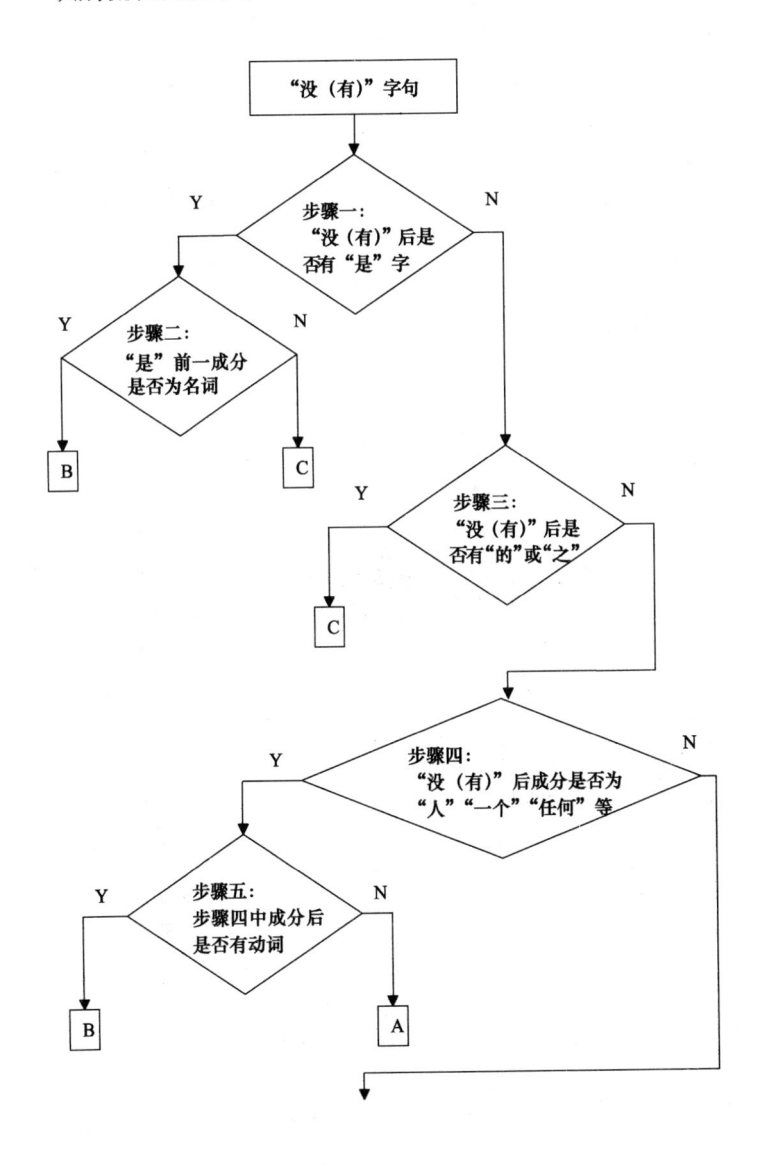

```
                    ┌─────────────┐
                    │ "没(有)"字句 │
                    └──────┬──────┘
                           ↓
              Y     ╱────────────╲    N
          ┌───────╱   步骤一：     ╲───────┐
          │       ╲ "没(有)"后是   ╱       │
          │        ╲否有"是"字   ╱        │
          ↓         ╲──────────╱          │
    ╱──────────╲                          │
  Y╱  步骤二：  ╲ N                        │
 ┌─╲ "是"前一成分╱─┐                       │
 │  ╲是否为名词 ╱  │                       │
 │   ╲────────╱   │                       ↓
 ↓                ↓              ╱──────────────╲
┌───┐          ┌───┐        Y   ╱   步骤三：      ╲  N
│ B │          │ C │       ┌───╱  "没(有)"后是    ╲───┐
└───┘          └───┘       │   ╲ 否有"的"或"之"   ╱   │
                           ↓    ╲──────────────╱    │
                         ┌───┐                      │
                         │ C │                      ↓
                         └───┘          ╱──────────────────╲
                                    Y  ╱     步骤四：        ╲  N
                                ┌─────╱  "没(有)"后成分是否为 ╲─────┐
                                │     ╲ "人""一个""任何"等    ╱     │
                                │      ╲──────────────────╱      │
                                ↓                                │
                      ╱──────────────╲                           │
                   Y ╱   步骤五：      ╲  N                       │
                  ┌─╱  步骤四中成分后  ╲─┐                        │
                  │ ╲   是否有动词     ╱ │                        │
                  │  ╲──────────────╱   │                        │
                  ↓                     ↓                        │
                ┌───┐                 ┌───┐                      │
                │ B │                 │ A │                      │
                └───┘                 └───┘                      ↓
```

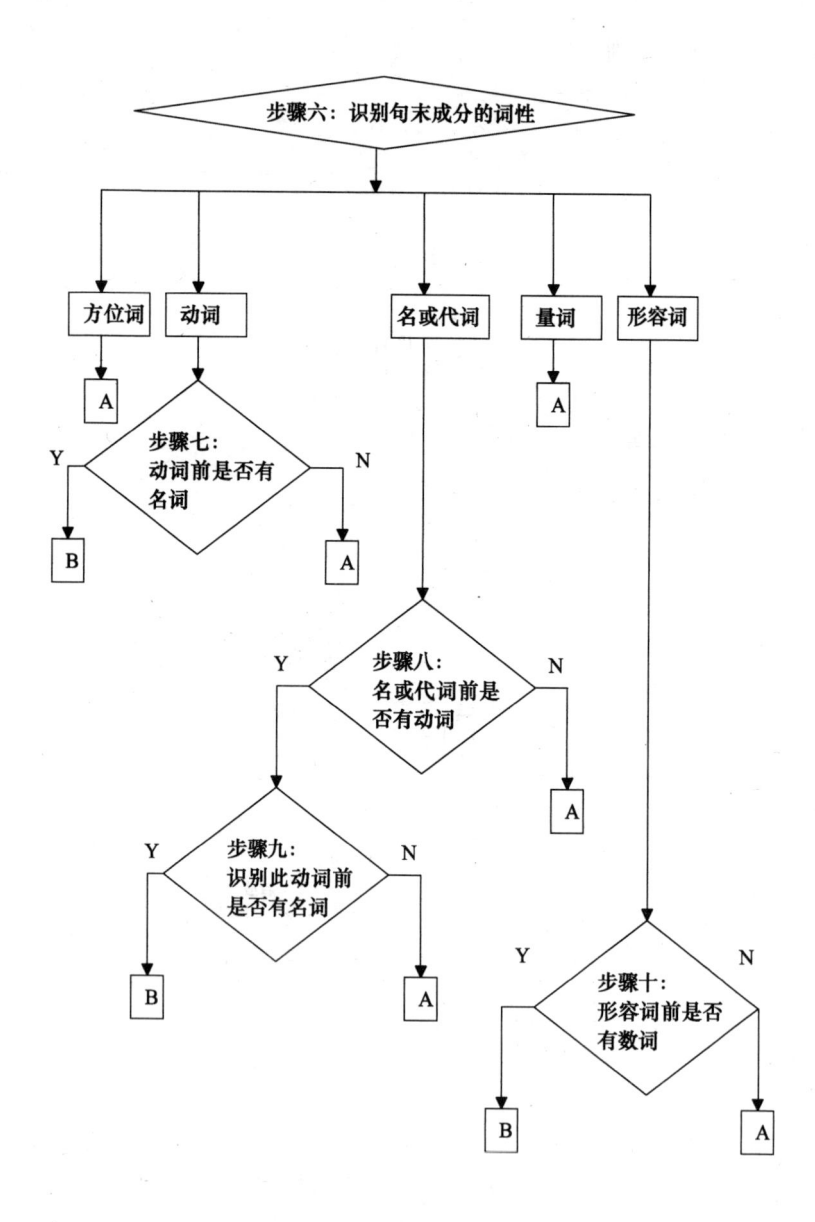

```
                    ┌─────────────────────────────┐
                    │ 步骤六：识别句末成分的词性  │
                    └──────────────┬──────────────┘
         ┌────────┬────────┬───────┴───────┬────────┬────────┐
       方位词    动词           名或代词         量词      形容词
         │        │               │              │          │
        [A]       │               │             [A]         │
                  │               │                         │
            ┌─────┴─────┐         │                         │
         Y ╱ 步骤七：    ╲ N      │                         │
         ─╱ 动词前是否有  ╲─      │                         │
           ╲ 名词         ╱       │                         │
            ╲_____╱        │                         │
         │                │       │                         │
        [B]              [A]      │                         │
                                  │                         │
                          ┌───────┴───────┐                 │
                       Y ╱ 步骤八：        ╲ N              │
                       ─╱ 名或代词前是      ╲─              │
                         ╲ 否有动词         ╱               │
                          ╲_____╱                │
                         │                 │                │
                         │                [A]               │
                   ┌─────┴─────┐                            │
                Y ╱ 步骤九：    ╲ N                         │
                ─╱ 识别此动词前  ╲─                         │
                  ╲ 是否有名词   ╱                          │
                   ╲_____╱                           │
                 │              │                           │
                [B]            [A]                          │
                                            ┌──────────────┴───────┐
                                         Y ╱ 步骤十：               ╲ N
                                         ─╱ 形容词前是否             ╲─
                                           ╲ 有数词                  ╱
                                            ╲_____╱
                                          │                        │
                                         [B]                      [A]
```

参考文献

吕叔湘:《现代汉语八百词》,商务印书馆2006年版。

朱德熙:《语法讲义》,商务印书馆2003年版。

石毓智:《肯定和否定的对称与不对称》,北京语言文化大学出版社2001年版。

沈家煊:《"有界"与"无界"》,《中国语文》1995年第5期。

吕叔湘:《疑问否定肯定》,《中国语文》1985年第4期。

钱敏汝:《否定载体"不"的语义——语法考察》,《中国语文》1990年第1期。

(原载法国《对流》2009年4月,法国《对流》杂志社,ISSN1283-1913)

副词语义指向自动识别的路径探讨和个案分析[①]

一 要研究的问题

在自然语言信息处理中,当前遇到的瓶颈是句处理的问题。所谓"句处理",就是"怎么让计算机处理、理解自然语言中一个句子的意义,怎么让计算机生成一个符合自然语言规则的句子"[②]。制约句处理的最大难题就是要解决语义问题,这也是自然语言处理的关键。句子的语义问题涉及两个层面,一是句子各成分本身的意义,另一个是句子各成分组合所产生的意义。句处理必须对句子的语义问题进行分层处理。既要弄清各成分本身的意义,又要弄清成分与成分组合所产生的种种意义。一般来说,成分本身的意义相对简单、明确,成分的组合意义十分复杂,而且成分组合意义的复杂性更导致了句处理的复杂性和艰难性。本文拟探讨的语义指向问题就是句子成分组合中的复杂问题,是句

[①] 与吴迪合作完成。
[②] 陆俭明:《关于句处理中所要考虑的语义问题》,《语言研究》2001年第1期。

处理不可回避的重要问题。

语义指向是指句中某个成分在语义上跟哪个成分直接相关。某成分语义指向的不同，直接影响句子的意义。例如：

饭我们都吃了。
饭我们吃完了。

例子中的"都"和"完"在意义上既可能指向"饭"，也可能指向"我们"。如果指向"饭"，句义是：饭被我们吃光了；如果指向"我们"，句义是：我们都吃完饭了。显然，同一成分的语义指向不同，句义完全不同。如果不能正确判断语义指向，就会误解句义。而语义指向在句法上往往没有明显的形式标记，这就给语言理解带来一定的困难，尤其是给计算机的自动识别带来障碍。要解决自然语言的句处理问题，必须突破语义指向的自动识别问题。

自从20世纪80年代语义指向分析进入语言研究领域以来，我国语法学者从不同角度对语义指向进行了研究。总的来说，主要包括两个方面：① 其一，运用语义指向分析法对语言事实做具体的分析，探寻其句法和语义上的对应规律。有的着眼于句子成分，考察了补语、状语、定语等句法成分的语义指向问题，有的从词类出发，考察了副词、形容词、代词、名词、动词以及介词结构等的语义指向问题。其二，从理论上对语义指向本身进行探讨，说明其产生的背景、性质、内涵、范围、表现形式以及在语法分析中的作用等。总的来看，语义指向研究

---

① 税昌锡：《语义指向分析的发展历程与研究展望》，《语言教学与研究》2004年第1期。

虽然涉及的内容较为广泛，但较多的是现象分析，较少归纳规律；较多的是个别分析，较少系统考察；面向应用的更少，几乎还没有见到针对自然语言计算机处理的语义指向研究。总之，我们对语义指向问题的认识还十分有限，尤其是对语义指向的规律缺乏把握，对语义指向的形式标记捕捉不多，加上已有的研究立足点大都不在于应用，没有为计算机处理语义指向储备好充足的知识，所取得的成果与语言信息处理的要求之间存在着很大的距离。因此，要想实现计算机对语义指向的自动识别，还有大量工作要做。

我们拟在语义指向研究既有成果的基础上，紧紧围绕"为语言信息处理所用"这一目标，进一步深化、细化语义指向研究，以现代汉语副词语义指向为样本来解剖麻雀，具体探讨现代汉语副词不同语义指向出现的条件和可以捕捉的形式标记，描绘现代汉语副词语义指向网，建构副词语义指向的流程图，从而为副词语义指向计算机自动识别策略的制定和程序编写，提供依据甚至蓝本。这无疑对于实现语义指向的计算机自动处理乃至整个基于语义的自然语言处理都具有重要意义。

二　研究思路和方法

要实现现代汉语副词语义指向的计算机自动识别，必须摸清现代汉语副词不同语义指向出现的条件和可以捕捉的形式标记，并把它们形式化。因此，我们首先要做的工作，就是最充分地利用海量语料，详尽考察现代汉语副词语义指向的不同情况，探寻现代汉语副词不同语义指向的约束条件和机制，并对其进行形式化的描述，然后构建计算机自动处理策略和流程模型。

我们知道，现代汉语中副词主要作状语，在语义上可能前指，也可能后指；既可以指向相邻成分，也可以指向间隔成分，在不同的情况下具体指向不同。本研究就是要找出不同指向出现的条件，并在此基础上编制流程图，使计算机根据有关的条件执行相应的命令，作出相应的判断，从而使整个系统成为一个可以自动运作的过程。

现代汉语副词可分为程度副词、时间副词、范围副词、否定副词、语气副词、频率副词，等等。其中时间副词语义指向单一，流程简单。而范围副词、否定副词、程度副词、频率副词情况较复杂，编制流程图需要具体详尽的条件限制。即使是同类副词，不同的词具体运行情况也不相同，所以我们拟对副词进行分类讨论，对同类中的特殊副词进行个别讨论。具体包括程度副词和时间副词语义指向的计算机识别，范围副词"都"、"只"语义指向的计算机识别，否定副词"不"、"没（有）"、"别"语义指向的计算机识别和频率副词"又"、"也"语义指向的计算机识别，等等。

确定了副词的类别之后，我们将从具体的副词入手，以具体副词为关键词，利用大型语料库和巨量生语料查找全部用例，考察其上下文，确定其语义指向，探索其语义指向的条件和标记，然后将这些条件和标记系统化，抽象其规律，找出其相互制约的因素，根据这些因素起作用的程度和先后顺序编制流程图。从我们已有的研究成果来看，这种研究方法是可行的。

三　个案分析

我们曾讨论了时间副词"从小"语义指向的计算机识别，得出了计算机识别"从小"语义指向的流程图。① 我们这里再考察否定副词"不"语义指向的计算机识别。②

现代汉语研究中，关于否定的成果颇丰。有的是从否定辖域的角度进行，有的是从否定焦点的方面着手。但不管是否定辖域

---

① 赫琳:《从小语义指向的计算机识别》,《华中科技大学学报》（社会科学版）2004年第4期。
② 本文考察否定副词"不"的语义指向，因此下列"不"不做副词的情况不在考察范围之内：
1. 带"不"字的词和带"不"字的习用语。
2. "不"做助词的情况。根据《现代汉语八百词》，"不"放在动结式、动趋式复合动词的两部分中间，表示不可能，跟表示可能的"得"相对。轻读。
3. "不"单用，回答问话，表示与问话意思相反。根据《现代汉语八百词》，这种用法的"不"仍属于否定副词。但是它的否定范围隐藏着，要从它前面的话语里，或者是联系前面的话语和后面的说明部分去寻找，有时甚至要依靠背景知识，本文对此暂不做考察。

另外，根据石毓智的观点，考察否定用法必须区分现实句和虚拟句。现实是指客观存在的事物、行为、性质、变化、关系、量等。表达这方面情况的句子称之为现实句，语言中多用陈述句的方式来表示。虚拟是不符合事实的、假设的、主观幻想的、不真实的事物、行为、性质等。对这些内容进行表述的句子就相应地称之为虚拟句，语言中用条件句、假设句、意愿句、祈使句、疑问句等加以表示。

现实和虚拟这两种对立的现象在语言中表现为现实句和虚拟句在句法上的一系列差异，尤其是在它们的否定表达上。同时，现实句和虚拟句在肯定否定的用法上经常表现为一种互补关系。因此，可以说现实句和虚拟句的肯定否定使用情况在本质上是相通的，一种情况研究清楚了，另一种情况的问题就可以迎刃而解。表现实的陈述句语义直观，使用面广，具有普遍性、代表性，因此本文选择陈述句作为考察范围。

还是否定焦点，研究的都是否定词到底否定的是什么成分，其实也就是否定副词的语义指向问题。

考察某一成分的语义指向要从两方面进行，即其指向的"方向性"和"目标性"。①"方向性"考察这一成分是前指还是后指。"目标性"考察它指向的成分是单个还是多个。

在否定副词"不"指向的方向性这一问题上，学者们的研究结论基本一致，即指后。吕叔湘认为在句子里"不"或"没"的否定范围是"不"或"没"后的全部词语。②沈家煊也有类似的表述："一般而言，句子中被否定的成分总是出现在否定词的后面，如果出现在否定词的前面，那就要加标记，例如加特殊重音"。③袁毓林也认为"在无标记的情况下，否定的辖域一定是否定词之后的成分"。④

但是，在否定副词"不"指向的目标性这一问题上，即"不"否定的究竟是其后哪一个或哪几个成分这个问题上，各家看法不一，归纳起来有三种观点。

第一种，指向"不"后的全部成分。正如吕叔湘先生所述，在句子里"不"或"没"的否定范围是"不"或"没"后的全部词语。⑤

第二种，指向焦点。即"不"否定句子的焦点，无对比焦点时否定自然焦点，有对比焦点时否定对比焦点。持此类观点的

---

① 周国光：《试论语义指向分析的原则和方法》，《语言科学》2006年第7期。
② 吕叔湘：《疑问否定肯定》，《中国语文》1985年第4期。
③ 沈家煊：《不对称和标记论》，江西教育出版社1999年版。
④ 袁毓林：《论否定句的焦点、预设和辖域歧义》，《中国语文》2000年第2期。
⑤ 吕叔湘：《疑问否定肯定》，《中国语文》1985年第4期。

有徐杰、李英哲①、沈家煊②、刘顺③等。

但是也有人对此提出了不同的意见。袁毓林认为，否定在表层结构上是一种线性的语法范畴，否定有其独立的范围和焦点，否定词的位置有其特定的语序效用。在有强调标记的句子中，否定句的焦点不一定就是否定词的否定焦点，否定句的焦点跟否定焦点是可以分离的，因此存在着独立的否定焦点。④ 胡建华认为，在有焦点的句子中，否定词对焦点成分的否定实际上是由其他原因造成的。他认为这种情况中否定词并没有否定它前面的焦点成分，而是仍然否定否定词后的整个动词词组。当焦点算子对某一焦点变量进行操作时，带有否定词的谓语会充当焦点变量的限制性成分，当受否定性谓语限制的焦点变量在核心域影射到焦点成分上时，焦点成分便会得到貌似直接否定焦点的解读。⑤

第三种，指向毗邻成分，即紧邻的成分。这又分为两种情况。

一是钱敏汝提出的："当'不'出现在带'的'的定语结构中、带'地'的状语结构中和带'得'之后的补语结构中时，'的''地''得'具有截断'不'的否定分子延续活动的作用，把否定范围限制在形式表层上位于'的''地'之前和'得'

---

① 徐杰、李英哲：《焦点和两个非线性语法范畴："否定""疑问"》，《中国语文》1993年第2期。

② 沈家煊：《不对称和标记论》，江西教育出版社1999年版。

③ 刘顺：《现代汉语的否定焦点和疑问焦点》，《齐齐哈尔大学学报》（哲学社会科学版）2003年第2期。

④ 袁毓林：《论否定句的焦点、预设和辖域歧义》，《中国语文》2000年第2期。

⑤ 关于否定词是否能否定焦点，我们认为：焦点是语用平面的范畴，本文研究计算机的语义识别，所识别的语料只做了分词和词性标注的处理，无法处理对焦点的识别，因此对焦点问题暂不做讨论。

之后的成分。'的''地''得'本身不属于否定范围。"[①] 也就是说，当"不"后紧邻出现带"的"。"地"的修饰成分时，"不"指向修饰成分。而"不"出现在"得"之后，就否定"得"之后的成分。

二是李宝伦、潘海华提出的，若句内没有焦点，"不"否定毗邻它的成分。[②] 但胡建华认为这种说法同样有问题。胡建华从形式语法的角度解释这种情况，认为"不"这时是某一 V^0 的最大投射 VP 的附加语，它的否定辖域是它所含成分统制的 VP。[③] 也就是说，此 VP 包括动词和与"不"毗邻的成分。这样"不"语义指向的仍是其后全部成分。

由上述可知，关于副词"不"的语义指向还有一些问题需要进一步研究。为了弄清副词"不"的语义指向的全面情况，笔者利用北京大学现代汉语语料库等，[④] 详尽考察了"不"的语义指向状况。根据我们的考察和研究，可把含有否定副词"不"的句子分为两种情况：一种是"不"后出现带有"的"或"地"修饰语的，另一种是"不"后没有出现带"的"或"地"修饰语的。我们发现，"不"的语义指向与"的"、"地"的有无具有明显的相关性。这条规律为我们解决副词"不"语义指向的计算机自动识别问题提供了重要线索。为此，我们对"不"

---

① 钱敏汝：《否定载体"不"的语义——语法考察》，《中国语文》1990年第1期。石毓智也有类似表达。助词语义空泛，只表示某种语法意义，没有否定空间，没有数量大小问题，可以把它们作为定量词，因此也就不能被否定。

② 李宝伦、潘海华：《焦点与汉语否定和量词的相互作用》，载徐烈炯、潘海华《焦点结构和意义研究》，外语教学与研究出版社2005年版。

③ 胡建华：《否定、焦点与辖域》，《中国语文》2007年第2期。

④ 我们在北京大学现代汉语语料库中输入关键词"不"，得到语料约10万条，人工删除不合格语料后，获得可用语料数约为1万条。

的语义指向与"的"、"地"的具体相关性进行了详细的考察，现分述于下。

（一）"不"后有带"的"或"地"的修饰语

据我们考察，"不"后有带"的"或"地"的修饰语时，"不"就否定紧随其后的修饰语。究其原因，大概是因为定语带"的"、状语带"地"就表明定语和状语与被修饰语之间结合不甚紧密，"的"、"地"起到了间隔修饰语与被修饰语的作用，所以"不"只能否定紧随其后的成分，而不能否定被"的"、"地"隔开的成分。

1. "不"后出现带"的"修饰语，也就是"不"出现在定语中，这时"不"指向紧邻其后的成分。例如：

> 他喝了不新鲜的牛奶。
> 不正确的说服教育会适得其反。
> 她提出一个不切合实际的想法。

"不"否定的分别是"新鲜"、"正确"、"切合实际"。诚如钱敏汝所说，定中结构中否定载体的否定范围不会超过定语。[①]

2. "不"后出现带"地"的修饰语，这时"不"指向紧邻其后的成分。例如：

> 她不高兴地瞪了他一眼。

---

① 钱敏汝：《否定载体"不"的语义——语法考察》，《中国语文》1990年第1期。

她不满意地皱了皱眉。
他满不在乎地继续说下去。
他毫不介意地摇了摇头。

这一类修饰语往往是对施动者的情态进行描写。其后的动词一般不是单纯形式，而是"动+了"、动结式、动趋式、动词重叠式、"动+着"等。例如：

鲍里斯·别尔曼在与她谈话时，不高兴地提到了格利戈里·阿尔库斯，（动+了+宾）
我很不高兴地走开了。（动结式）
不高兴地走了出去。（动趋式）
不高兴地故意清清喉咙。（VV）
骑兵们不高兴地抿了抿嘴。（V了V）
他不高兴地嘀咕着。（动+着）

这些动词代表的动作往往都是有终结点的，[①] 也就是说，意义上是有界的。在"不"和"没"的否定分工上，"不"否定的是无界成分，"没"否定的是有界成分。[②] 因此上述各动词是无法用"不"来否定的，所以"不"在这里否定的只能是修饰语。

[①] 就笔者在北京大学语料库中搜得带"不高兴地"和"不满意地"的语料共301条，对其后出现的动词及动词词组进行了穷尽性考察，发现尚未出现例外。
[②] 石毓智：《肯定和否定的对称与不对称》，北京语言文化大学出版社2001年版。

（二）"不"后没有带"的"或"地"的修饰语

"不"可以出现在状语、补语、主谓谓语句的谓语中，"不"后面可以是一个成分，也可以有多个成分。根据我们的考察，只要"不"后未出现带"的"或"地"的修饰语，"不"就能否定其后所有的成分。究其原因，大概是因为在这类格式中，"不"后的所有成分结合紧密，构成一个整体，所以"不"只能否定其整体，而不能只否定其部分成分。

1. "不"后只有一个成分

这咖啡不香。
她不去。
他不愿意。
今天又不是星期天[①]，不能睡懒觉。
小明跑得不快。
我就这句话不懂。[②]

[①] 并不是所有的时间词都能被"不"否定。石毓智认为，"星期天"这类词有一个重要的特征，它的整体和局部是同质的，因此它具有连续性，所以可以用连续否定词"不"否定。类似的时间词还有"春节、元旦、正月、腊月、中秋节"等。参见石毓智《肯定和否定的对称与不对称》，北京语言文化大学出版社 2001 年版。

[②] 此例"不"后面虽然只有一个动词，但是根据胡建华的观点，从形式句法的角度看，前置宾语"这句话"的语迹仍然在否定词的辖域之内，所以被否定成分应该是动词和前置宾语。但在识别这种句子之前，需要在前置成分移出的位置，即它原来所在的位置做出语迹的标识。在未做出标识前，我们还是将这种情况处理为"不"只否定处于其后的动词。参见胡建华《否定、焦点与辖域》，《中国语文》2007 年第 2 期。

2. "不"后有两个成分

(1) "不" + 状语 + 动/形
这咖啡不很香。
他不很愿意。
小明跑得不很快。
我就这句话不太懂。

(2) "不" + 动 + 宾

爷爷不吃面食。
妈妈不要我去。
张老师不是我们的数学老师。①

3. "不"后有三个成分
(1) "不" + 状语 + 动 + 宾

我不在学校读小说。
她不马上去上海。
她不天天吃食堂。
她不把书给我。

---

① 在此两例中,我们将能愿动词之后和"是"之后的所有内容看作一个整体,作为能愿动词和"是"的宾语。

(2)"不"+动+宾1+宾2

张老师不教我们数学。
我就不告诉你那件事。
大家不叫他老李。

(3)"不"+动1+兼语+动2

大家不选老王当组长。

4. "不"后有四个成分
"不"+状语+动+宾1+宾2

张老师不只教我们数学。

上面讨论的例子的谓语一般只有一个动词或形容词,现在来考察谓语有多个动词的句子——连动句。连动句中能用"不"否定的有三种情况:
(1)后一个动词/短语表示的动作行为是前一动词表示的动作的目的。例如:

她不去开门。
他们不来缴电费和房租。

(2)前一个动词/短语表示后一个动词/短语所表示的动作的方式(或手段、工具)。例如:

他不骑车上班。
阿里不用右手写字。

(3) 前一个部分表示肯定的意思，后一个部分表示否定的意思，但前后两个部分表示的意思一样。其中后一个部分用"不"来构成否定。

孩子紧紧抓着她的手不放。
张素素板起脸不笑。

显然，当"不"后没有带"的"或"地"的修饰语时，"不"指向其后所有的成分。

综上所述，当"不"后有带"的"或"地"的修饰语时，"不"指向修饰语；"不"后没有带"的"或"地"的修饰语时，"不"指向其后全部成分。这正好与一些学者的看法一致。

基于我们考察研究的结果，同时参考一些学者的看法，我们可以得出否定副词"不"的语义指向流程图：

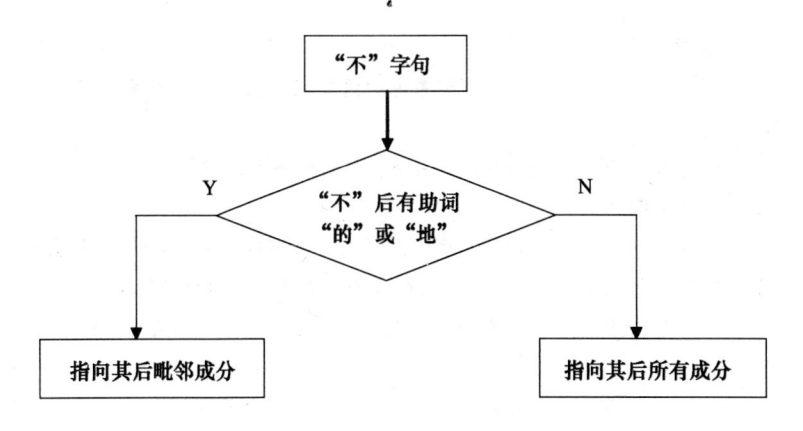

```
              "不"字句
                 ↓
         ┌───────────────┐
      Y  │ "不"后有助词   │  N
    ┌────│ "的"或"地"    │────┐
    │    └───────────────┘    │
    ↓                         ↓
┌─────────────┐         ┌─────────────┐
│指向其后毗邻成分│         │指向其后所有成分│
└─────────────┘         └─────────────┘
```

我们可以根据以上流程图来设计计算机自动识别副词"不"的语义指向的策略和程序。

四 结语

本文探讨了现代汉语副词语义指向的计算机识别问题，重点讨论了副词"不"的语义指向。语义指向的计算机识别研究，为我们提供了一个新的视角来反观现代汉语中的一些语言现象。所以本文的研究成果可以直接用于语言学领域，可以利用副词语义指向的研究思路和方法来研究其他词类，从计算机识别这一新的角度重新探讨各种词类的语义指向，从而对语义指向的性质、内涵、对象和范围等有一个全新的思考和定位。同时，我们的研究成果也可以直接用于语言信息处理领域，计算语言学家们可以将我们已经形式化的条件表示为算法，使之在计算上形式化，根据流程图编写程序，使我们的研究成果最终在计算机上得以实现。

参考文献

陆俭明：《关于句处理中所要考虑的语义问题》，《语言研究》2001年第1期。

税昌锡：《语义指向分析的发展历程与研究展望》，《语言教学与研究》2004年第1期。

赫琳：《从小语义指向的计算机识别》，《华中科技大学学报》（社会科学版）2004年第4期，人大复印资料《语言文字学》2005年第1期。

周国光：《试论语义指向分析的原则和方法》，《语言科学》2006年第7期。

吕叔湘：《疑问否定肯定》，《中国语文》1985年第4期。

沈家煊：《不对称和标记论》，江西教育出版社1999年版。

袁毓林：《论否定句的焦点、预设和辖域歧义》，《中国语文》2000年第2期。

钱敏汝：《否定载体"不"的语义——语法考察》，《中国语文》1990年第1期。

石毓智：《肯定和否定的对称与不对称》，北京语言文化大学出版社2001年版。

徐杰、李英哲：《焦点和两个非线性语法范畴："否定""疑问"》，《中国语文》1993年第2期。

刘顺：《现代汉语的否定焦点和疑问焦点》，《齐齐哈尔大学学报》（哲学社会科学版）2003年第2期。

胡建华：《否定、焦点与辖域》，《中国语文》2007年第2期。

李宝伦、潘海华：《焦点与汉语否定和量词的相互作用》，载徐烈炯、潘海华《焦点结构和意义研究》，外语教学与研究出版社2005年版。

石毓智：《语法的认知语义基础》，江西教育出版社2000年版。

（原载《武汉大学学报》（人文社会科学版）2009年第4期）

论"X 从小 Y"的词切分

我们曾在《"从小"语义指向的计算机识别》一文中指出：要最终完成"从小"语义指向的计算机识别，其前期工作之一就是"从小"句式的识别。① 如果把"从小"的前趋字串记为 X，把"从小"的后继字串记为 Y，"从小"句式的识别实际上就是"X 从小 Y"的词切分问题。

目前，关于歧义切分问题已有多篇文献报道，这些方法都有一定的优点，但也存在不同程度的问题。具体到"X 从小 Y"的切分，由于仅从"从小"字段本身不能得到切分所需的自足信息，有关文献一般都认为它是一个难点,② 没有对其进行深入细致的探讨，加上没有全面概括"X 从小 Y"的可能切分，忽略了"从小"前后字串对切分的影响，无法实现"从小"句式的正确识别。

本文将从实际语料出发，探讨"X 从小 Y"的所有可能切分，解析"从小"及其前后字串的相互制约和对切分的影响，从而进一步推动"从小"句式的计算机识别。

---

① 赫琳:《从小语义指向的计算机识别》,《华中科技大学学报》(社会科学版) 2004 年第 4 期，人大复印资料《语言文字学》2005 年第 1 期。

② 刘开瑛:《中文文本自动分词和标注》,商务印书馆 2000 年版。

一 "X 从小 Y"的切分方式

从理论上讲,"X 从小 Y"应该有 $C_3^0+C_3^1+C_3^2+C_3^3$ 即八种切分方式:X 从小 Y, X/从小 Y, X 从/小 Y, X 从小/Y, X/从/小 Y, X/从小/Y, X 从/小/Y, X/从/小/Y。而实际切分方式 $N \leqslant 8$。为了寻找这具体的 N,我们在语料库和相关文献[①]中共收集到"X 从小 Y"56 例。从这些实际语料来看,"X 从小 Y"只有四种切分可能:

X 从/小 Y, X/从/小/Y, X/从/小 Y, X/从小/Y

(一) X 从/小 Y

其中,X 从∈W,从小∈W,"X 从小"是交集型歧义字段;从小∈W,小 Y∈W,"从小 Y"也是交集型歧义字段。例如:

(1) 听从小王

听从∈W,从小∈W,小王∈W

(2) 顺从小姨

顺从∈W,从小∈W,小姨∈W
"听从"、"顺从"、"小王"、"小姨"和"从小"都是词,

---

① 刘开瑛:《中文文本自动分词和标注》,商务印书馆 2000 年版。

所以,"听从小"、"从小王"、"顺从小"、"从小姨"都是交集型歧义字段。

(二) X/从/小/Y

其中,X从$\notin$W,从小$\in$W,"X从小"不是交集型歧义字段;从小$\in$W,小Y$\notin$W,"从小Y"也不是交集型歧义字段。例如:

(3) 你从小往(大排)

你从$\notin$W,从小$\in$W,小往$\notin$W

(4) 按从小到(大的顺序)

按从$\notin$W,从小$\in$W,小到$\notin$W

"从小"是词,但"你从"、"小往"、"按从"、"小到"都不是词,所以"你从小"、"从小往"、"按从小"和"从小到"都不是交集型歧义字段。

(三) X/从/小 Y

其中,X从$\notin$W,从小$\in$W,"X从小"不是交集型歧义字段;从小$\in$W,小Y$\in$W,"从小Y"是交集型歧义字段。例如:

(5) 要从小事(做起)

要从∉W，从小∈W，小事∈W

（6）他从小学（毕业后）

他从∉W，从小∈W，小学∈W

"要从"、"他从"不是词，"从小"是词，所以"要从小"和"他从小"不是交集型歧义字段。"小事"、"小学"是词，所以"从小事"、"从小学"是交集型歧义字段。

（四）X/从小/Y

"X/从小/Y"有两种情况。第一种，X从∉W，从小∈W，"X从小"不是交集型歧义字段；从小∈W，小Y∉W，"从小Y"也不是交集型歧义字段。第二种，X从∉W，从小∈W，"X从小"不是交集型歧义字段；从小∈W，小Y∈W，"从小Y"是交集型歧义字段。例如：

（7）他从小就（爱劳动）

他从∉W，从小∈W，小就∉W

（8）他从小学（戏剧表演）[①]

他从∉W，从小∈W，小学∈W

例（7）"他从"、"小就"不是词，"从小"是词，所以

[①] 转引自刘开瑛《中文文本自动分词和标注》，商务印书馆2000年版。

"他从小"和"从小就"都不是交集型歧义字段。例(8)"他从"不是词,"从小"是词,所以"他从小"不是交集型歧义字段。但"小学"是词,"从小学"是交集型歧义字段。

我们要正确切分"X 从小 Y",就必须对以上四种可能切分进行分化,找出每一种切分出现的条件和规律。因为"X 从小 Y"混迹于四种语言环境中,所以要找出切分的条件和规律,就必须还原这四种语言环境,找出这四种语言环境规律性的差异。在规律性的差异的基础上找出切分的条件,得出各个条件出现的流程,也就能正确切分了。

二 "X 从小 Y"的切分规律

(一)从以上分析我们可以看出,"X 从小 Y"的四种可能切分既有联系,也有区别。不管是哪种切分,都有"从小",这是它们的联系,也是它们相互交叉的症结所在。关键是"从"该跟 X 组成词,还是跟"小"组成词,或者是单独成词。而在这四种切分中,只有"X 从/小 Y"中的"X 从"成词,所以只要能确定"X 从"成词,我们就能把"X 从/小 Y"从其他划分中分化出来,把"X 从小 Y"直接划分为"X 从/小 Y"。

那该如何判定"X 从"是否成词呢?"X 从"要考察多少个音节呢?

我们切分"X 从小 Y"是聚焦"从小"的,判定"X 从"是否成词自然是以"从"为起点逆向扫描。在中文信息处理中,识别歧义字段的逆向扫描是以最小匹配方法切分文本,而最小匹配从单字词开始。这个不完全适用于"X 从小 Y"。因为"从"在现代汉语中是成词的,若考察单字词,就会切分成"X/从",

无法将"X 从/小 Y"分化出来。所以必须从双音节词开始。在现代汉语中，以"从"收尾的词多数是双音节词，也有少量四音节的成语，如"言听计从"[①]。所以，"X 从"从音节上看是 2—4 个音节。

我们用最小匹配的方法，最小从双音节词开始，逆向扫描"X 从"，"X 从"若成词，"X 从小 Y"就切分为"X 从/小 Y"。"X 从"若不成词或"X 从"为单音节词（X 为空[②]），"X 从小 Y"就不能切分为"X 从/小 Y"。

（二）如果"X 从"不成词（或 X 为空），那么就是"从"单独成词或与"小"组合成"从小"。

1. "从"单独成词。

又有两种情况：第一种，"小"、Y 单独成词；第二种，"小 Y"成词。

"小"、Y 单独成词：

在现代汉语中，"小"单独成词，又在介词"从"之后，后续成分一般有与"小"相反的"大"。"小"与"大"由"到"、"往"相连（见例 3、4）。

"小 Y"成词：

在现代汉语中，"小 Y"成词，又在介词"从"之后，"从小 Y"构成介宾结构，"小 Y"就是一个名词性成分。现代汉语中，以"小"打头的词有 240 个，[③] "小"后的语素没有一个是"到"或"往"。

[①] 其实，"言听计从"后面一般不会再接以"小"开始的成分，我们将四音节的成语考虑进来，为的是在理论上更为完备。

[②] 也就是说句子直接以"从"开头。

[③] 见中国社会科学院语言研究所词典编辑室《现代汉语词典》（第 5 版），商务印书馆 2005 年版，第 1496—1502 页。

2. "从"与"小"组合成"从小"。

在现代汉语中,"从小"之后一般为"(名词性成分)+就+动词/形容词"①。有的文献列举了"从小"后直接接动词"学"的情况(见例8)。也就是说,"从小"之后不可直接接"到"或"往"。

所以说,如果"X从"不成词(或X为空),通过找关键词"到"和"往"的方式可以把"X/从/小/Y"从"X/从小/Y"和"X/从/小 Y"中分化出来,我们同样聚焦"从小",以"小"后第一个音节为起点正向扫描。在中文信息处理中,识别歧义字段的正向扫描是以最大匹配方法切分文本,我们这里要找的关键词是单音节的,所以只能从单字词开始,采用最小匹配的方法,若第一个单字词是"到"或"往","X从小Y"就直接划分为"X/从/小/Y"。

(三)四种划分方式我们已经分化出了两种,剩下"X/从小/Y"和"X/从/小 Y"。

1. "X/从小/Y"和"X/从/小 Y"的切分关键就是"小"前切(从小)还是后切(小 Y)。在"X/从/小 Y"中"小 Y"是成词的,如果在"X/从小/Y"中"小 Y"不成词,切分就容易了。但实际情况是"X/从小/Y"中的"小 Y"也可能成词。我们看下面两组例子:

A X/从小/Y B X/从/小 Y

(9)他从小就瘸了。(12)要从小事做起。
(10)他从小腿就瘸了。(13)他从小腿往下都烧坏了。

---

① 赫琳:《从小语义指向的计算机识别》,《华中科技大学学报》(社会科学版)2004年第4期,人大复印资料《语言文字学》2005年第1期。

(11) 他从小学戏剧表演。(14) 他从小学毕业后就直接去了西藏。

B组"小事"、"小腿"、"小学"都成词，A组"小就"不成词，"小腿""小学"都成词，所以按"小Y"是否成词无法将"X/从小/Y"和"X/从/小 Y"区分开。需要寻找其他的区别点。

2．"从小"句式一般分为两种：有副词"就"和无副词"就"。① 我们收集的37例"从小"句式中有35例带"就"。虽然"X/从/小 Y"也可能有"就"（例14），但带"就"的"X/从小/Y"和"X/从/小 Y"中Y的构成情况是不同的。"X/从小/Y"中的Y要么直接为副词"就+其他"（例9），要么为"名词性短语+就+其他"（例10），而"X/从/小 Y"中的"就"因为在介宾结构之后，所以"就"前面一般是动词性短语。如例14，介宾结构"从小学"和"就"之间的动词性成分为"毕业"。所以根据Y是否为"（名词性短语）+就"我们可以将带"就"的"X/从小/Y"和带"就"的"X/从/小 Y"区分开来：若Y为"（名词性短语）+就"，就切分为"X/从小/Y"。

若不带"就"，如例11，"从小"与动词"学"之间没有"就"隔开，在切分上容易与例14的"从小学"相混。但观察例11和14我们不难发现，例11"学"和"戏剧表演"之间是动宾关系，而例14的"学"和"毕业"之间无论如何不能构成动宾关系。所以，可以通过Y内部的结构关系分化"X/从小/

---

① 赫琳：《从小语义指向的计算机识别》，《华中科技大学学报》（社会科学版）2004年第4期，人大复印资料《语言文字学》2005年第1期。刘开瑛：《中文文本自动分词和标注》，商务印书馆2000年版。

Y"和"X/从/小 Y"。我们采用正向最大匹配的方法，从"小"后的第一个音节开始切分。从收集到的例子①看，只需切分出两个词，这两个词之间若为动宾关系，就切分为"X/从小/Y"，若不是动宾关系，就切分为"X/从/小 Y"。

3. 这样我们就得到了"X 从小 Y"切分的流程图：

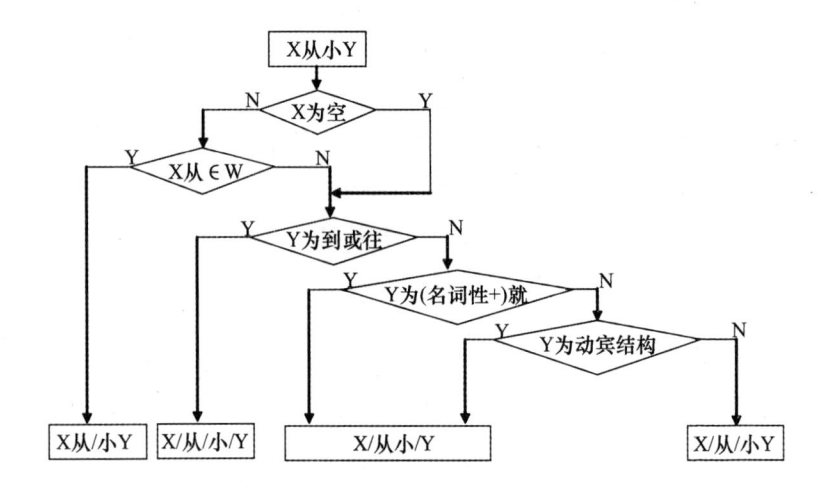

```
                    ┌─────────┐
                    │ X从小Y  │
                    └────┬────┘
                         │
                    ◇ X为空 ◇
                   N ↙    ↘ Y
              ◇ X从∈W ◇
             Y ↙    ↘ N
                      ◇ Y为到或往 ◇
                     Y ↙    ↘ N
                              ◇ Y为(名词性+)就 ◇
                             Y ↙    ↘ N
                                      ◇ Y为动宾结构 ◇
                                     Y ↙    ↘ N
   X从/小Y   X/从/小/Y        X/从小/Y              X/从/小Y
```

参考文献

赫琳：《"从小"语义指向的计算机识别》，《华中科技大学学报》（社会科学版）2004 年第 4 期，人大复印资料《语言文字学》2005 年第 1 期。

侯敏、孙建军、陈肇雄：《汉语自动分词中的歧义问题》，载《计算语言学进展与应用》，清华大学出版社 1997 年版。

刘开瑛：《中文文本自动分词和标注》，商务印书馆 2000 年版。

孙茂松、黄昌宁等：《利用汉字二元语法关系解决汉语自动分词中交集型歧义》，《计算机研究与发展》1997 年第 5 期。

---

① 分别为"从小学电脑"和"从小学戏剧表演"。参见刘开瑛《中文文本自动分词和标注》，商务印书馆 2000 年版。

孙茂松等：《高频最大交集型歧义切分字段在汉语自动分词中的作用》，《中文信息学报》1999年第1期。

郑家恒、刘开瑛：《中文文本歧义切分技术研究》，载《语言工程》，清华大学出版社1997年版。

（原载第七届中文信息处理国际会议论文集《中文计算技术与语言问题研究》，电子工业出版社2007年版）

歧义格式"A 说什么也 B" 计算机识别研究[①]

句子是语言中表达了一个完整意义的最基本的单位。目前,中文信息句处理的一个难点就是现代汉语中歧义格式的识别和消解。"歧义是自然语言中普遍存在的问题。"[②] "自然语言的歧义问题实质上是意义与形式之间的矛盾问题。同一形式与不同的意义相联系,必然会产生歧义。"[③] 计算机在进行自然语言理解时,在词形切分,语法结构,句意理解等方面都将会比人遇到更多的歧义现象。歧义问题是计算机在中文信息处理中的障碍之一,也是计算机必定面对的困难,有效地解决歧义问题对中文信息处理有着重要的理论和实践意义。

本文从信息处理视角来研究歧义现象,在现有现代汉语歧义研究和当前中文信息处理的理论和成果的基础上,尝试从语义和形式特征出发,以现代汉语"A 说什么也 B"格式为样本,通过对形式特征进行抽象和归纳,提取出简化、易于计算机识别的句

[①] 与史淑珍合作完成。
[②] 冯志伟:《自然语言的计算机处理》,上海外语教育出版社1996年版,第166页。
[③] 同上。

法特征，进而总结规则，然后根据规则来编制计算机识别的流程图。从而对中文信息处理中的句处理提供帮助。

一 "A说什么也B"歧义格式

在语言交流中，我们经常会使用或遇到这样的句子：

(1) 你连自己在说什么也不知道。
(2) 对方见她是无名小辈，说什么也不让她挥毫。

通过分析以上两个例句，我们发现，(1) 中的"说什么"是实意表达，即"说"表示具体的言说义动作，"什么"为任指代词，即"说"的内容。(2) 中的"说什么"是非实意表达。谢晓明、肖任飞认为，这种非实意表达中的"说"的语义已经泛化，失去了具体的言说义，"什么"的任指义减弱。"说什么"已经凝固为一个语义比较固化的结构体，中间不能插入别的成分，也不能拆开，句中常出现能愿动词，且句中必有关联词"也/都"出现与"说什么"联合表达无条件让步语义关系。"说什么"是一种明确的表示让步语义关系的标志。[①] 为行文方便，我们将此类用法称之为"说什么"紧缩句，它所表达的意义就是紧缩义。

综上所述，"A说什么B"格式在具体语境中可以表达两种含义，是一种歧义格式。那么，如何将这凝结于一个句法结构中

[①] 谢晓明、肖任飞：《表无条件让步的"说·什么"紧缩句》，《语言研究》2008年第2期。

的两种含义区分开呢？如何在区分开的基础上做到计算机识别呢？这就是我们要解决的问题。

为了对"A说什么也B"歧义格式的使用情况进行考察，我们从北京大学CCL语料库，国家语委平衡语料库和北京语言大学语料库中调取了此格式的现代汉语的所有用例，经过甄别，分别就"A说什么也B"格式的实意用法和"A说什么也B"格式的紧缩用法以肯定形式和否定形式用例进行统计，统计结果表明，"A说什么也B"格式紧缩义的表达用例远多于实意表达的用例，使用中表现出从实意向让步语义转变的语法化过程。

(一)"A说什么也B"实意用法类型

经过统计，我们发现"A说什么也B"实意用法的例句很少。通过对所收集语料的归纳与观察，我们找到了五条明确的外在形式特征。

1. 说什么也 + Adj

有一部分例句的主要特点是在"A说什么也B"后直接加上单个形容词成句，实意动词"说"和它的宾语成分"什么"构成动宾结构做主语，整个句子为主谓结构。例如："也只因旁的人不在了，对他说什么也额外从容。""瑞宣倒觉得怪难为情的，说什么也不好。"

2. 说什么也 + 多/白/无/晚

这种格式的外在标志比较明显，以肯定形式表达否定意义。句中没有出现明显的否定词"不/没"，形式上是肯定的，但是通过其他的词来表达了全句的否定含义。同时，在"说什么也"后常会出现判断动词"是"或"等于"来加强全句的否定语气。例如："再说什么也是多余的。""可是人都不在了，再说什么也是白搭。"

3. 说什么也 + 有/用

我们发现，有一部分用例的特点是在"说什么也没"后必出现"有"或"用"或"有用"，而且后面常常没有其他成分。例如："这会儿给你说什么也没有用。""我问我做错了什么，他说什么也没有。"

由于"有用"是"有"或"用"的联合形式，在提取规则时，为简便起见，提取"有用"中的一个即可，不论提取哪一个，都与前面的"有"或"用"重合，所以，按照顺序，提取以第一个为准。此种表达可归纳为"说什么也 + 有/用"。例如："这会儿给你说什么也没有用。""我问我做错了什么，他说什么也没有。"

4. 问 + 说什么也

在"说什么也"实意用法中还有一部分用例是以间接引语的方式出现的，也就是说，没有出现上述标志词。这类"说什么也"出现的小句前的分句中都会出现"问"字，即某人问，然后某人来回答，构成间接引语的问答形式。例如："副专员问杜林这儿最缺什么，杜林一再说什么也不缺。"所以我们就可以以"问"来做标志词。这一个标志词同样可归入实意标志词中，只是位置在前。

5. 副词＋说什么也

通过对语料的统计和观察，我们发现"A 说什么也 B"实意用法中有一部分用例在"说什么"前都有副词出现，比如"再，连，就，都"等。它们和"也"连用，加强句中的让步语义关系。例如："你连自己在说什么也不知道。"

在以上对"A 说什么也 B"格式实意用例的形式特征的归纳和整理的基础上，我们可以把归纳出的规则进一步抽象为：以实意用法标志词为标志，只要"说什么也"前或后出现上述标志词，它就是"A 说什么也 B"格式的实意用例。

（二）"A 说什么也 B"紧缩用法类型

通过对收集语料的统计，我们发现，"A 说什么也 B"格式在使用过程中，紧缩用法的比例呈现出明显的上升趋势，同时，明显表现出与实意用法不同的外部形式特征，主要有以下六点。

1. 说什么也＋能愿动词

经过观察，我们发现，不论肯定用例还是否定用例，"A 说什么也 B"紧缩用法最显著的一个外在特征是在"说什么也"后会出现一个表主观意愿的能愿动词，这种表达主观意愿的能愿动词有"能、肯、要、让、愿、是、会"等。

具体有两种情况。第一，有的时候，用例中会出现两个能愿动词连用的情况，例如"那些危险的地儿说什么也不会让您去啊……"中的"会让"。从语义上看，它们加强了说话者主观意愿的表达，充分体现了"说什么"紧缩句的强主观性的特点。

由于连用的能愿动词会与单个的能愿动词出现重合，比如"会让"与单个的"会"或"让"重合，所以就以出现的第一个能愿动词为准，比如"会让"归入"会"类。

第二，动词"要"出现在"A说什么也B"的紧缩用法肯定用例中时，是能愿动词，表示施事的主观意愿；动词"要"出现在"A说什么也B"的紧缩用法否定用例中时，"要"使用本意，表示"接受"义。例如："他找到院领导，说什么也要出院。""孟维说什么也不要朱总的大衣。"由于它的这两种含义均出现于紧缩用例中，所以，我们在形式上可以将它归入能愿动词一类，便于识别。

"说什么也"一般充当状语成分。句中出现的能愿动词表示施事的主观意愿，同时，"说什么也/不"的作用是凸显或加强句中的让步语义关系。在否定句中，"说什么也"和否定副词"没/不"联合起来，修饰后边的谓语动词或整个谓语结构；如果删除"说什么也"，原句依然成立，但是，全句则失去了让步语义，这也从反面证实了"说什么也"只表达让步语义关系的功能。

2. 说什么也+同意类动词

在部分用例中，"说什么也"后未出现任何能愿动词，但是它后面出现的这一组词有一个共同点，就是它们表达的都是人的主观态度和心理状态，即同意或赞成某事，比如，"答应，同意，批准，行，干，依"。例如："老孔父母说什么也不同意。""我这时想要走了，可是他们说什么也不答应。"其中，"行"和"干"都表示同意做某事或赞成某事，例如："叫我离开这儿，说什么也不行。""团政委劝他留下养伤，他说什么也不干。"这里，我们将它们称为同意类动词，这可以通过词性标注得以实现,在此不再赘述。

3. 说什么也+趋向动词

有一部分用例中,"说什么也"后常出现趋向动词,具体包括直接在后接单个趋向动词成句或两个趋向动词连用,但是这些趋向动词在例句中都是实意表达,为了识别方便,我们将它们归为趋向动词。例如:"但是其中一位50多岁的大妈说什么也不走。""车金成明白了这是个说情会,说什么也不进去。"

4. 说什么也+收/信

在众多例句中,"A说什么也B"后"收"和"信"字出现的频率较高,但它们不与以上所举出的词同类,考虑到它们出现频率较高,所以单列一类。此处例句中的"收"均为本意。例如:"李建军的战友在街上乘车,出租司机说什么也不收钱。"

同时,我们发现,例句中出现了"相信"和"信","相信"和"信"意思一样,只是"信"的口语风格更加明显。例如:"当电工们说明身份,要无偿地给她安电灯时,她说什么也不信。""然而几辈子没有见过的灾情,许多群众说什么也不相信。"但"相信"中包含了"信",而且凡有它们出现的"A说什么也B"格式都表达紧缩义。所以,我们提取了"信"作为标志词。

5. 说什么也+副词

我们发现在部分例句中"说什么也"前会出现副词"再,还"等,大多用于否定用例,强调次数或程度的不同。例如:"偏瘫的姑父回到家,说什么也不再吃药打针了。"

以上五类词都出现在"说什么也"格式紧缩用例中，我们可以把它们再抽象为紧缩用例标志词，这五条规则可进一步归纳为：说什么也＋紧缩标志词。只要"说什么也"前或后出现上述标志词，它就是"A说什么也B"格式的紧缩用例。

6．说什么也＋（V1不V2）

在归纳整理中，我们发现，"A说什么也B"紧缩用法的用例中，有一类谓语结构的否定式比较特殊，可归纳为"V1不V2"动补结构，整个结构表示委婉的否定。具体可分为三小类。

第一类，构成可能补语。

V后跟结构助词"得"或时态助词"着/了"，形成"V1不V2"结构，V2做可能补语，表示受限于主客观条件而不能做某事。具体有以下几个小类：V1＋不＋得/V2＋（N1＋N2），V1＋不＋着/N，V1V2＋（不＋了）/N。例如：

（1）奶奶说这只小猫怕是"不祥之物"，要小磊赶快把它扔掉，但小磊说什么也舍不得。

（2）一会儿想想这个，又想想那个，说什么也睡不着觉。

（3）它狂饮不止，却说什么也解决不了它的热和渴。

第二类，构成结果补语。

"V1不V2"中V2做结果补语，表示动作的结果。整个结构是带可能补语的述补短语。具体实现形式有：V1＋不＋V2，V1＋不＋V2＋N。例如"许多事，说什么也想不通，我这才懂得。""心上乱嘀咕，说什么也安不住心了。"

第三类，构成趋向补语。

"V1不V2"中V2由趋向动词构成，表示V1的动作趋向。具体来说，此类动补结构有三种实现形式：V1不V2，V1不V2V3，V1V2不V3，例如：

(1) 由于操作不当，保险柜锁说什么也打不开了。
(2) 止轮器自动插入锁定装置说什么也锁定不住。

其中，否定副词"不"后的动词都有虚化的现象，它们多为单音节趋向动词"下，来，去，上，出"或"着，了"等。整个结构描述一种情形或状况。虽然动词前后数量有所差异，我们还是可以将它们统一归纳为"V1 不 V2"动补结构，便于识别。

在以上对"A 说什么也 B"格式紧缩用例的形式特征的归纳和整理的基础上，我们可以把归纳出的规则进一步抽象为两条：说什么也 + 紧缩用法标志词/V1 不 V2 谓语结构，只要"A 说什么也 B"前或后出现上述标志词和后跟此类动词结构，它就是"A 说什么也 B"格式的紧缩用例。

二 "说什么也"歧义格式计算机识别策略和流程

通过以上研究，我们总结出了"A 说什么也 B"格式表达两种不同含义时，形式上表现出来的外在特征，并对它们的形式和语义从句法角度进行了描写和解释。

在对规则的描写和提取的基础上，我们可以得出"说什么也"歧义格式计算机识别策略和流程，做到让计算机对它进行自动识别，从而对中文信息处理中的句处理提供帮助。

首先，依据实意用法的形式特征，凡是出现实意用法标志词的"A 说什么也 B"句式都归于左向分支。其次，依据紧缩用法的形式特征，凡是出现紧缩用法标志词和 V 不 V 动词结构的

"A 说什么也 B"句式都是紧缩用例。①

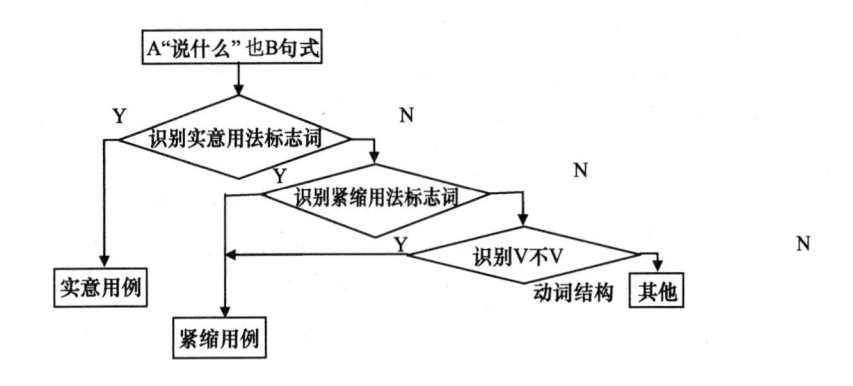

```
          A"说什么"也B句式
              │
         Y ───┴─── N
         │         │
   识别实意用法标志词
         │
    Y ───┴─── N
    │         │
实意用例   识别紧缩用法标志词
              │
         Y ───┴─── N
         │         │
      紧缩用例   识别V不V
                    │
               Y ───┴─── N
               │         │
           动词结构     其他
                        │
                        N
```

三　结语

以上我们着重探讨了"A 说什么也 B"中"说"意义实指和"说什么也"紧缩两种意义进行区分的形式标志，提出了计算机对"A 说什么也 B"歧义格式进行自动识别的策略，建构了自动识别的流程模型。我们可以利用"A 说什么也 B"歧义格式的计算机识别的思路和方法来研究其他歧义现象，分化现代汉语中的各种歧义格式，为中文信息处理中的句处理提供帮助。

参考文献

冯志伟:《中文科技术语的结构描写及潜在歧义》,《中文信息学报》1989 年第 2 期。

---

① 少数用例的区分和识别暂时不能通过以上规则实现，也没有找到可识别的外在特征，需要人工干预。

赫琳:《"从小"语义指向的计算机识别》,《华中科技大学学报》(社会科学版) 2004 年第 4 期,人大复印资料《语言文字学》2005 年第 1 期。

马庆株:《汉语动词和动词性结构》,北京大学出版社 2004 年版。

谢晓明、肖任飞:《表无条件让步的"说·什么"紧缩句》,《语言研究》2008 年第 2 期。

[英文稿发表于越南亚洲语言处理国际会议论文集 International Conference on Asian Language Processing (IALP) 2012,被 CPCI 检索]

"是"加标点片段的语义分类及自动识别研究①

汉语"是"字句研究经过半个多世纪的历时研究、方言研究、英汉对比研究、逻辑语义研究,已取得语法规则提取上的丰硕成果。② 从"是"字的词性入手,对"是"字句在句法、语义和语用三个平面的立体研究也取得突破。③ 然而,大部分学者仅从本体角度考察"是"字句,认为"是"只能充当动词或副词,④ 或认为"是"仅在语用层面起强调作用;⑤ 一般的语法著作都称之为判断动词;吕叔湘先生注意到"是"字用法的多样性和观点的不一致,但最终倾向认为它是一个复杂的谓语动词。⑥ 谢永玲等少数学者建议把形式上包含"是"的句子都纳入

---

① 与王国念合作完成。
② 朱斌:《"是"字句研究述评》,《江汉大学学报》(人文社会科学版)2007年第4期,第79—82页。
③ 曾常红、李贵群:《"是"字句研究综述》,《湖南科技学院学报》2006年第10期,第243—245页。
④ 金家恒:《"是"字句句法语义研究》,《黄山学院学报》2004年第5期,第84—86页。吕叔湘:《汉语语法分析问题》,商务印书馆1979年版。邢福义:《现代汉语》,高等教育出版社1991年版。
⑤ 范晓:《汉语句子类型》,书海出版社1998年版。
⑥ 吕叔湘:《汉语语法分析问题》,商务印书馆1979年版,第81页。

考查范围。① 可以说,"是"通常意义上的词性决定了"是"字句的研究范围。

我们认为,从汉语信息处理和机器翻译的角度考虑,应该将研究触角延伸到形式上含有"是"的所有构词、短语和句式。本文不赘述前人对传统"是"字句的一般性研究结论,而是集中精力考察伪"是"字句的句法、语义和语用情况,以期解决"是"字句语用规则在汉语信息处理中提取不充分的问题。

本文考察的伪"是"字句结构包括前置式"是^1"(即"是+,")和后置式"是^2"(即",+是")。我们试图从"三个平面"的角度全面解析这些相对于传统"是"字句来说并不规范的"是"字用法,并对它们进行分类,最后给出自动识别的思路。

本研究基于我们在长期的翻译实践中遇到的困惑,即翻译引擎不能准确识别、分析和传译"是"字片段;同时由于该研究可供借鉴的文献甚少,文中提出的片段分类方法、识别设计思路和部分片段的词性仅为工程设计提供参考。

我们采用语料库方法、分类法、统计法、对比法和工程设计法等研究方法。文中大部分语料和用例来源于 CCL 现代汉语语料库,文中用例有微量文字修正或调整,并且不再标明用例出处。文中对"是+标点"/"标点+是"的各种用例分类遵循统计法原则,即普遍性、基础性、概括性、特殊性和集中性,以保证语料的语用真实性。在涉及明显的欧化结构时,给出对应的英语表达。由于本研究面向汉语的信息处理,特别是汉外机器翻译,自动识别的设计思路将有助于改进"是"字片段的自动识别和翻译精度。

---

① 谢永玲:《也说"是"字句》,《汉语学习》1999 年第 3 期,第 26—29 页。

通常，语料中"是"字相邻前后的标点为逗号（,）；少数情况下，逗号在语篇中也可能替换为分号、句号、叹号或问号。"是"字片段（短语）前、后的 Φ 表示该短语前面的字符串为空，短语即句首或其前有标点（如逗号或分号）相邻；如未添加此标记，则表明短语前、后紧邻其他汉字字符串。如果"是"字片段在语义上等价于常规"是"字句中的谓语结构，我们仅作简洁而必要的交代，不再赘述其句法及语用规则。

一 "是"加标点片段的类型

"是"字在上下文中与标点符号的结合无外乎两种，一是前置式，即"是+标点"，二是后置式，即"标点+是"。第一种组合非常常见，情况较为复杂，是本文研究的重点；第二种组合比较正规，数量有限，更像是传统"是"字句的变式结构。

（一）前置式"是^1"

这种片段由"是"+"，"构成，简称为"是^1"片段，常见于成语、连词、副词和语气助词。

1. 是$_1^1$：成语的某个字为"是"

见于"自以为是、自行其是、比比皆是、俯拾皆是、莫衷一是"等成语，成语后面通常有逗号或句号。由于成语语义和语用的特殊性，在句子中，"是$_1^1$"所在成语通常充当谓语，"是"字的词性和语义不宜单独界定，应连同成语一同识别并处理。

(1) 他坚持原则，实事求是，从不假公济私。
　　(2) 要防止有些地方和部门自行其是，另搞一套，损害整体利益以谋取局部利益。

从形式上讲，上述两例含有"是"字，但绝大多数学者不承认它们是"是"字句，因此，带"是"成语应纳入我们的考查和设计范围。其他的带"是"成语包括但不限于"亦复如是、搬弄是非、惹是生非、混淆是非、唯命是从、唯利是图、似是而非、明辨是非、马首是瞻、回头是岸"。

2. $是_2^1$：Φ 一是（其一是）/二是（其二是）/最后是，+VP/S
该片段构成副词短语，表序数，罗列项目，一般性表达式为"第 N（是）/其 N（是），"。偏口语化，"是"可省略，省略后的语言片段等于书面化的副词"第 N/其 N，"，另见"$是_{8.1}^1$"。

　　(3) 在组织宣传和学习时，有两点值得注意。一是，一定要准确地宣传和解释《劳动法》的条文。
　　(4) 情况大概如此，但还想谈几点本书的局限性。其一是，情况易于失时。

这种片段并不排斥"X 之一（二/三）是，"的欧化结构(one of X, the first/second/third of X)。当然，X 通常为复数名词概念，因此这种欧化结构也可以看作"$是_2^1$"片段的变体，语义和语用应视为等同。例如：

（5）最好不要二次录音，其理由之一是，（→其理由如下，一是，）已录下的资料就等于是自己的财产。

3. 是$^1_3$：Φ 但是/可是/只是（，）+S

这三对组合构成连词，表转折，义为"然而"。通常，三个连词的转折强烈程度依次递减。

（6）但是（，）人们做梦也没有想到，这座火山突然在公元79年爆发了。
（7）我也想多联系群众，可是，我一个朝不保夕的群众演员哪有心思到处串门呀！
（8）他看上去和我们其他人都一样：两只手、两条腿，一个脑袋，只是（，）他好快，尤其是运球的时候。

如果S的结构简单，词长有限，逗号一般也可省略。

4. 是$^1_4$：Φ/NP+于是，+S

片段构成连词，也作"于是乎"，表示紧接上事之后并由于上事而出现某种结果。如果该片段之前为空，逗号通常不能省略，如例（9）；如果该片段之前有简单主语（比如人称、事物），逗号必须省略，如例（10）。

（9）于是，我选择了一个机会偷偷地逃了出来。
（10）大家一鼓励，我于是恢复了信心。

例（10）有可能被程序识别为常规"是"字句，然而句中真正的谓语是"鼓励"和"恢复",因此,"于是"在此例中理解为副词更为妥当,替换为副词"便"不改其义。

5. 是$^1_5$:NP/Φ+真是(的),

该片段表责备或不满,语气偏重,另见"是$^1_{7.1}$"。义为"不该这样/那样(做)"。NP 通常为人称代词或具体的人,如例(11);该片段也可单独使用,如例(12)。

(11)他真是(的),这样一来又要增加一笔多余的开支!

(12)连续下了一个星期的大雨,真是(的)!

一般认为"真是"是动词,义为"实在是"。[①] 但我们认为这种规定值得商榷,[②] 更合理的解释是,这里的"真是(的)"是副词或语气助词,或视为口语体中的插入语更合适。

6. 是$^1_6$:X+都是,

X 通常为"浑身、到处、遍地、满街"等周遍性的名词性成分,表前述的名词概念存在且数量多或分布广,义为"有/普

[①] 中国社会科学院语言研究所词典编辑室:《现代汉语词典》(第五版),商务印书馆 2008 年版。

[②] 该片段后面往往可以加上助词"的",而汉语的动词加"的"后单独使用并不常见,只在两种情况下可以成立:一是,表示这种动作可以支配的概念,如"吃的、喝的、用的",或者支配这种动作的人,如"开车的、买菜的、干个体的";二是,在"NP 会 VP"的结构中出现,如"你会倒霉/摔倒的。"另外,如果有必要,把例(11)中的"真是(的)"换成叹词"啊/呀",例(12)中的换成叹词"哎呀",语义并不发生改变,仅有语用上的细微差异。因此,"真是"到底是不是总能用作动词,值得进一步讨论。

遍存在"。

(13) 有一个记者问我,你的照片在网上到处都是,你感觉如何。

(14) 他们把食物洒得满地都是,一团糟,而且工作人员态度也很不好。

"都是"也可不加逗号单独用于句首或句中,构成常规"是"字句,不详述。

7. 是$_7^1$:X+也是,
从语用上看,该片段可分三种情况。
是$_{7.1}^1$:同"是$_5^1$"
责备或不满的语气偏轻。

(15) 我们单位也是(的),大礼拜天的也不让人在家待。

● 是$_{7.2}^1$:NP+也是,/。
省略前一句 VP 表达的概念,表明跟前面的情况相同或类似,义为"(情况)相同(类似)"。

(16) 每个孩子一年就等这一天(除夕),我也是。但现在不了,现在我们生活富裕了。

(17) 国外的作家对电视切齿痛恨,中国的作家也是,但我们往往一边看电视,一边骂电视。

可以将"NP 也是"视为省略句,省略了"这样/那样/一样";有时可用"NP 也一样"替换使用,功能和语义不变。

●是$^1_{7.3}$:(想想、说来、觉得、心想、那倒)也是,表肯定,对前面的情况予以确认,相当于"的确(如此)/正确"。

(18)这稚嫩的、年轻的刊物很迷住了一些人。想想也是,有那么多书迷,但可读的书又少。

(19)"我总比那些一天书没念、一个字不识的孩子强吧?"爹娘听了,觉得也是,便不再自怨自艾,心情恢复如初。

如果认为这里的"也是"是动词,那么包括"想想/觉得"的整个片段应该是极为紧缩的连动句兼省略句。与其做这么复杂的分析,不如干脆将整个合成片段看作一个简单的整体,义同"的确/正确",这样也方便程序识别和处理。

8. 是$^1_8$: X + 就是,+ Y/Φ

语用范围广,可分为以下四种情况。

●是$^1_{8.1}$:Φ 首先/其次/再/还有/最后就是,+ S

见"是$^1_2$",意义和功能相同,但该片段组合偏口语化。

(20)最后说两个小闲话。学雷锋时我常常想起"雷峰",这种汉字的谐音可真够叫人分心的。再有就是,一旦有机会,我真想写一部《白蛇传》题材的叙事长诗。

●是$^1_{8.2}$:S + 就是(了),/。

句尾语气助词,表示坚决、肯定的语气,可以省去。

(21) 陛下只管自己拿定主意(就是),何必去征求许多人的意见呢。

(22) 我一定完成任务,你放心(就是了)。

● 是$_{8.3}^1$:NP+就是(,)+S

表说明,"即,叫做"。如果 S 句的结构简单,词长有限,逗号也可去掉,直接变成表判断的常规"是"字句。

(23) 这就是(,)上有政策,下有对策。

(24) 它的意思也就是,我们要从一个更高的观点看生死,看物我。

如果去掉 S,组合片段的语义不完整,不同于"是$_{8.4}^1$"。

● 是$_{8.4}^1$:NP+就是,/。

"就是"后面的宾语承前省略,补齐宾语之后就是常规"是"字句,表同指,"正好是(前文所指)"。

(25) 海关官员问他是否就是那个鼎鼎大名的托马斯·曼;"我就是(曼)。"他兴奋地说。

(26) "我找销售部的王先生。""我就是(王先生),有何指教?"

9. 是$_9^1$:X+是,+S

"是"为常规二价动词,表说明。由于后面 S 构成的宾语较长或结构复杂,故用逗号隔开;如果 S 结构简单,词长有限,逗号可省略，构成常规"是"字句。根据 X 的结构可以分为两种情况。

第一，X 为"……的"结构，充当句法主语，比如"让人痛心/失望/不解/疑惑/高兴/欣慰的、令人沮丧/惊奇/费解的、奇怪的/巧合的/不巧的/不幸的/不同的/可悲的"等。在印欧语系中，这些"……的是"结构通常等价于一个副词或副词短语，其实这些结构都是汉语欧化的结果。①

（27）让人感到吃惊的是（Surprisingly/Much to our surprise），居然还有很多人坐在路边的小摊上吃东西，他们难道不怕沙尘暴？

（28）巧合的是（Coincidentally），他们俩竟然同名同姓同生日。

第二，X 为 NP 结构，也充任句法主语。NP 中心词通常为"结果、原因、意思、问题、关键"等。

（29）统计结果是，在 1328 个动词中，能带"了、着、过"的动词有 1198 个，占比 90%。

（30）我喜欢美国的原因是，人们可以追求自由的生活方式，培养纯粹的个人兴趣。

以上前置"是"字的分类和用例已剔除极个别的、口语的或方言的用法。"是$_9^1$"非常接近常规"是"字句的用法，我们

---

① 王国念、赵秋荣：《论大众传媒对汉语欧化的影响及对策》，《现代语文》2012 年第 18 期，第 105—106 页。

认为是一种语用变体，因此也将其纳入考查范围。下面将对后置式"是²"进行分类阐述。

(二) 后置式"是²"

这种片段由"，"+"是"构成，简称为"是²"片段。这些片段结构相对简单，易于分类，常见于句尾疑问词、"是否"结构和复杂的主语之后。

1. 是$^2_1$: S+，是吗/是吧/是不是？

句尾疑问词，构成附加疑问句（反义疑问句），也可替换为"不是吗/对吗"，疑问程度稍有不同。

(31) 你爷爷和曾祖父都健在，是吗？
(32) 那总有个说法儿，是不是？

通常，S 为陈述句。

2. 是$^2_2$: (,) 是否+VP

可分为"选择"和"建议式询问"两种。

第一，"是否"表二项选择，选择值由句尾的条件进行控制。

(33) 具体来讲，是否需要进行亲子鉴定，应由法院根据具体情况决定。
(34) 我们工作的成败，要看我们是否代表了百分之九十的人的利益，是否得到他们的拥护。

在例（33）中，如句尾条件为"法院做肯定的决定"，选择值为"是"，即"需要进行亲子鉴定"；如条件为"法院做否定的决定"，选择值为"否"，即"不需要进行亲子鉴定"。同样，例（34）中双重控制条件也在句尾，即"代表了利益 + 得到拥护"，选择值为"成"或"败"。

第二，"是否"表询问，句尾有问号，以此提出建议，通常为建议式询问。答案由句后（问号后）文本或他人给出，句内无答案；答案是两可的，但建议方希望得到肯定的选择值，可视为"是$_{2.1}^2$"的延伸用法或变体用法，不同的是，"是$_{2.1}^2$"的选择值在句内无法确定。

（35）有的学校上线人数超过录取名额，有的则不足，是否能互相调剂？（正式）→ 能互相调剂吗？（中性）

（36）如果上述情况准确，是否可以肯定下面所述正确？（正式）→ 可以肯定上述情况准确吗？（中性）

既然构成疑问句，副词"是否"自然可以替换为句尾的疑问助词"吗"，只是语体稍有差异，"吗"更偏口语化。

3. 是$_3^2$：VP + ，是 + NP

逗号隔开复杂主语和简单的宾语，该主语通常由 VP + NP$_1$ 构成。"是"后的 NP$_2$ 通常是一种类别或属性。

（37）复我河山，保我民族，保全国家，是我的天职。

（38）面对任何事都能保持微笑，是一种天赋。

这里的"是"为判断动词，如果去掉逗号，全句为常规"是"字句。另见"是$_9^1$"，区别在于主语和宾语结构的繁简程度不同。

二 自动识别流程

最后，我们给出前置式与后置式"是"字加标点片段在信息处理中的自动识别流程，便于对这些非常规的伪"是"字句进行预处理，从而提高词类标注或机器翻译的准确性。

步骤一：顺序扫描给定文本 A，检索所有含"是"的句子 B（以句号、叹号、问号、省略号作为"句子"分隔符），保留这些"句子"首尾的标点符号（下同），等待下一步处理。排除其他形式上不含"是"的"句子"。

步骤二：顺序扫描 B，保留所有"是"左右毗邻标点（逗号、分号、句号、叹号、问号）的"句子"C，C 即本文讨论的"是"加标点片段集合。排除其他常规"是"字句。

步骤三：顺序扫描 C，检索所有后置式"是^2"的"句子"D，条件为"标点+是"。然后依次设置两个检索条件：1."标点+含'是'疑问词+标点"片段；2."标点+'是否'"片段。满足限制条件的片段依次标记为"是$_1^2$"、"是$_2^2$"，不满足条件的片段标记为"是$_3^2$"。如需获取更大的精度，"是$_3^2$"片段及所在"句子"需要进行人工干预，排除可能存在的个别例外片段。剩余文本 E（即 C 减去 D）即前置式"是^1"的"句子"集合，进入第四步处理。

步骤四：顺序扫描 E，依次设置八个检索条件：1."成语含'是'+标点"片段；2."序数副词含'是'+标点"片段；

3."转折连词含'是'+标点"片段；4."'于是'+标点"片段；5."'真是（的）'+标点"片段；6."'都是'+标点"片段；7."'也是'+标点"片段；8."'就是'+标点"。满足条件的分别标记为"是$_1^1$"、"是$_2^1$"……"是$_8^1$"。剩余不满足条件的片段标记为"是$_9^1$"。如需获取更大的精度，"是$_9^1$"片段及所在"句子"需要进行人工干预，排除可能存在的个别例外片段。

需要说明的是，第二步排除的常规"是"字句中可能存在个别例外的情况，比如不毗邻标点的"于是['是$_4^1$'，如例（10）]"、"是否['是$_2^2$'，如例（34）]"构成的伪"是"字句。如需获取更大的精度，这些"是"字句集合可以进行人工干预。

三　结论

我们通过语料库统计，对"是"毗邻标点（多为逗号）构成的片段从句法、语义和语用三个平面进行了细致的分类与讨论。与常规"是"字句中"是"充当谓语不同，本文研究的"是"加标点片段中的"是"字的语义及句法角色难以单独界定。通常，它与其他汉字串共同充当副词、连词、助词，甚至可能不充当任何句法角色，而只作为插入语存在；当然，在少数情况下，如果满足某些限制条件，"是"片段也可转换为常规"是"字句的谓语。

另外，由于受到形态不发达及分割词歧义的限制，自动识别流程设计只考虑了通常的语用惯例，并不能识别、区分所有的"是"字片段，个别步骤甚至可能需要人工干预。对于为数不多的非常用和极端口语体文本,本文的分类及流程设计仍待改进和完善。

参考文献

朱斌:《"是"字句研究述评》,《江汉大学学报》(人文社会科学版)2007年第4期,第79—82页。

曾常红、李贵群:《"是"字句研究综述》,《湖南科技学院学报》2006年第10期,第243—245页。

金家恒:《"是"字句句法语义研究》,《黄山学院学报》2004年第5期,第84—86页。

吕叔湘:《汉语语法分析问题》,商务印书馆1979年版。

邢福义:《现代汉语》,高等教育出版社1991年版。

范晓:《汉语句子类型》,书海出版社1998年版。

谢永玲:《也说"是"字句》,《汉语学习》1999年第3期,第26—29页。

中国社会科学院语言研究所词典编辑室:《现代汉语词典》(第五版),商务印书馆2008年版。

[英文稿曾在2013亚洲语言处理国际会议(International Conference on Asian Language Processing [IALP] 2013)上宣读,载于 International Conference on Asian Language Processing(IALP)2013,并被EI检索。收入本书时有修改]

后　记

　　本书选编的这 28 篇论文都是讨论汉语语法及其应用方面的问题，或者同汉语语法及其应用有关联，因此以《汉语语法及其应用研究》为书名。包括古代汉语语法研究、现代汉语语法研究和应用研究三部分。

　　古代汉语语法研究部分除了 2001 年发表于《古汉语研究》的《先秦"被·动"式、"见·动"式再认识》以外，都是研究《诗经》的论文。主要是运用配价语法理论研究《诗经》的句法，试图用新的语法理论以新的视角建构一个新的《诗经》句法体系。

　　现代汉语语法研究部分运用三个平面理论讨论了"甭"与"别"，"之前"与"以前"的异同。运用转换生成语法理论研究了汉语的句子话题及其否定。分析了"才"、"也"两个副词的语义指向及其制约因素，探讨了"NP＋在＋NPL＋V 着"和"NP$_{施}$＋VP＋NP$_{受}$"两组同义句式，研究了同义句式的语言研究和言语研究、句法结构及其变换问题。

　　应用研究部分主要是面向语言信息处理的现代汉语语法研究。这是我目前的主要研究领域。从 2004 年我在《华中科技大学学报》发表第一篇语义指向的计算机识别研究的论文至今，我一直致力于语言本体研究和应用研究相结合的跨学科领域的研究，共发表了11篇相关论文，选编的9篇论文除了《"从小"语义指向的计算机识别》、《副词"才"的语义指向及其计算机识别研究》和《副词语义指向自动识别的路径探讨和个案分析》以外，其他6篇都发表的英文，收入本书时改为中文，个别论文根据新的研究成果在内容上做了少量修订。有的论文成为我2009年出版的专著《现代汉语副词语义指向及其计算机识别研究》的研究基础和前期成果。

这本论文集的出版是对我以往学术研究的一个阶段性总结。感谢武汉大学文学院在经费紧张的情况下对本书稿出版的资助，感谢各位师长亲朋长期以来对我的关心、帮助和支持！在成长过程中收获的些许肯定和众多鼓励将会一直鞭策着我在学术道路上勇于开拓，奋力求索，一步一个脚印，不断前进！

由于我水平有限，本书的疏漏、错误之处在所难免，恳请各位专家学者不吝赐教。

赫琳
2013年11月于武昌珞珈山